国家社会科学基金重大项目"十八大以来党中央'治边稳藏'战略思想的理论体系研究"（编号：16ZZD051）

献给我的家人

# 依法治藏论
## 以藏区应急治理为视角

段毅君 著

中国政法大学出版社
2018·北京

声　明　1. 版权所有，侵权必究。

　　　　2. 如有缺页、倒装问题，由出版社负责退换。

**图书在版编目（ＣＩＰ）数据**

依法治藏论：以藏区应急治理为视角/段毅君著. —北京：中国政法大学出版社，2017.7
ISBN 978-7-5620-7615-5

Ⅰ.①依…　Ⅱ.①段…　Ⅲ.①突发事件－公共管理－研究－四川　Ⅳ.①D677.1

中国版本图书馆CIP数据核字(2017)第168429号

---

| | |
|---|---|
| 出 版 者 | 中国政法大学出版社 |
| 地　　址 | 北京市海淀区西土城路25号 |
| 邮寄地址 | 北京100088 信箱8034 分箱　邮编100088 |
| 网　　址 | http://www.cuplpress.com（网络实名：中国政法大学出版社） |
| 电　　话 | 010-58908437(编辑室)　58908334(邮购部) |
| 承　　印 | 北京华联印刷有限公司 |
| 开　　本 | 720mm×960mm　1/16 |
| 印　　张 | 16.25 |
| 字　　数 | 260千字 |
| 版　　次 | 2018年3月第1版 |
| 印　　次 | 2018年3月第1次印刷 |
| 定　　价 | 79.00元 |

拉萨布达拉宫

巴塘关帝庙遗址

刘文辉夫妻当年在康定

西康省建省之初的省政府

巴塘鹦哥嘴

甘孜寺的喇嘛在辩经

甘孜县雪山下的白塔

康定城的旧城门

康定城 20 世纪的老街

康巴汉子

# 代　序　藏民族区域治理的结构化图景

陈　功*

汉语的"西藏"一词并非始终就有,实际最早出现于清代,以历史为轴线来看,这并不算是一个很长久的时间。而根据资料记载,在清朝康熙年间,西藏还用过"土伯特""乌斯藏""图白忒""唐古特"等称谓,而在更早以前,这一地区更以"吐蕃"这一名称而见诸史册,并因为文成公主的"和亲"而为人所熟知。西藏名称的沿革与变化,是一种关于史册的考据研究,往往是历史学家气定神闲的研究领域,而有关西藏问题的政策研究却是一个充满血雨腥风、尔虞我诈,直面地缘冲突和宗教文化冲突,充满挑战的复杂领域。

在西藏问题上,以往这个领域的政策研究成果,常见的是以某一个点,某一个局部,某一个侧面的居多,从学术空间的维度来看,空间的缩小往往意味着难度的降低,而段毅君所著《依法治藏论——以藏区应急治理为视角》对整个藏区社会治理的研究,则是一种全景式的结构化研究,并在其中突出了法律经济学的价值和意义,增加了更多的理性逻辑和实践思维,这就更显得难能可贵了。在西藏问题上,学术研究通常可见的成果中,但凡具有系统观点的思想和认识论,通常都具有一定的独树一帜的地位和价值。

---

\* 陈功,1960 年生,男,北京师范大学经济学博士,北京大学合作博士后导师,安邦咨询首席研究员,研究方向:信息分析和战略决策,代表作:《分析的艺术》《信息分析的核心》等。

最常见并且被中国学者视为经典的观点是，西藏问题是帝国主义侵略的遗留问题，持有这种观点的学者，对于西藏问题的研究，大都会从维护国家主权的认识出发，强调西藏自古是中国不可分割的一部分。还有一种观点认为，西藏问题是现代化过程的悲剧，这种观点认为西藏属于中国的一部分，但认为这不仅仅是主权问题，而是多种历史体系的集合。在国际上，以蒂耶什·阿南德（Dibyesh Anand）为代表的后殖民主义观点也是一派，这种观点回避了现代主权概念，承认西方介入所导致的变化因素，从认识论的客体角度试图建构西藏的"自我"主体性。当然在西方，更多的人更有代表性的观点是所谓人权观点，实际上这类的讨论基本不太接触主权概念，更多的是以现状作为出发点，关心的是藏人的语言、宗教、文化、环境和人权问题。而以戈德斯坦为代表的观点则比较简单，他的观点和认识很有代表性，这就是西藏问题的核心是"谁统治""谁居住"以及"谁决定"这块土地的归属。事实上，戈德斯坦的研究是非常客观的，他甚至认为，即便今天西藏地区并不存在人权等问题的事实，西藏问题也将会继续存在，因为达赖喇嘛也将会与中国继续对抗。

与这些观点相比，段毅君所提出的依法治藏论最重要的贡献在于采用结构化的分析方法，揭示了西藏社会之所以出现各种各样的问题，社会治理之所以具有巨大的挑战性，关键是社会现实中有四种力量的存在。这四种力量分别是法律法规、传统宗教、社会习惯和行政力量。"依法治藏论"清晰的指出，只有这四种力量共同发挥交互性的作用，并且以法律为基础，避免片面认识和片面操作，形成系统性的体制合力，才能真正有效地实现西藏社会的稳定和发展。

客观地说，西藏问题研究是艰难而复杂的，这种艰难源自于历史并在现实中延伸，源自于我们这个世界。有太多的人基于地缘战略的原因，居心巨测地提出各种似是而非的观点来混淆视听。现在，最常见的西方媒体现象就是，你说历史，他说现实；你说现实，他说历史。英国历史学家西利有一句名言："言政治而不求之于历史，必游谈于无根"。但现代地缘战略的大师基辛格却坦率地指出："你对美国和西方人说历史没用，因为他们根本没有兴趣"。

## 代　序　藏民族区域治理的结构化图景

既然我们无法回避西藏问题的复杂性，就请跟随我的节奏，按照我的认知脉络和理解，略加解释一下西藏问题及其地缘影响力，以此来认识"依法治藏论"的理论价值和现实价值。

西藏，是未来世界地缘战略的重要制高点。

西藏的地理位置非常重要，东面和北面与我国青海省、四川省、云南省和新疆维吾尔自治区相邻，西面和南面与缅甸、印度、不丹、尼泊尔等国相邻。在地理上，西藏是青藏高原的一部分，约有120万平方公里，占到了中国总面积的八分之一，平均高度在海拔4000米以上。

世界地缘政治大师麦金德在1902年英国皇家地理学会发表的文章《历史进程中的地理要素》一文中提出了"世界岛"（World Island）的概念。在这篇文章中，他成功地把地缘政治分析推广到全球角度。麦金德认为，地球由两部分构成。由欧洲、亚洲、非洲组成的"世界岛"，是世界最大、人口最多、最富饶的陆地组合。在它的边缘，有一系列相对孤立的大陆，如美洲大陆、澳洲大陆、菲律宾、印尼、日本及不列颠群岛。在世界岛的中央，是自伏尔加河到长江，自喜马拉雅山脉到北极的心脏地带。在北极冰冻地带和南方连绵的山脉和沙漠的保护下，这片中心地带只有可能面对来自西欧的陆地入侵威胁。

高高隆起的青藏高原，实际正好处于"世界岛"的正中央，在陆权体系当中，这是世界大陆的最重要的制高点。而麦金德在这篇文章中清楚地指出，在世界的这片高原地带，由于人力资源与供给的困难，自古以来，自东向西或自西向东的连续军事扩张都难以实现。现实中也的确如此，由20世纪至21世纪，青藏高原在世界地缘关系领域的主要价值表现就是两个方面：一是阻挡的作用，二是牵制的作用。

在西藏的东面，高高隆起的"世界屋脊"，道路艰险，自然条件恶劣，无人区广袤无垠，西藏绝非是人人可以惬意生存的地方。这样的"世界屋脊"，成为西藏以东的中国历代的平原帝国阻挡外来文化和势力入侵的重要自然屏障。在清朝和民国一段时期，即便是强盛时期的英帝国势力，反复试图跨越这段辽阔的自然屏障，也多次遇阻，甚至损失惨重。在这个历史发展的过程中，"依法治藏论"提供的若干详尽案例很能说明问题，当时的清廷对西部边隙发生冲突的态度非常暧昧，他们并不寄望于藏人对英国人的反击战能够获得全胜，因此对及时提供军事援助并不热心，行动并不及时，直到眼睁睁看着藏人在优势的外国军力面前失败。来自平原方向的这种地缘态度，也渐渐使得西藏重估自己的地缘价值，推动他们选择徘徊东西方之间的地缘定位，并且随着历史周期的推移而愈加熟练、自然和自信。

世界上的地缘关系，如果总是处于拉扯、冲突、交易的非稳定状态，那么这样的地区经常被冠以"破碎带"的称谓，因为在地缘战略中，这样的地区除了用于牵制其他国家和地区之外，并无更大的地缘价值。在历史长河中，西藏的地缘作用就近似于"破碎带"，这从藏印关系中可以看得非常清楚。

现在西藏所谓的"流亡政府"设立于印度，但印度政府又希望和中华人民共和国政府处理好关系，而且印度和西藏流亡政府之间也存在争议以及矛盾，印度始终希望成为地区性的主导国家，成为区域大国，它并没有意愿付出代价支持西藏真正实现独立，因为一旦这成为现实，西藏反倒可能成为阻碍印度影响力向东方扩张的障碍，也就是发挥出更大的地缘阻挡作用。而且印度还十分害怕印度国内的分裂分子有样学样，为中国所利用和反制。因此，印度在西藏问题上的地缘战略选择，就是最大限度地利用西藏问题来牵制中国，让西藏成为印度地缘战略中的一张牌，关键时刻可以按照印度的意愿发挥作用。

印度政府在1950年与中华人民共和国建交后，承认一个中国，但在1959年达赖出逃时，印度曾提供协助。在这之后，中印关系紧张并导致了中印边界战争爆发，印度大败。从2004年开始，中印关系缓和，印度宣布承认西藏自治区属于中国，中国也承认印度在1975年占领的原主权国家锡金作为印度锡金邦的合法性，双方实现了地缘战略上的交换。然而，直到现在，中国政府仍不接受印度根据以前英帝国政府强迫西藏地方政府于1914年以西姆拉条约割让给英属印度的麦克马洪线以南的藏南地区。中国认为这一地区属于中国西藏自治区的山南地区。由于当时的中国北洋政府代表拒绝在西姆拉条约上签字，实际上历届中国政府均从不承认这一条约及其规定。

从藏印关系到中印关系，南亚次大陆区域的复杂性，在很大程度上是因西藏地区的地缘特点：西藏地区在其间发挥了极其重要的地缘阻挡和牵制作用。

除了地缘战略上的这些因素之外，西藏这一高原地区还是一个地理意义上的资源宝库。

西藏地域辽阔，拥有丰富的能源，其中最重要、最著名的是太阳能、水力和地热这三种能源。西藏是全中国太阳能最丰富的地区。拉萨，就因为年日照数高达3000小时以上，而有"日光城"的美誉。青藏高原，亦为中国各大主要河流的发源地，如怒江、长江等，水力资源的蕴藏量为中国第一。

西藏是中国湖泊最多的地区，湖泊总面积约2.38万平方公里，仅仅是一个西藏，湖泊的面积就约占全国湖泊总面积的30%。1500多个大小不一、景致各异的湖泊错落点缀于群山草原之间，其中面积超过1000平方公里的，就有纳木错、色林错和扎日南木错三个，还有著名的羊卓雍湖、玛旁雍错、班公湖、巴松错、森里错，其中有些湖泊在藏区宗教文化中被视为圣地。而超过100平方公里的湖泊数量高达47个，其中各类盐湖大约有251个，总面积约8000平方公里。盐湖的周围大多具有丰饶的牧场，也是多种珍贵野生动物经常成群结队出没之地。

西藏的矿产资源也非常丰富，中国曾经组织专家大范围调查了青藏高原的矿产，补齐了以往地质调查的空白，发现了念青唐古拉、冈底斯、班公湖-怒江三大巨型成矿带，发现了驱龙、甲玛、雄村等7个超大型和25个大型矿床，潜在经济价值3兆元人民币以上。其中，驱龙铜矿储量1036万吨，规模为中国国内第一，甲玛多金属矿则相当于10个标准大型铜矿和5个标准大型金矿。预计整个青藏高原矿产资源总量可达铜8000万吨，黄金2000吨，铅锌3000万吨。青藏高原特有的永冻土带里还蕴含着丰富的可燃冰，预计其蕴藏量相当或者超过350亿吨的油当量，超过鄂尔多斯盆地的石油含量。

西藏是中国的宝地，但地缘位置决定了它从不太平。

一百多年前的中国，当时的清朝政府内部曾经发生过一场至关重要的大争论：要"海防"还是要"塞防"？这一重大争议的实质背景是陆权与海权之争：究竟陆权重要，还是海权重要？

当时的国际形势诡异复杂，西方列强诸国屡屡从海洋进击中国，打击、蚕食中国的利益。到了1874年，甚至新兴的历史上的中国属国日本，也居然借"牡丹社"事件发兵席卷台湾。而在此之前的1871年，沙俄刚刚借阿古柏入侵新疆之机,以"代为收复"为名派军占领了中国的军事要地伊犁。于是,一场充满了中国味道的地缘战略争议在中国的殿堂之上展开,到底是"海防"重要,还是"塞防"重要?当时的这场地缘争议,在以李鸿章为首的"海防派"和以左宗棠为代表的"塞防派"之间展开。最后,这场大争论不但将清朝的地方封疆大吏纷纷卷入,亦将朝中清流和清朝宗室统统卷了进来,唇枪舌剑,彼此大加挞伐。事实上,这场发生在142年前的陆权和海权的争议,极具历史和现实意义,直至今日也是如此。

清廷"海防派"的观点是,几十年来,外敌的入侵皆来自中国东南方的海上,尤其是新崛起的日本,将来祸患必甚于沙俄。当时江苏巡抚丁日昌的观点非常著名,他说,俄人对我"不过得步进步,志在蚕食,不在鲸吞";而那个"可恶的倭寇"对我中华则是"志在鲸吞,而不在蚕食"。争论的另一方是晚清四大名臣之一的左宗棠,他是一个著名的"塞防派",他颇有远见地认为,中国的山川形胜,皆起自西北,弃西部即弃中国,"是故重新疆者所以保蒙古,保蒙古者所以卫京师"。左宗棠的塞防逻辑明显是一种地缘逻辑,比之李鸿章一派的逻辑更为清晰严整,最终打动了当时清廷的最高决策者慈禧太后,这才有了左宗棠舆榇出关,湖湘子弟定天山的历史壮举。

纵观当年的"海防"与"塞防"之争,今天的历史学者也未必完全清楚其中的地缘意义,这从各种理论文章中明显通俗可见。有趣的是,中国的历史之论,几乎完全站在左宗棠一边,毕竟"历史不会谴责胜利者",而坚持"海防"的李鸿章,因为此后在甲午海战中一败涂地,一百多年来承担了太多的骂名,以致他的名字长时间成为"投降派"和"卖国贼"的代名词。但如果从地缘战略的视角来客观理性地解析,陆权与海权并重,当是中国的唯一选择,而不是陆海之间某一方面的优先。这并不是因为"谁主张"的问题,而是由中国的实际地缘位置所决定的客观现实。

笔者不得不指出的一点是,长期以来,中国在理论上"重塞方",也就是理论上是陆权的价值取向;但在实际的政策操作上"重海防",也就是实际上采取的是海权的价值取向。这样的矛盾取向,是由政策资源的投入量决定的,看着似乎中国一向坚持在新疆和西藏投入巨额资源,支持西部的发展,但实际只要比较一下中国沿海地区的资本密集度与西部的差别,就可知道中国的政策倾斜是一种事实。这也就是说，中国今天在西部遭遇到的各种问题和挑战并非是偶然的，这依旧是地缘战略摇摆不定的一种客观结果。

笔者认为，任何理论研究的价值，首要取决于客观性，一切问题如果不能客观而论，那么研究成果的价值就会大打折扣。"依法治藏论"最富有价值之处就在于它开启的客观性认识的大门，它并未回避现在西藏社会治理中所存在的各种问题和表现，而这些从过去到现在的全景扫描式的理性分析和揭示，构成了"依法治藏论"的体系基础。

实际上，毋庸回避的是，中国在西藏问题上的政策路径远非一帆风顺，中间经过了许多的坎坷和徘徊。

1949~1950 年间，中国人民解放军进军西藏，10 年之后的 1959 年，达赖逃离拉萨，西藏开始了民主改革，启动了土地改革运动。当时的"民主改革"模式，主要精神套用的是中国内地的土改做法，每个村庄、每个部落，经过"查成分，清查土地，划成分，批斗"的阶段，按照事先规定的指标划分地主、牧主、富农、富牧。被划成地、富的藏人，财产被剥夺，引起了一定程度的社会动荡。值得注意的是，当年的藏区土地改革跟中国内地的主要不同点在于，将土改和合作化同时进行。分地只是名义上分地，个人并没有直接得到土地，而是直接并入了合作社，有人将之总结为"两步并作一步走"。

按照西藏的传统，土地是由政府、贵族与寺院拥有。土地是寺院收入的主要来源，土地改革使藏传佛教寺院的收入大幅减少，难以养活大量僧侣。国务院 2009 年发布的《西藏民主改革 50 年》白皮书表示，中国政府在西藏土地改革中总共没收了地主的土地 190 万亩，并且从 1300 多户手中"赎买"了 90 万亩，总共 280 多万亩。到 1975 年 12 月为止，西藏土地公有制完成，人民公社总数约为 2000 个。在民主改革的过程中，"翻身农奴得解放"，但与此同时，西藏社会原有的社会治理结构也被粉碎，取而代之的是内地通行的中央集权的社会治理模式，并且一直延续到了今天。

应该说，这种社会治理模式在开始的阶段取得了基本的成功，西藏与内地一样，在当时的政府力量、阶级分化、意识形态、军事压力，甚至在"文化大革命"的冲击和影响之下，保持了相对单纯而公平的社会，维持了相对的稳定。此后，随着中国的改革开放，随着不可避免的以市场化为标志的现代化进程，还有互联网为标志的多元化社会的到来，西藏也与中国内地一样，正如"依法治藏论"所扫描的社会景观一样，原有的结构性问题开始暴露，就像揭开了盖子的潘多拉盒子，社会治理的纵深缺陷不断地显现出来，这就使得我们必须重新认识西藏的社会治理问题。

面对现实的巨大挑战，"依法治藏论"认为，中央政府的稳定论强调的是社会秩序和政治诉求；发展论强调的是经济发展与社会保障。藏区地方政府的常规型治理和运动型治理也内涵于上述内容。政府权力运作在藏区表现为常规性治理的政策主义和运动型治理的实用主义，虽然这是国家理性的体现，政治秩序的扩充和完善，但这些从根本上都不能促进藏区社会的持续、稳定发展，而唯有法制化，才是根本路径和藏区社会发展的出路。因此，……对于藏区的社会管理目标，乃至群体性突发事件的治理实践，都必须围绕法制化来进行。用法治思维和法制实践来应对藏区应急突发性事件的发生和应急管理、治理，才是藏区社会和人民所需求的核心内容。

这样的理论认知与社会实践无疑是高度吻合的，一方面体现了法学领域"新控权论"的某些积极元素和理论主张，但强调"控制"不等于"限制"，而是在法律基础上讲求合理的管理、分配和运用行政权力，尤其是面向基层的行政权力分配；另一方面又是源自于藏区维稳的效率实践，毕竟理论尚可做思辨之论，但维稳实践却无法空对空地泛泛而议，必须有的放矢。

与"依法治藏论"表现出来的系统性认识相比，数百年来中央政府与藏地关系中有一种倾向非常值得认真讨论和研究，这就是"运动型的维稳"。在中国漫长的治藏历程当中，来自汉地的中央政府总有一种简单化的倾向，力求毕其功于一役，刮一阵风，一味地倾向于采取高压措施。这样的政策做法虽然是一种最简单的策略路径，但有时也是一条危险的政策路径。

以历史上颇负盛誉的"改土归流"为例，实际就是如此。

清朝雍正时期，国力强盛，当时的中央政府已经有足够的力量加强对少数民族地区的统治。雍正四年（1726年），鄂尔泰大力推行所谓"改土归流"政策，即由中央政府直接选派有一定任期的流官（可轮调之官）代替土司政权，由中央直接管理少数民族地区的政务。在策略上，清廷也制订了详细的方案，"改流之法，计擒为上策，兵剿为下策，令其投献为上策，敕令投献为下策","制苗之法，固应恩威并用"。雍正八年（1730年），镇沅流官刘起元贪婪无度，乌蒙土目禄万福在乌蒙镇发动兵变，刘起元逃至荔枝河被杀，滇黔蜀三行省接壤处的土司群起响应。鄂尔泰下令军队一定要"穷追严剿"，号称要"分兵穷搜，务获得魁，尽屠丑类"。中央政府挥兵镇压之时，誓要将所有的土司头目戮杀殆尽，这不可不谓是典型的"运动型维稳"。

历史上的这次"改土归流"，涉及的地区和民族有滇、黔、桂、蜀、湘、鄂省的苗族、彝族、布依族、侗族、白族、傣族等多个民族。以云南为例，实行"改土归流"之前，土司有47家，实行"改土归流"之后，少数地区虽然还残存土司制度，但其作用和影响已大为削弱。国内史学界对"改土归流"多持正面评价，认为多民族中央集权的统治得到了巩固，各少数民族的经济社会和文化发展也进一步加快。事实上，当年鄂尔泰也是这么认为的，他洋洋得意地在给清廷的汇报奏折中写道：改土归流之后，招民垦种，"给予田地、耕牛、谷种，俾得各安其业"。到了乾隆初年（1736年），更是号称"民夷商贾，四方辐辏，食货浩穰"。

问题在于，"改土归流"虽然成功摧毁了民族地区的土司制度，但却没有真正解决中国的边疆问题，边乱始终持续。主持此事的鄂尔泰实际是有吹牛表功的色彩，远离民族地区的历代学者们也大都是跟风评论。事实上，在清朝雍乾"改土归流"之后，清廷在远离中央的边塞之地，反而要始终精心部署数万绿营兵，每年耗费大量银两加以维持，而中国的边疆动乱依旧此起彼伏，起义愈演愈烈，最后甚至连越南也趁乱脱离了中国的属国地位而独立。可见这种所谓的"改土归流"，实际是一种治标不治本的政策路径，清廷面对边乱和土司割据的可能，本应恩威并重，强化边疆管理，实际却走了简单路线，刮起一阵风，"改土归流"，取而代之。最后，边疆的社会治理结构出现了改变，但边疆的隐患问题却并未因此而消除。

值得注意的是，"运动型维稳"与"依法治藏论"的根本差别就在于，"运动型维稳"一味地迷信高压措施，而"依法治藏论"更为强调系统解决方案，强调法律的作用和价值。高压措施是行政权力的重要组成部分，所谓"恩威并重"，没有威慑力量是肯定不行的。当年英帝国为了维持在印度的殖民统治，也要依靠6万精锐的嫡系英国陆军来支持。不过很明显的是，并非所有的社会问题都可以依靠高压措施解决。盲目而好大喜功地使用高压措施，很多时候它就像"改土归流"一样，甚至能够制造出更多的问题。

如果从理论逻辑上加以归纳，我们可以看，"运动型维稳"实际上是一种博弈应对，重在应付危机局面，而不是社会的日常治理；依法治藏则是一种结构化的体系应对，强调的恰恰是社会的日常治理，而社会稳定，没有危机出现，无疑才是最好的治理模式。更遑论这两种政策路径差异的背后，还有资源投入和社会稳定成果的巨大差异。

现实可能正如"依法治藏论"作者使用数据分析所揭示的那样，大多数涉及维稳的现象和问题，很可能是在最为偏远、最为基层的藏区村落层面解决的，而且很多已经得到妥善解决的问题，更上层的行政机关甚至可能都不知道。为了让社会管理更为精细化，更加向纵深渗透，防患于未然，"依法治藏论"的建议是，未来法律应该进一步支持社会基层的工作，资源更多地向他们倾斜，则西藏的社会稳定必然会在结构化的层面上进一步得到强化。也正是因为如此，笔者认为，"依法治藏论"的提出是西藏社会治理方面的一个非常有趣的理论探索，它在应用法学、行政法和法律经济学领域做出了拓展，尝试性地搭建了一个有关西藏问题研究的法学、经济学和社会学研究的综合框架，这对于西藏未来社会的稳定发展，对于治藏理论及其实践的进步，尤其是在重要性、必要性以及可能性方面，都是一种独到而富有价值的研究贡献。

# 自　序　习近平"治边稳藏"战略蕴含的新时代边疆思想探析

段毅君

习近平新时代中国特色社会主义思想强调：全面依法治国是中国特色社会主义的本质要求和重要保障。"全面推进依法治国总目标是建设中国特色社会主义法治体系，建设社会主义法治国家"。坚持全面依法治国是新时代坚持和发展中国特色社会主义的基本方略，法治在国家治理体系和治理能力现代化中将发挥十分重要的基础性作用，对于促进包括藏区在内的边疆地区长治久安有着极其重要的现实作用和深远的历史意义。

新时期特别是党的十八大以来，习近平总书记高度重视和关心西藏工作，曾多次对西藏工作做出重要指示。2013年，他首次提出"治国必治边，治边先稳藏"的战略思想。2015年，在中央第六次西藏工作座谈会上，他在讲话中系统部署"六个必须"的"治藏方略"，明确提出"必须坚持治国先治边，治边先稳藏的战略思想，坚持依法治藏、富民兴藏、长期建藏、凝聚人心、夯实基础的重要原则"。"治边稳藏"战略思想正式纳入"治藏方略"，将西藏治理提升到了国家治理的战略高度，标志着"四个全面"战略布局下边疆治理战略的正式确立，是习近平新时代中国特色社会主义思想基于国家安全和边疆治理的新边疆思想的具体体现。西藏的社会稳定是中国边疆治理中的一个重大问题，而边疆的安全和稳定是国家安全和社会政治稳定的重要组成部分。"治边稳藏"的战略思想及依法治理的重要原则，体现的不仅是对维护边疆安全和稳定的高度重视，也是维护国家安全和社会政治稳定的基本要求，更是落实全面建设小康社会和全面依法治国战略布局的具体部署。"治边稳藏"的战略思想，不仅是实现西藏有效治理和长期稳定的根本保障，也是推动整个边疆治理进而维护国家安全和社会政治稳定的基本条件，是习近平新时代中国特色社会主义思想的重要组成部分和具体实践。

## 一、习近平"治边稳藏"战略思想的构建过程

边疆地区直接关系到地缘政治格局的形成，战略地位十分重要，历来是各国十分重视的问题。我国是统一的多民族国家，边疆地区大多为少数民族聚居区域，民族成分比较复杂，宗教氛围十分浓厚，往往具有独特的社会人文特点。由于历史等多方面的原因，边疆地区发展相对滞后，但资源蕴藏丰富，发展潜力巨大。中华人民共和国成立以来，党和国家高度重视边疆地区的发展和稳定问题，把边疆稳定置于关系国家统一、民族团结和党的事业的特殊重要地位。毛泽东同志曾指出："国家的统一，人民的团结，国内各民族的团结，是我们的事业必定要胜利的基本保证。"[1]几十年来，党和国家采取慎重稳进的策略，对边疆地区不断给予特殊政策，实行区域自治制度，实施了有效的治理，保持了边疆地区的长期稳定。

西藏是我国边疆地区的重要组成部分，一直受到党和国家的高度重视与大力支持。毛泽东同志指出："西藏人口不多，但国际地位极其重要。"[2]西藏工作的核心是西藏政策。自西藏和平解放以来，中央对西藏的政策充分结合了西藏的特殊性，在1959年平叛前采取慎重稳进的方针，多次对西藏的改革作出"要待西藏大多数人民群众和领袖人物认为可行的时候，才能做出决定"的指示[3]。1965年，西藏自治区正式成立，西藏实行了区域自治制度。改革开放后，中央大力支持和援助西藏发展，自1980年起先后召开了六次中

---

[1] 毛泽东:《关于正确处理人民内部矛盾的问题》，人民出版社1957年版。

[2] 毛泽东致电中央和彭德怀同志《改由西南局担负进军及经营西藏的任务》，1950年1月2日。

[3] 毛泽东:《关于正确处理人民内部矛盾的问题》第六部分，人民出版社1957年版。

央西藏工作座谈会,制定了一系列中央支持和内地省市"对口援藏"的特殊政策措施,深化改革开放,治穷致富,实现了西藏工作的大转型和西藏社会经济的大发展,凝聚形成了西藏工作发展和稳定两大主题。这一时期的政策调整和工作实践,为习近平"治边稳藏"战略思想和"治藏方略"的形成与发展提供了理论积累。

1998年,习近平曾赴西藏考察调研。2011年,他率领中央代表团赴藏参加西藏和平解放60周年庆祝活动并发表重要讲话,对西藏工作有了深刻的认识,也对西藏发展和稳定问题做了全面的了解。2012年,习近平当选中共中央总书记,更加重视西藏工作,针对西藏工作做出了一系列重要指示,形成了全面、系统的治藏战略思想。

(一)提出"治国必治边、治边先稳藏"的战略思想,体现新时代法治理念

2013年3月9日,习近平总书记在参加十二届全国人大一次会议西藏代表团审议时,明确提出"治国必治边、治边先稳藏"的战略思想,作出"坚定不移走有中国特色、西藏特点的发展路子,积极构建维护稳定的长效机制,加快推进西藏跨越式发展和长治久安,确保到2020年同全国一道实现全面建成小康社会宏伟目标"的重要指示[1]。习近平将西藏治理明确提升到国家治理的战略高度,要求谋长久之策、行固本之举,加快推进西藏发展和稳定,是对中国共产党人治藏兴藏思想的继承和发展,也体现了依法治国的新时期法治理念。

(二)强调弘扬"两路"精神,突出发展和稳定的价值引领

2014年8月,习近平就川藏、青藏公路通车60周年纪念作出重要批示。他指出,川藏、青藏公路的建成通车,是在党的领导下新中国取得的重大成就,对推动西藏实现社会制度历史性跨越、经济社会快速发展,对巩固西南边疆、促进民族团结进步发挥了十分重要的作用。他追溯60年前十多万军民在极其艰苦的条件下团结奋斗,创造世界公路史上的奇迹,结束西藏没有公路的历史,将川藏、青藏公路建设和养护过程中形成的价值追求提炼为"一不怕苦、二不怕死,顽强拼搏、甘当路石,军民一家、民族团结"的"两路"

---

[1] "习近平李克强张德江俞正声王岐山分别参加代表团审议",载《人民日报》2013年3月10日,第1版。

精神，强调在新形势下要继续弘扬"两路"精神，养好两路，保障畅通，使川藏、青藏公路始终成为民族团结之路、西藏文明进步之路、西藏各族同胞共同富裕之路〔1〕。习近平对"两路"精神的概括和诠释，是对社会主义核心价值观的弘扬，突出了"治边稳藏"的价值引领。

（三）指示全力支援西藏抗震救灾，彰显民族团结和谐的目标导向

2015年4月25日，尼泊尔8.1级地震和后续余震严重波及西藏自治区日喀则、阿里等地区。灾情发生后，习近平总书记立即作出重要指示，要求西藏自治区党委、政府和有关部门迅速行动、全面部署，党政军警民协调配合，全力开展救灾工作。5月，当抗震救灾取得阶段性成果时，习近平总书记再次指示，肯定抗震救灾工作取得阶段性胜利，要求再接再厉，继续抓紧搜救被困人员，全力救治受伤人员，妥善安置受灾群众，同时尽快修复受损基础设施，做好灾后恢复重建工作，维护西藏自治区特别是受灾地区社会大局和谐稳定〔2〕。习近平对西藏受灾地区民生的关心，体现了中国共产党全心全意为人民服务的宗旨，也是对中央扶持和帮助西藏发展、民生改善政策的实践和推进，彰显出民族团结和谐的国家治理目标导向。

（四）寄语西藏宗教领袖，引导藏传佛教发扬爱国爱教的光荣传统

2015年6月10日，习近平在中南海接受第十一世班禅额尔德尼·确吉杰布的拜见时指出，党中央历来高度重视西藏工作，也将在今年派出代表团赴西藏同各族人民一起庆祝西藏自治区成立50周年这一盛大节日，相信在党中央的关心和全国人民的大力支援下，到2020年，西藏各族人民将同全国人民一道实现全面建成小康社会的目标，西藏各族人民的明天会更加美好〔3〕。习近平寄语班禅，希望他继承藏传佛教爱国爱教的光荣传统，胸怀祖国，心系人民，坚定不移维护祖国统一和民族团结，同时提出两点要求："要积极开展教义阐释，弘扬藏传佛教教义中的扬善抑恶、平等宽容、扶贫济苦等积极思想；要精进学修，不断提高宗教学识和道德修养，学习人类一切文明成果和

---

〔1〕"习近平就川藏青藏公路建成通车60周年作重要批示 弘扬'两路'精神 助推西藏发展"，载《人民日报》2014年8月7日，第1版。

〔2〕"习近平对西藏日喀则阿里等地抗震救灾作出重要指示全力救治伤员 做好安置重建 李克强作出批示"，载《人民日版》2015年5月7日，第1版。

〔3〕"习近平接受班禅拜见 俞正声陪同接受拜见"，载《人民日版》2015年6月11日，第1版。

现代科学文化知识，不断开阔自己的眼界和胸襟"。宗教是西藏社会的组成部分，也是一种重要的社会力量，对藏民族的意识形态有着十分重要的影响。习近平寄望勉励班禅继承藏传佛教爱国爱教传统，积极阐释扬善抑恶等教义思想并学习现代科技知识，蕴含引导藏传佛教紧跟时代步伐实施改革，以取其精华、去其糟粕，挖掘与现代化相融合的教义理论，真正走出一条符合核心价值观要求、适合中国现代化建设、辅助构建和谐社会目标的发展道路。

**（五）召开中央政治局会议研究西藏工作，部署进一步推进西藏经济社会发展和长治久安**

2015年7月30日，中央政治局召开会议研究西藏工作。会议充分肯定了中央第五次西藏工作座谈会以来，西藏工作在党中央坚强领导及中央国家部委、对口援藏省市、中央企业支持下，西藏自治区党委、政府团结带领全区各族干部群众扎实做好发展稳定各项工作取得的成就，研究和部署了西藏进一步加快经济社会发展和长治久安工作的政策措施。会议强调，做好新形势下的西藏工作，必须坚持党的治藏方略，把维护祖国统一、加强民族团结作为工作的着眼点和着力点，坚定不移开展反分裂斗争，坚定不移促进经济社会发展，坚定不移保障和改善民生，坚定不移促进各民族交往交流交融，依法治藏、富民兴藏、长期建藏、凝聚人心、夯实基础，确保国家安全和长治久安，确保经济社会持续健康发展，确保各族人民物质文化生活水平不断提高，确保生态环境良好。会议提出要坚持把改善民生、凝聚人心作为经济社会发展的出发点和落脚点，以基础设施、特色优势产业、生态保护与建设为重点，推进经济社会协调发展、走向全面小康，推进民生显著改善、走向人民生活富裕幸福，推进生态安全屏障建设、走向生态全面改善；要加强民族团结工作，全面贯彻党的宗教工作基本方针，发展壮大爱国统一战线，着力做好凝聚人心、汇聚力量工作；要坚持把中央关心、全国支援同西藏各族干部群众艰苦奋斗紧密结合起来，加大对口支援西藏工作力度。要求西藏各族干部群众要紧紧抓住机遇，充分发挥积极性、主动性、创造性，开创西藏工作新局面[1]。这次会议是对习近平的"治边稳藏"战略思想的系统化概括，

---

[1] "习近平主持中共中央政治局会议 分析研究当前经济形势和经济工作 推进西藏经济社会发展和长治久安决定设立中央统一战线工作领导小组"，载《人民日版》2015年7月31日，第1版。

对新一届中央领导集体正式提出新的"治藏方略"和西藏工作指导原则、全面部署西藏发展和稳定工作进行了思想准备、理论准备和组织准备，具有十分重要的意义。

(六) 系统阐述"治藏方略"，全面部署西藏工作

2015年8月24日至25日，中共中央在北京召开了中央第六次西藏工作座谈会，习近平作重要讲话。他科学分析了西藏工作面临的形势，深刻阐述了一系列关于西藏工作的重大理论和实践问题，站在中华民族伟大复兴的战略目标和国家长治久安的战略要求高度，明确提出了"六个必须"的"治藏方略"。他指出："西藏工作关系党和国家工作大局。党中央历来高度重视西藏工作。在60多年的实践过程中，我们形成了党的治藏方略，这就是：必须坚持中国共产党领导，坚持社会主义制度，坚持民族区域自治制度；必须坚持'治国必治边、治边先稳藏'的战略思想，坚持依法治藏、富民兴藏、长期建藏、凝聚人心、夯实基础的重要原则；必须牢牢把握西藏社会的主要矛盾和特殊矛盾，把改善民生、凝聚人心作为经济社会发展的出发点和落脚点，坚持对达赖集团斗争的方针政策不动摇；必须全面正确贯彻党的民族政策和宗教政策，加强民族团结，不断增进各族群众对伟大祖国、中华民族、中华文化、中国共产党、中国特色社会主义的认同；必须把中央关心、全国支援同西藏各族干部群众艰苦奋斗紧密结合起来，在统筹国内国际两个大局中做好西藏工作；必须加强各级党组织和干部人才队伍建设，巩固党在西藏的执政基础。"[1]在讲话中，他还对"治藏方略"中提出的"依法治藏，富民兴藏，长期建藏，凝聚人心，夯实基础"的西藏工作重要原则以及"着眼点和着力点""出发点和落脚点"两个基点进行了系统阐述，并提出相应的工作措施和要求。

"治藏方略"的提出，牢固树立了坚持中国共产党的领导、坚持社会主义制度、坚持民族区域自治制度的基本原则，正式确立了"治国先治边、治边先稳藏"的战略思想，突出西藏工作稳定和发展两大主题，建立了依法治藏、富民兴藏的主动治理、有效治理策略并明确了长期建藏目标。"治藏方略"以

---

[1] "习近平在中央第六次西藏工作座谈会上强调依法治藏 富民兴藏 长期建藏 李克强俞正声讲话 张德江刘云山王岐山张高丽出席"，载《人民日报》2015年8月26日，第1版。

改善民生和凝聚认同为战略基点，全面部署了确保西藏稳定和加快西藏发展的任务，强调了正确执行党的民族宗教政策的要求，反映出习近平以促进边疆发展、实现民族团结确保边疆长治久安的根本思路，是在"治国"高度上对"治边稳藏"战略思想的阐释。"治藏方略"全面概括了此前习近平有关西藏工作的一系列指示精神，并在战略高度、理论深度和实践结合度方面作了全面提升，具有很强的政治性、全局性和战略性，标志着习近平新边疆战略思想的系统建构形成，既是当前和今后做好西藏工作的根本遵循，也是对整个边疆治理工作的促进和保障。

## 二、"治藏方略"理论体系及依法治藏思想内涵分析

"治藏方略"将"治国"与"治边"、"治边"与"稳藏"问题联系起来，既体现了从全局到局部、从局部到重点的观察视角，又体现了重点关系局部、局部关系全局的思维方法。它是习近平在吸取我国"治国""治边"的历史经验教训和总结我党自新中国成立以来实施边疆治理的工作实践的基础上，针对西藏的实际情况和现阶段突出问题，运用特定问题采取矛盾分析方法所做的最新理论创造，有着鲜明的理论与实践特色。"治藏方略"的制定本身，以及西藏工作重要原则的提炼和两个基点的聚集，都是第一次明确提出且系统阐释的概念，其中蕴涵有大量的理论创新，体现出思想发展的光辉亮点，包括了新的工作方法，是系统化的"治藏""稳藏"思想武器、理论指导和实践指南。

### （一）维护了《宪法》确立的根本原则和树立依法治藏的基本思路

"必须坚持中国共产党领导，坚持社会主义制度，坚持民族区域自治制度"。"治藏方略"的第一个"必须"，与《宪法》确立的"四项基本原则"紧密衔接，与《宪法》及《民族区域自治法》的规定相适应，既是对国家法律的执行和落实，也是对治藏提出基本思路，同时还是对境内外民族分裂势力图谋将西藏分裂出去的明确回应。西藏是中国领土不可分割的组成部分，是重要的国家安全屏障和生态安全屏障，也是边疆地区和少数民族地区高度重叠的区域，有很强的特殊性。对西藏进行管辖和治理，既要坚决维护国家领土和主权完整，也要充分考虑民族文化保护和发展要求，完善和践行《宪法》规定的民族地区实行区域自治制度。中国共产党实行依法治国，《宪法》

及其他法律的规定必须得到贯彻落实,法律的权威也必须得到维护,这是"治藏方略"树立的根本原则和基本思路。

### (二)确立了"治边稳藏"的战略思想和依法治理的工作方针

"必须坚持治国必治边、治边先稳藏的战略思想,坚持依法治藏、富民兴藏、长期建藏、凝聚人心、夯实基础的重要原则"。将"治国先治边、治边先稳藏"正式纳入"治藏方略"予以确立,突出了西藏治理在国家治理和边疆安全中的重要地位,是正确处理整体与局部关系原则的重要体现。而这些"重要原则"的提出,不仅体现了党和国家对西藏实施依法治理的工作方针,也明确了有效治理的工作要求。习近平强调:"实现西藏和四省藏区长治久安,必须常抓不懈、久久为功,谋长久之策,行固本之举。要把基础性工作做深做实做细,坚持依法治理、主动治理、综合治理、源头治理相结合,紧紧依靠各族干部群众"。西藏地处我国西南边疆,既是与周边国家有直接地缘关系的最重要地区之一,也是面临国家安全风险最大的地区之一。同时,西藏还是以藏民族为主体的多民族聚居区,民族特色和宗教信仰浓厚,具有极强的社会特殊性并存在分裂主义的政治问题,社会稳定压力较大。西藏的发展和稳定,不仅直接关系到中国国家安全和边疆治理,也直接关系到国家统一和民族团结。因此,不仅需要主动治理,还必须做到有效治理。

### (三)明确了"富民兴藏"的根本途径和确保稳定的首要任务

"必须牢牢把握西藏社会的主要矛盾和特殊矛盾,把改善民生、凝聚人心作为经济社会发展的出发点和落脚点,坚持对达赖集团斗争的方针政策不动摇"。由于特殊的历史和社会政治原因,西藏不仅存在着"人民日益增长的物质文化需要同落后的社会生产力之间的主要矛盾",还存在着"各族人民同以达赖集团为代表的分裂势力之间的特殊矛盾"[1],而达赖集团的背后还有西方反华势力的支持。这两对矛盾反映的实际就是发展和稳定的关系问题,在一定时期内这两对矛盾还不会根本改变的情况下,如何处理这两对矛盾,必须实事求是地加以分析。西藏目前经济总量不大,生态环境脆弱,在经济发展上不能要求做出超出其能力的贡献,但在维护国家安全和社会稳定、维护

---

[1] 胡锦涛在中央第五次西藏工作座谈会的讲话,2010年。

国家统一和民族团结方面,西藏却有着特殊重要性。从长远来看,发展是确保西藏稳定的根本途径,但就当前的实际来说,稳定应是当前西藏工作的首要任务。在发展方面,习近平指出:"同全国其他地区一样,西藏和四省藏区已经进入全面建成小康社会决定性阶段。要牢牢把握改善民生、凝聚人心这个出发点和落脚点,大力推动西藏和四省藏区经济社会发展",根据西藏和四省藏区当前的实际情况,部署了扶贫、教育、就业、生态保护等四项重点任务并提出了继续实施特殊的财税、投资、金融等政策措施。在稳定方面,习近平强调"西藏工作的着眼点和着力点必须放到维护祖国统一、加强民族团结上来,把实现社会局势的持续稳定、长期稳定、全面稳定作为硬任务,各方面工作统筹谋划、综合发力,牢牢掌握反分裂斗争主动权"。

(四)提出了依法治理的长久之策和认同凝聚的固本之举

"必须全面正确贯彻党的民族政策和宗教政策,加强民族团结,不断增进各族群众对伟大祖国、中华民族、中华文化、中国共产党、中国特色社会主义的认同"。西藏人文风俗独特,宗教信仰浓厚,民族认同感强,国家认同相对较弱。西藏事务与民族、宗教问题粘连紧密,有些问题十分敏感,有极高的政策要求。要真正实现持续稳定和长治久安,必须不断提升群众的公民意识,增进国家认同,融入中华民族这个大家庭。基于这一原因,习近平不仅提炼出了"长期建藏"的重要原则,要求"坚持慎重稳进方针,一切工作从长计议,一切措施具有可持续性",还特别强调"实现西藏和四省藏区长治久安,必须常抓不懈、久久为功,谋长久之策,行固本之举"。认同的凝聚也就是人心的凝聚,既是"治藏"和"稳藏"的重要基础性工作,也是一项长期的政治任务。做好这项工作,一是必须全面正确地贯彻党的民族政策和宗教政策,尊重民族风俗习惯和宗教信仰,做到民族平等;二是要建立共同目标,即"把人心和力量凝聚到实现'两个一百年'奋斗目标、实现中华民族伟大复兴的中国梦上来",促进民族发展;三是要培育共同体意识,通过贯彻"政治上团结,信仰上尊重"的方针做好藏传佛教工作,通过坚持不懈开展马克思主义祖国观、民族观、宗教观、文化观等宣传教育活动,凝聚中国特色社会主义思想共识,加强民族团结;四是要落实依法治藏要求,依法打击一切分裂祖国、破坏社会稳定的行为,依法加强寺庙管理,维护法律权威,反对民族分裂。

### （五）强调了援藏与奋斗两个积极性的结合和国内国际两个大局的统筹

"必须把中央关心、全国支援同西藏各族干部群众艰苦奋斗紧密结合起来，在统筹国内国际两个大局中做好西藏工作"。由于自然条件和社会习俗等多种原因，西藏自身发展能力存在不足，经济发展和社会事业建设比较滞后。西藏和平解放以来，中国共产党切实践行执政宗旨，充分发挥社会主义制度优势，大力扶持和资助少数民族地区发展，西藏受到中央的特殊关心和内地的大力支持，发展速度明显加快。1980年中央第一次西藏工作座谈会[1]以来，中央对西藏发展制定了一系列特殊政策；1994年中央第三次西藏工作座谈会，中央决定内地省市"对口援藏"，并在2001年第四次西藏工作座谈会后增加国有骨干企业承担"对口援藏"任务；2010年中央第五次西藏工作座谈会加大了中央财政对西藏的投入额度，规定了"对口援藏"省市的援藏经费比例，并将四省藏区纳入国家财政支持范围。除投入经费实施项目援藏外，中央国家机关和内地省市还派出干部援藏，为西藏发展注入了新的活力，西藏的发展水平显著提高，自身发展能力也不断增强。当前和今后一个时期，西藏的发展仍然离不开中央的关心和内地的支持，同时也还要进一步提升自身发展能力，因此，习近平强调："今后一个时期，要在西藏和四省藏区继续实行特殊的财政、税收、投资、金融等政策。西藏和四省藏区要坚持自力更生、艰苦奋斗，全面深化改革，不断增强各族群众的发展参与度和获得感"。同时，西藏因地处边疆且宗教问题复杂，其发展和稳定不仅关系到国内社会政治的稳定，也涉及国际关系的处理，稍有不慎就可能引发国际社会与周边国家的干涉从而引发矛盾冲突。因此，西藏工作必须统筹国内国际两个大局，

---

[1] 1980年，中央召开第一次西藏工作座谈会，规划确立了新时期西藏工作"医治极左创伤、实现治穷致富"的发展目标和八项方针，会后中央工作组入藏考察，补充确定了西藏工作方针，提出了西藏在中央的统一领导下充分行使民族区域自治权利、减轻群众负担、经济上执行特殊灵活政策、加大财政援助力度大力发展藏族的文化教育科学等"六大政策"。1984年中央第二次西藏工作座谈会提出"进一步放宽政策，促进农牧业和民族手工业发展"、"开发能源，发展交通运输事业"、"西藏实行对内放开和对外开放"、"办好教育事业，发展和繁荣民族文化艺术"思想措施，并在会后调研基础上制定了西藏改革开放"两个转变"（由封闭式经济向开放式经济转变，由供给型经济向经营型经济转变）的目标、农牧业"两个长期不变"（土地归户使用，自主经营长期不变；牲畜归户，私有私养，自主经营长期不变）和"两个为主"（坚持土地、森林、草场公有制前提下，实行以家庭经营为主、以市场调节为主的方针）的政策。

妥善处理涉及民族、宗教的敏感问题，坚决反对和依法打击分裂活动。

（六）突出了干部人才队伍建设的关键环节和"老西藏精神"的价值引领

"必须加强各级党组织和干部人才队伍建设，巩固党在西藏的执政基础"。"基础不牢，地动山摇"，"治边稳藏"必须夯实基础，不仅包括稳定的思想基础、群众基础、社会基础、工作基础，更重要的是党在西藏的执政基础。习近平指出："夯实基础，就是要标本兼治、重在治本，多做打基础、利长远的工作，把基层组织搞强，把基础工作做实。"夯实执政基础，组织是保障，干部人才队伍是关键。习近平强调："做好西藏工作，必须坚持党的领导，全面加强党的建设，着力建设好各级领导班子、干部人才队伍、基层组织，不断提高党的创造力、凝聚力、战斗力。在西藏和四省藏区，各级干部必须在思想上政治上行动上同党中央保持高度一致，做到忠诚于党和人民，坚定不移把党的各项方针政策落到实处。各族干部要像爱护自己的眼睛一样爱护团结，形成心往一处想、劲往一处使的强大合力"。他对这一方略的阐释，突出了"十八大"后治藏的新亮点，即注重改善民生和突出"人"的作用。一方面，提升西藏人民的生活水平，使改革开放的发展成果惠及所有人，才能进一步巩固制度威信，巩固中华民族大团结；另一方面，西藏高寒缺氧，生活条件艰苦，加上区域性的教育文化水平相对低下，人才引进和培养比较困难，人才缺乏是制约发展的主要障碍。加强干部人才队伍建设，除加强"对口援藏"输送和提高西藏干部职工工资福利待遇外，更需突出社会主义核心价值观的引领。习近平指出，在高原上工作，最稀缺的是氧气，最宝贵的是精神，鼓励广大党员、干部发扬优良传统，不断为"老西藏精神"[1]注入新的时代内涵，学习一代又一代共产党员舍弃常人所拥有的、放弃常人所享受的牺牲精神，扎根雪域高原，矢志艰苦奋斗，在各自岗位上作出更大成绩。

习近平对"治藏方略"的系统阐释，明确了治藏的基本原则和指导思想，指出了工作方向和重点任务，强调了做好西藏工作的关键环节。"六个必须"

---

[1]"老西藏精神"是指从西藏和平解放以来进藏参加建设西藏的老一辈人员扎根高原、服务边疆的奉献精神，它产生于西藏和平解放之初，由毛泽东、邓小平等党和国家领导人倡导和培育，后来经江泽民概括为"特别能吃苦，特别能战斗，特别能忍耐，特别能团结，特别能奉献"，实质就是建藏援藏精神。

的治藏方略和"依法治藏、富民兴藏、长期建藏、凝聚人心、夯实基础"的重要原则，均系历次西藏工作座谈会中首次提出的概念。从历史角度看，它是对第三次西藏工作座谈会"西藏的稳定，涉及国家的稳定；西藏的发展，涉及国家的发展；西藏的安全，涉及国家的安全"、第五次西藏工作座谈会"做好西藏工作事关全面建设小康社会全局，事关国家安全，事关中华民族的根本利益和长远发展"等论述思想的总结和继承。"治藏方略"进一步提升了西藏工作的战略地位，确立了对西藏实施依法治理、主动治理和有效治理的治藏策略，突出了稳定在西藏工作中的优先位置，明确了西藏同步实现全面建成小康社会的发展要求，构建了完整的理论体系，蕴含着深刻的法治思想，体现了科学的治藏理念。

## 三、习近平"治藏方略"中依法治藏思想的启示

纵观中国历史，边疆安全不仅直接关系到国家安全，也在很大程度上影响到中央政权的稳定，历来是中央政府十分重视的重大问题。西藏自古以来就是中国领土不可分割的组成部分，历代中央政府有效行使了对西藏的管辖权。实施主动治理，是统一的多民族国家行使国家主权的首要任务。"治国必治边、治边先稳藏"战略思想的形成和"治藏方略"的确立，体现了在新的历史条件下依法治理和主动治理的基本策略。以"依法治藏"为基本策略的"治藏方略"的确立，不仅使西藏工作有了清晰的长远目标，也明确了解决现实矛盾的有效途径，将化解一些困扰多年的难点问题。

第一，依法治藏，在构建西藏和四省藏区社会稳定的长效机制中居于核心地位。法治是维护西藏和四省藏区稳定的长远保障，而西藏和四省藏区的稳定也是实现法治的基本条件。这不仅是一种辩证关系，也是一种矛盾发展的阶段性路线。西藏和四省藏区情况特殊，必须辩证地看待社会稳定问题，依法治藏是长久之策和固本之举，符合依法治国的要求，必须坚持这个方向。但是，由于存在特殊矛盾，分裂活动可能在一定情形下趋向活跃和激烈。如果发生极端情况，必须采取强力手段果断处置，首先确保社会稳定，否则连法治本身也会受到破坏，更谈不上实现法治的条件。实现了社会稳定，才能保卫经济发展和社会进步的成果，形成主动治理、综合治理、源头治理的环

境条件，保障取得更大的发展成就。因此，依法治藏的实施，也应结合当时的具体情况。但重要的是，法治思想必须得跟上，必须树立依法治藏的主动意识并能适应依法治藏的工作能力。

第二，依法治藏，是保障西藏和四省藏区经济发展的前提条件。依法治藏，法治是手段，治藏是目的。治藏并不仅靠法治，必然涉及经济发展和社会进步，但通过法治维护社会稳定，才能为经济发展和社会进步提供良好的环境，也才能保卫经济发展和社会进步的成果。因此，依法治藏是保障西藏和四省藏区经济发展和社会进步的前提条件。从西藏的实际情况看，如何发展经济和推动社会进步是治藏的重要手段和目标，本身也是一盘大棋。西藏和四省藏区自然严酷，生态环境脆弱，必须注重经济社会均衡发展和生态环境协调适应，不能单一地模仿沿海或内地的发展模式。依法治藏应该体现这一理念，要注重通过法治调节发展方向，加强生态环境保护，维护好国家的生态屏障。

第三，依法治藏，要以推动形成西藏和四省藏区社会稳定的内生形式为根本目标。社会稳定是一个涉及广泛的复杂问题，它既包括政治稳定，也包括社会其他领域的稳定。就西藏和四省藏区解放60余年以来的情况看，政治稳定并不能保证社会其他领域也必然稳定。从实现社会稳定的手段上看，"刚化"的专政性政府外控形式虽然可以维持一段时间的表面平稳，但社会矛盾的相对主体也会因此而感到不适和不满，对这种手段的过度使用甚至将导致化解矛盾和消除不稳定因素机会的丧失，必须警醒。而理想模式是推动形成社会稳定的内生形式，这种模式只能建立在法治环境下和经济发展基础上，通过认同凝聚，内在生长出一种规范和秩序。因此，治藏必须解决少数民族的融入问题，而法治是重要的前提条件和推动手段。藏区问题的中国解决模式，需要我们自己提炼和进行升华。

第四，依法治藏，应对国家"软实力"的提升起到重要支撑作用。中国的崛起和中华民族的伟大复兴，不仅要有强大的"硬实力"，也要有巨大的"软实力"。目前，我国的"硬实力"增长有目共睹，但在"软实力"增长方面，由于在西藏、新疆等边疆区域存在分裂问题等因素的干扰，不仅总体受到影响，还不时被西方反华势力作为借口实施干预，既影响我国的国际形象，也在一定程度上导致硬实力的消减。解决了融入问题，中国的藏区、新疆等边疆地区实现了持续稳定、长期稳定、全面稳定，就将变社会的隐患为社会发展的动力。中华民族团结和谐共谋发展，不仅可以有效整合资源，对国家经济建设和国家安全维护做出更大的贡献，也将重塑和提升我国的国际形象，成为中国和中华民族影响世界的积极因素。这应该是习近平依法治藏思想的终极目标。

  法治是维护社会稳定的基本保障，实施依法治藏的基本策略。推动建设法治边疆，是我国社会主义法治建设的重要组成部分。西藏是我国边疆的重要组成部分，而且由于其高居"世界屋脊"、雄踞亚欧大陆中心，地理位置优越，民族人文独特，文化和宗教具有世界性影响，自然资源丰富，战略价值巨大，是中国与周边国家协调发展和保持地区稳定的平衡因素，具有超出西藏地理范围的特殊战略地位。西藏的治理，包括边疆发展、边疆稳定和边疆安全三个维度，涉及政治、经济、文化、生态、军事等整个国家安全利益和中华民族的团结凝聚。然而，也正是由于这种特殊重要性以及由此而产生的特殊复杂性，决定了西藏治理的艰巨性。习近平提出的"治藏方略"，既站在国家安全的全局高度，又考虑西藏发展存在的特殊情况，包括"治边稳藏"的战略思想和先稳后治的工作思路，以及依法治理、发展固本、民生为重和文化凝聚的系统策略，构成了一套完整的边疆治理理论体系。它不仅是西藏工作的根本遵循，也是我国其他边疆地区工作的基本准则。西藏的稳定和发展，也必将为我国其他边疆地区提供示范和经验，从而带动我国整个边疆地区的稳定和发展，进而服务和保障国家安全战略全局。

# 前 言
PREFACE

  2008年来,我国少数民族地区尤其是边疆民族地区发生了一系列重大群体性突发事件,该类事件具有涉及面广、主体成分多元、行为方式激烈以及境内外敌对势力插手利用等综合性特点,并逐渐呈现出数量不断上升、规模不断扩大的趋势,少数民族地区群体性突发事件成为影响边疆民族地区构建和谐社会的重大不稳定因素。基于政治稳定等原因,尽管相关重大群体性突发事件都能在较短时间内通过非常规措施妥善处理,但直至现在,我国仍缺乏关于民族聚居地区尤其是藏区重大群体性突发事件应急处理体系性的法律制度。以"非典"为背景形成的"一案三制"等应急治理机制并未注意到藏区群体性突发应急事件时的独特因素,也没有考虑到中央和地方政府在处理藏区群体性突发应急事件的目标追求及相关约束。同时,国内理论界的既有研究尚处于一般性应急治理制度建议阶段,缺乏对藏区群体性突发应急事件独特性特征的系统性梳理,从而造成我国既有应急治理机制在藏区无法有效实施。

  习近平总书记曾指出:"依法治藏,就是要维护宪法法律权威,坚持法律面前人人平等,无论什么民族、信仰什么宗教,具体问题具体分析,属于工作问题就改进工作,属于违法问题就依法处理,不能简单贴标签,把出现的问题归结为民族宗教问题。"更为重要的是,目前在"依法治藏"的背景下,理论界与实务界尚未在我国"中央—地方"宏观体制下考察地方政府在处理藏区群体性突发应急事件过程中的政策目标和执行策略，以及行动背后的激励与约束机制。为弥补既有理论研究的不足，本书将在我国现行"中央—地方"政治体制下考察中央与地方政府对于藏区社会治理目标的差异性追求，并以藏区地方政府应急治理为研究对象，全面分析藏区地方政府在群体性突发应急事件治理过程中的执法过程及主要考量因素，在此基础上建立适应藏区特征，并能有效预防和处理藏区群体性突发应急事件的法律制度。具体来说，本书主要包括以下内容：

第一章是导论，主要论述了依法治藏背景下的藏区应急治理基本问题。在"依法治藏"背景下研究藏区应急治理，将丰富和发展"依法治藏"的理论和方法。本书采用法经济学研究方法、案例分析法以及田野调查方法，从文献梳理的角度，探讨"中央—地方"关系下，怎样从藏区应急治理过渡到依法治藏，以及依法治藏的内涵、精神和外延，依法治藏的国际背景，依法治藏的综合性特征等；从政策过程的角度，梳理了从元代以来中央对藏区的治理政策，以突出和展现依法治藏中的多维视角和复杂主体关系。

第二章是依法治藏关系论，主要探讨了中央和地方关系下的藏区应急治理，分析藏区社会治理模式及其法治化需求。对藏区地方政府应急治理进行过程分析，需要从中央和地方的法律关系这一视角出发，审视在"依法治藏"的过程中，藏区地方政府处理应急治理事件过程中所体现的执法策略、行政法视角下上下级政府信息的互动机制、藏区政府的行政权行使与公民权利保障等问题。具体包括以下内容：藏区法律秩序的维护及上下互动机制、藏区社会发展的要义及国家权力运行和藏民权利的保障与权力的限度。而从藏区社会治理的角度来分析当地政府的社会治理模式，主要分为两种：一是常规型治理；二是运动型治理。常规型治理体现为藏区地方政府的显性指标，如政府的行政权力行使的法律规定和要求，公共社会产品的分配与供求等。运动型治理体现为藏民的权利行使限度、内心冲突、外部压力与攻击行为等因素导致的治理模式。

第三章是依法治藏博弈论，主要分析了藏区应急治理的主体因素及其影响。本章依据藏区突发应急事件是否经过组织策划以及是否涉及政治利益诉求,将民族地区群体性突发事件分为"有组织有政治利益""有组织无政治利益""无组织有政治利益"以及"无组织无政治利益"四种类型。在此基础上,笔者以博弈主体为对象,采用数据建模、统计回归分析等方法,分别对突发事件的参与者、领导干部和群众等进行分析,揭示出藏区地方政府"维护政治秩序合法性"目标与主体利益诉求的博弈过程,并提出对于涉及政治利益诉求的群体性突发应急事件,事件处理相关机关会严格依照法律规定执行,并无任何协商谈判的余地;而对于没有涉及政治诉求的经济利益纠纷,相关机关会在充分尊重双方意愿基础上,采取沟通协商机制并采用经济补偿等方式化解纠纷,以期对我国藏区尤其是民族地区的群体性应急事件的治理提供有益的理论分析工具和较为科学的数学模型,为依法治藏提供有力的理论支撑。

第四章是依法治藏实践论,主要分析了藏区应急治理的典型案例。本章在对上述藏区群体性突发应急事件类型划分的基础上,总结和提炼藏区突发应急事件应急治理的具体原则,同时运用社会学、人类学的方法,结合对藏区的实地调研、访谈资料等,详细刻绘相关典型案件产生、发展以及政府治理程序,提出依法治藏中应急治理的法治原则、人权保障原则、人人平等原则、综合整治原则和区别防治原则。从事件发生的原因和处理的经验两个方面进行总结提炼,以期为以后遇到相类似事件的治理以及依法治藏提供有益的经验支持。

第五章是依法治藏体系论,提出藏区应急治理法治体系的命题。大体来说,藏区应急治理法治化主要包括应急权力的法律约束机制、应急治理社会参与机制和应急治理程序法治机制三个方面。法律约束机制主要包括明确应急权力范围、促使应急权力下沉、平衡应急权力与公民权利、明确应急自由裁量权范围、明确应急权力监督机制等;社会参与机制主要包括赋予藏民权利主体地位、提高藏民的权利参与意识、重视藏民的宗教信仰和心理需求、合理规制宗教组织等第三部门;应急管理程序法治机制主要包括增强地方政府信息获取能力、克服应急治理程序的偏差、建立信息档案与移转程序制度、强化程序法治理念等。通过这些方面的努力,最终建立藏区应急治理的综合性的法治化体系。

最后一部分是结语,对全书核心思想和内容做了进一步的概括和提炼。同时笔者从自己的工作经历出发,不断思考,提出藏区治理的现代化与依法治藏问题,较为客观、准确地描绘了四川藏区尤其是康定市社会治理的现代化需求与依法治藏需要。

# 目录
contents

代　序　藏民族区域治理的结构化图景 ················· 1
自　序　习近平"治边稳藏"战略蕴含的新时代边疆思想探析 ········· 11
前　言 ················································ 25

## 第一章　导论：依法治藏背景下的藏区应急治理 ············ 1
### 第一节　研究缘由与现实意义 ·························· 2
### 第二节　研究思路与方法选择 ·························· 3
一、研究阶段与方法 ································ 4
二、研究对象与方法 ································ 4
### 第三节　研究对象与文献综述 ·························· 5
一、中央—地方关系下藏区应急治理与依法治藏 ········ 5
二、从应急治理到依法治藏 ·························· 9
三、新时代依法治藏的内涵和精神 ··················· 12
四、依法治藏的综合性及其他相关问题 ··············· 13
### 第四节　小结：本研究的创新之处 ····················· 26

## 第二章 依法治藏关系论：中央和地方关系下的藏区应急治理 ············ 28

### 第一节 "中央—地方"关系下的应急治理 ············ 29
### 第二节 藏区地方政府应急治理的目标和内容 ············ 35
  一、藏区法律秩序的维护及上下互动机制 ············ 35
  二、藏区社会发展的要义及国家权力运行 ············ 42
  三、藏民权利的保障与权力的限度 ············ 45
### 第三节 藏区地方政府应急治理模式 ············ 48
  一、常规型治理 ············ 49
  二、运动型治理 ············ 52
### 第四节 小结：藏区应急治理的法制化需求与依法治藏 ············ 56

## 第三章 依法治藏博弈论：藏区应急治理主体模型 ············ 58

### 第一节 问题提出与类型选取 ············ 58
  一、依法治藏主体与藏区应急治理 ············ 58
  二、依法治藏背景下应急治理事件类型的选取 ············ 59
### 第二节 藏区应急治理中参与者博弈模型分析 ············ 61
  一、描述性统计分析 ············ 62
  二、博弈模型分析 ············ 66
### 第三节 藏区应急治理中领导干部博弈模型分析 ············ 78
  一、描述性统计分析 ············ 79
  二、博弈模型分析 ············ 84
### 第四节 藏区应急治理中社会公众博弈模型分析 ············ 93
  一、描述性统计分析 ············ 94
  二、博弈模型分析 ············ 98
### 第五节 小结：依法治藏主体博弈的各因素影响之结果 ············ 108

## 第四章　依法治藏实践论：藏区应急治理案例分析 ……… 110

### 第一节　依法治藏与藏区应急治理案例 ……………………… 110
一、问题的提出 ……………………………………………… 110
二、藏区应急治理案例的类型分析 ………………………… 112
三、藏区应急治理的基本原则 ……………………………… 118

### 第二节　依法治藏典型案件应急治理分析 …………………… 124
一、凤全事件的全景治理分析 ……………………………… 124
二、拉萨"3·14"事件的应急治理分析 …………………… 136

### 第三节　藏区应急治理过程与依法治藏经验提炼 …………… 146

## 第五章　依法治藏体系论：藏区应急治理法治体系 ……… 151

### 第一节　藏区应急治理法治化论纲 …………………………… 152
### 第二节　依法治藏应急治理权力的法律约束机制 …………… 155
一、藏区应急权力法律约束机制的法理 …………………… 155
二、藏区应急权力法律约束的制度完善 …………………… 159

### 第三节　依法治藏应急治理的全民法治实践参与机制 ……… 165
一、藏区应急治理全民法治参与的实践与法理 …………… 165
二、藏区应急治理全民法治参与的制度构建 ……………… 167

### 第四节　依法治藏应急治理的程序法治机制 ………………… 172
一、藏区应急治理过程的程序法理 ………………………… 172
二、藏区应急治理法律程序的制度设计 …………………… 175

### 第五节　小结：依法治藏需要构建一种综合社会治理系统 … 177

## 代结语　藏区治理的现代化推进与依法治藏实践 ………… 182
## 主要参考文献 …………………………………………………… 202
## 后　记 …………………………………………………………… 214

# 第一章
## 导论：依法治藏背景下的藏区应急治理

习近平新时代中国特色社会主义思想明确"全面推进依法治国总目标是建设中国特色社会主义法制体系、建设社会主义法治国家。全面依法治国是中国特色社会主义的本质要求和重要保障"。依法治藏是全面推进依法治国在藏区的具体实践。党的十八大以来，针对藏区治理的新情况、新问题，习近平总书记作出了一系列科学判断和重要论述，是我们依法治藏的根本遵循和指南。在中央第六次西藏工作座谈会上，习近平总书记指出："依法治藏，就是要维护宪法法律权威，坚持法律面前人人平等，无论什么民族、信仰什么宗教，具体问题具体分析，属于工作问题就改进工作，属于违法问题就依法处理，不能简单贴标签，把出现的问题归结为民族宗教问题。"依法治藏对于我国藏区的现代化转型与发展具有重要意义，它是贯彻习近平新时代中国特色社会主义思想，落实党和国家依法治国方略，构建社会主义和谐藏区的具体体现，是实现藏区经济社会富裕繁荣，实现跨越式发展的有力保障，是藏区持续稳定、长期稳定、全面稳定的根本需要。

在"依法治藏"背景下研究藏区应急治理，将丰富和发展"依法治藏"的理论和方法。本章在这一思路和研究背景下，采用法经济学研究方法、案例分析法以及田野调查方法，从文献梳理的角度，探讨中央—地方关系下的藏区应急治理与依法治藏，怎样从藏区应急治理过渡到依法治藏，以及依法治藏的内涵、精神和外延、依法治藏的国际背景、依法治藏的综合性特征等。并从政策过程的角度，梳理了从元代以来中央对于藏区的治理政策，以突出和展现依法治藏中的"中央—地方"关系视角、依法治藏中的"政府—群众"视角、依法治藏中的"运动—发展"视角和依法治藏中的"事先—事中—事后"视角。

## 第一节 研究缘由与现实意义

我国是一个统一的多民族国家，实现中华民族伟大复兴，是全体中国人的共同梦想。维护各民族共同发展与繁荣是党和国家一贯坚持的重要目标。新时期以来，少数民族地区尤其是边疆民族地区发生了一些重大应急突发事件，并逐渐呈现出数量不断增加、规模不断扩大的趋势，而且具有涉及面广、主体成分多元、行为方式激烈以及境内外敌对势力插手利用等综合性特点，同时少数民族地区应急突发事件成为影响边疆民族地区构建和谐社会的重大不稳定因素。尽管基于政治稳定等原因，相关重大群体性突发事件都能在较短时间内通过非常规措施妥善处理，但直至现在我国仍缺乏关于民族聚居地区重大应急突发事件治理体系性的法律制度。以"非典"为背景形成的"一案三制"等应急治理体制并未注意和凸显民族地区群体性突发事件的独特因素，也没有考虑到中央和地方政府在处理（边疆）民族地区群体性突发事件中的目标追求及相关约束，更没有从依法治国和依法治边的理论内涵进行挖掘和提升。同时，国内理论界的既有研究尚处于一般性应急治理制度完善建议阶段，缺乏对于民族地区应急突发事件独特性特征的系统性梳理，从而造成我国既有应急治理体制在民族地区无法有效实施。

更为重要的是，目前理论与实务界尚未在我国"中央—地方"宏观体制下考察地方政府在处理民族地区尤其是藏区应急突发事件过程中的政策目标和执行策略，以及行动背后的激励与约束机制。例如，藏区应急突发事件可能涉及宗教和政治利益问题，地方政府对于此类事件与一般性利益冲突事件在应急处理目标与行动模式选择方面存在哪些差别，藏区群体性突发事件处理过程中主要考虑的因素有哪些，主要存在哪几种应急治理模式。再如，当前我国藏区应急突发事件主要通过"运动型治理"暂时解决，然而由于民族习惯、文化语言、宗教信仰等方面的差异，该矛盾很可能会被再次煽动并爆发，地方政府因而更应关注从应急治理到常规治理的转化工作，那么地方政府如何识别此种转化，在制度上如何实现此种过渡等等。

在依法治藏的背景下研究藏区应急治理具有十分重要的理论和现实意义。以藏区应急治理为研究对象，考察藏区地方政府面对的突发性事件尤其是矛盾激化引发的应急暴力事件时，怎样进行依法治理的理论和问题。党和政府以2003年"非典"事件为契机建立以"一案三制"为核心的应急管理体系，进而形成了我国应急管理工作从单一性到综合性、从临时性到制度化、从封闭性到开放性以及从应对性到保障性的四大转变。在法治背景下的我国社会预警机制和应急管理体系主要包括应急管理组织体系及运行机制、社会预警和应急管理法律制度两个方面。目前，由于资料涉密及藏区的敏感性等原因，国内既没有关于藏区应急治理方面的研究成果，也没有人在"依法治藏"的背景下，进行藏区应急治理法制化研究，但藏区各级地方政府的治理实践又强烈要求对"依法治藏"进行系统理论梳理和方法指导。

## 第二节 研究思路与方法选择

在"依法治藏"背景下研究藏区应急治理，将丰富和发展"依法治藏"的理论和方法。具体来说，依法治藏的主要内容是，第一，依法治藏关系论：中央和地方关系下的藏区应急治理，依法治藏的政策分析，涉及藏区应急治理政策实施等问题。第二，依法治藏博弈论：藏区应急治理主体模型。第三，依法治藏实践论：藏区应急治理案例分析。第四，依法治藏体系论：藏区应急治理法治体系。

具体的研究思路如下：在我国"中央—地方"宏观体制下考察地方政府在处理藏区应急事件过程中的政策目标和执行策略以及行动背后的激励与约束机理，提出"依法治藏关系论"理论。通过梳理历史中各个典型时代的"治藏策略"和新中国成立以后党和政府的"治藏政策"，提出"依法治藏政策论"的重点和难点在于政策的实施和落实，并借鉴政策过程理论进行具体分析。同时，以藏区地方政府应急治理为样本，结合笔者长期实践经验和收集的部分典型案件，分析揭示地方政府处理藏区不同类型突发事件的主要目标、考量因素及策略选择，并结合藏区突发事件特征着重分析运动型治理向常规化治理的转变过程以及相应的制度过渡，提出"依法治藏博弈论"和

"依法治藏实践论"。在此基础上，笔者提出应建立健全民族地区治理过程中事先监测预防、事中应急处理、事后恢复完善、应急评价机制等方面的完整法律体系，形成"依法治藏体系论"。

## 一、研究阶段与方法

第一，理论梳理阶段。本阶段主要是系统阅读并整理国内外法学、经济学、社会学等不同学科关于我国藏区的中央与地方关系，以及藏区地方政府在"依法治藏"过程中，社会管理目标及策略选择等方面的理论文献，并结合部分课题组成员的工作经验，思考不同理论在实践工作中的有效性以及解释力的强弱。

第二，实践案例整理阶段。本阶段主要是结合来自实践部门成员的经验，选择藏区应急事件典型案例，分析地方政府在藏区应急治理和"依法治藏"过程中的目标选择、考量因素及策略选择过程，同时关注相关案件紧急处理后如何向常规化管理转型以及预防的过程。由于部分成员完整参与本课题多数案例的处理过程，因而大致可以描述出藏区地方政府应急治理的完整图景。

第三，制度完善建议阶段。本阶段主要是在理论解释与案例整理之后，结合我国现行"一案三制"应急管理制度以及党和国家"依法治藏"的要求，以及藏区社会管理目标的相关要求，在充分考虑藏区应急事件的独特性因素基础上，提出藏区应急事件事先监测预防、事中应急处理、事后恢复完善、应急评价机制等方面完整的制度体系。

第四，最终完善阶段。本阶段主要目标是不断完善调研报告和制度建议，一方面通过补充查阅相关最新资料，思考调研报告的完善性；另一方面通过向实务部门专家不断求教，力求不断修改和完善报告和制度建议。最终将形成结语部分，即"藏区治理的法治化推进与依法治藏"。

## 二、研究对象与方法

第一，法经济学研究方法。法律经济学主要采用经济学研究方法，分析法律制定、运行的实际功能和效果，同时揭示不同法律主体在法律制度和相关环境下的行为选择。分析在我国"中央—地方"既有制度结构下藏区地方政府的行动激励与约束，以及藏区地方政府在应急事件治理过程中目标预设及其模式选择等方面的问题，通过法律经济学的方法分析地方政府行为选择的博弈过程。

第二，案例分析法。除在理论上分析藏区地方政府在处理应急事件过程中的行动策略外，笔者也非常关注通过典型实例的论述，对藏区应急事件进行类型归纳，并且对不同类型的代表性案件的处理过程进行详细描述，具体揭示藏区地方政府应急处理模式、"依法治藏"的方法以及相应行动策略的实施过程。

第三，田野调查法。从藏区地方政府的主体角色出发，主要对我国藏区，尤其是四川甘孜藏区进行实证调研，收集相关案例的原始资料；通过采用对藏区的田野调研、调查问卷等方式方法，掌握本地应急治理和"依法治藏"的社会背景综合因素、人文情理因素、经济发展动因因素等。

## 第三节 研究对象与文献综述

### 一、中央—地方关系下藏区应急治理与依法治藏

对于我国现行中央与地方政治治理体制，理论界普遍注意到财政分权与政治集权的特征，[1]以及由此形成的"地方分权的权威体制"。[2]在此分权体制下，地方政府基于差异化的目标追求，在法律及中央政策的执行上并非总是完全遵从中央的预设安排。例如中央基于统一全国性发展目标要求地方政府具体政策采取协调性行动，然而地方政府基于"地方财税最大化"[3]、"地

---

[1] Olivier Blanchard and Andrei Shleifer, "Federalism with and without Political Centralization: China vs. Russia", *IMF Staff Papers*, Vol. 48, special issue, 2002.

[2] Xu Chenggang, "The Fundamental Institutions of China's Reforms and Development", *Journal of Economic Literature*, Vol. 49, 4 (2011), pp. 1076~1151.

[3] Jean C. Oi, "Fiscal Reform and the Economic Foundations of Local State Corporatism in China", *World Politics*, Vol. 45, 1 (1992); Andrew G. Walder, "Local Governments as Industrial Firms: An Organizational Analysis of China's Transitional Economy", *American Journal of Sociology*, 101 (1995).

方经济发展最大化"[1]、"保证地方不出事"[2]、"官员个人利益最大化"[3]等目标而"理性地"偏离中央要求，进而在制度执行上体现出"上有政策、下有对策"的特征。[4]具体来说，地方政府通过与上级部门公开或隐秘的谈判[5]、对正式制度的变通执行[6]以及不同层级政府间的共谋[7]等行动偏离中央预定政策目标。对此，中央政府则通过目标设定权、检查验收权和激励分配权来控制地方政府[8]，并且通过定期性或集中性的"运动型纠偏"打压地方政府的"违规行为"[9]。然而，"运动型治理"与"常规性治理"的运行机制以及法理基础的冲突[10]，导致我国中央与地方关系中呈现出集权与放权周期性重复的特征。

地方政府的上述行动约束和策略也同样体现在发生突发性事件时的应急治理制度中。具体来说，目前我国地方政府面对的突发性事件主要包括四类：第一类是以自然力呈现出来的灾害、灾难等；第二类是以人为因素为主导的事件，如环境破坏事件、环境侵权群体性事件等；第三类是逐步发展的群体

---

[1] 何显明："市场化进程中的地方政府角色及其行为逻辑"，载《浙江大学学报（人文社会科学版）》2007年第11期。

[2] 钟伟军："地方政府在社会治理中的'不出事'逻辑——一个分析框架"，载《浙江社会科学》2011年第9期。

[3] 周黎安："中国地方官员的晋升锦标赛模式研究"，载《经济研究》2007年第7期；周飞舟："锦标赛体制"，载《社会学研究》2009年第3期；杨善华、苏红："从'代理型政权经营者'到'谋利型政权经营者'"，载《社会学研究》2002年第1期。

[4] 丁煌、定明捷："'上有政策、下有对策'——案例分析与博弈启示"，载《武汉大学学报》2004年第11期。

[5] 周雪光、练宏："政府内部上下级部门间谈判的一种分析模型——以环境政策实施为例"，载《中国社会科学》2011年第5期。

[6] 孙立平、郭于华："'软硬兼施'：正式权利非正式运作的过程分析——华北B镇收粮的个案分析"，载《清华社会学评论》，社会科学文献出版社2000年版。

[7] 周雪光："基层政府间的'共谋现象'：一个政府行为的制度逻辑"，载《社会学研究》2008年第6期。

[8] 周雪光、练宏："中国政府的治理模式：一个'控制权'理论"，载《社会学研究》2012年第5期；艾云："上下级政府间'考核检查'与'应对'过程的组织学分析"，载《社会》2011年第3期。

[9] [美]詹姆斯·R.汤森、布兰特利·沃马克：《中国政治》，董方、顾速译，江苏人民出版社1995年版，第283页。

[10] 周雪光："运动型治理机制：中国国家治理的制度逻辑再思考"，载《开放时代》2012年第9期。

性暴力事件,如在民族地区发生的群体性分裂事件等;第四类是恐怖事件。[1]群体性突发事件的发生过程一般具有复杂性、紧迫性、严重的危害性等特点,因而经常突破政府的管理机制,形成一种与常态治理相反的管理模式或结构。[2]尽管中央以2003年"非典"事件为契机建立以"一案三制"为核心的应急治理体系[3],进而形成了我国应急治理工作从单一性到综合性、从临时性到制度化、从封闭性到开放性以及从应对性到保障性的四大转变。[4]然而,正如许多学者分析指出的,我国现行应急治理制度存在诸多不足,包括部门分割、条块分治、信息不畅、责任不明等[5],因此建议通过不同子系统的协同与整合机制形成我国应急治理体系。例如陈安等学者提出,应急治理体制包括行政责任与社会责任系统、事件响应与评估恢复系统、资源支持与技术保障系统、防御避难与救护援助系统。[6]薛澜、张强、钟开斌等对于应急管理危机开展了全面分析,主要关注三个维度(即时间维度、组织行为维度和处理过程维度),并在此基础上初步构建了一种应对现代危机的管理系统。[7]莫利拉、李燕凌则从多重视角对农村群体性突发事件进行分析,并提出了一些有益的制度建议。[8]著名法学家马怀德则从两个方面对应急管理的法制进行了分析,即社会应急管理体系与应急法治构建两个部分。[9]王宏伟

---

[1] 陈合权:"社会突发事件与政府应急管理——兼论中国政府危机管理体系的构建",载《西南民族大学学报》2005年第12期。国务院2006年颁布的《国家突发公共事件总体应急预案》则根据突发公共事件的发生过程、性质和机理,将突发公共事件主要分为自然灾害、事故灾难、社会安全事件、公共卫生事件四类。

[2] [美]罗伯特·希斯:《危机管理》,王成等译,中信出版社2004年版,第12~15页。

[3] 钟开斌:"回顾与前瞻:中国应急管理体系建设",载《政治学研究》2009年第1期;贺银凤:"中国应急管理体系建设历程及完善思路",载《河北学刊》2010年第5期。

[4] 高小平:"中国特色应急管理体系建设的成就和发展",载《中国行政管理》2008年第11期;钟开斌:"回顾与前瞻:中国应急管理体系建设",载《政治学研究》2009年第1期。

[5] 高小平:"综合化:政府应急管理体制改革的方向",载《行政论坛》2007年第2期。

[6] 陈安、上官艳秋、倪慧荟:"现代应急管理体制设计研究",载《中国行政管理》2008年第8期。

[7] 薛澜、张强、钟开斌:《危机管理:转型期中国面临的挑战》,清华大学出版社2003年版,第2页。

[8] 莫利拉、李燕凌:《公共危机管理——农村社会突发事件预警、应急与责任机制研究》,人民出版社2007年版,第6页。

[9] 马怀德主编:《法治背景下的社会预警机制和应急管理体系研究》,法律出版社2010年版,第7页。

则从群体性突发事件的构成机制进行了分析,并指出了包括突发事件的预防机制、信息联动机制等的九大应急机制。[1]陈玲等则具体将突发性事件处理机制分为相互联系的四个子系统,即危机评估系统、突发事件治理系统、应对系统和辅助支持系统。[2]刘尚亮等具体指出了我国群体性突发事件的构建因素,并具体从法制、信息、人员等八个方面进行了分析。[3]

然而,上述传统的制度建议并没有注意到制度运行中主体的激励及其约束,也没有注意到各级地方政府差异性目标追求以及在"中央—地方"政治结构约束下的行动策略。具体来说,中央政府为了降低自身承担的社会风险和保持政治稳定,就需要把容易引发社会风险的行政事务尽可能交给地方政府去完成,由"地方政府负总责"[4],而自己则主要执掌治官权,形成"中央集中治官,地方分散治民"的治理结构。[5]然而,地方政府限于财政压力[6]、信息沟通与合作激励不足[7]、责任机制不明[8]等原因,我国地方政府应急治理呈现出"虚假治理与压力上移"现象:一方面,地方政府在处理突发性事件时,虚报、瞒报、漏报、延报等现象频频发生;另一方面,地方政府在突发性事件发生后将矛盾上交给上级,以规避对突发公共事件处置不当所必须承担的责任和风险。[9]张欢以2005年松花江污染事件为例指出,现有中央和地方政府间关系的制度性缺陷——激励相容不足——对突发

---

[1] 王宏伟:《重大突发事件应急机制研究》,中国人民大学出版社2010年版,第9~10页。

[2] 陈玲:"浅析转型时期我国的突发事件应急管理体系建设",载《商业经济》2009年第12期。

[3] 刘尚亮、沈惠璋、李峰等:"我国突发事件应急管理体系构建研究",载《科技管理研究》2010年第19期。

[4] 曹正汉、周杰:"社会风险与地方分权——中国食品安全监管实行地方分级管理的原因",载《社会学研究》2013年第1期。

[5] 曹正汉:"中国上下分治的治理体制及其稳定机制",载《社会学研究》2011年第1期。

[6] 苏明、刘彦博:"我国加强公共突发事件应急管理保障机制研究",载《经济与管理研究》2008年第4期。

[7] 张欢:"突发公共事件下的中央和地方府际关系审视",载《清华大学学报(哲学社会科学版)》2006年第4期。

[8] 曹现强、赵宁:"危机管理中多元参与主体的权责机制分析",载《中国行政管理》2004年第7期。

[9] 钟开斌:"国家应急管理体系建设战略转变:以制度建设为中心",载《经济体制改革》2006年第5期。

公共事件应急治理将产生不利影响,因此在突发公共事件的应急治理中,有必要按照"相互增权"的方式调整中央和地方政府间的关系。[1]

更为复杂的是,由于少数民族地区尤其是藏区特定的历史传统、生态环境、生活方式以及差异性宗教信仰和多民族聚居等原因,我国民族聚居地区群体性突发事件在处理过程中更加复杂,例如许多冲突涉及民族宗教问题、国际势力等因素的介入等。[2]我国目前在相关预控防范、监测预警、应急处理、善后及评估等方面的制度存在很大不足。[3]因此,如何在现行"中央—地方"关系下分析地方政府在突发事件应急治理过程中的行动激励和约束,并结合藏区应急治理现有特征,从理论上提炼总结出藏区应急治理一般模式以及地方政府行动策略理论模型。这对于指导我国当前民族地区社会治理,尤其是贯彻"依法治国"和"依法治藏"的理念和精神,维护藏区社会稳定与和谐发展,具有重要理论和现实意义。

## 二、从应急治理到依法治藏

藏区应急治理的法治化道路,必须体现依法治藏的内涵和精神。高举习近平新时代中国特色社会主义思想伟大旗帜,深入贯彻落实习近平总书记关于西藏治理的一系列科学判断和主要论述,紧紧围绕党中央明确的"一个中心""两件大事""四个确保",坚持党的领导、人民当家作主、依法治国有机统一,坚定不移走中国特色社会主义法治道路,坚决维护宪法法律权威,依法维护人民权益、社会公平正义,全力维护祖国统一、国家安全,维护全区科学发展、和谐稳定、民生改善、民族团结、宗教和睦、生态良好、党建加

---

[1] 张欢:"突发公共事件下的中央和地方府际关系审视",载《清华大学学报(哲学社会科学版)》2006年第4期。

[2] 何颖:"西部民族地区民族宗教群体性突发事件研究",载《青海社会科学》2010年第6期;贺萍:"宗教影响新疆社会稳定的路径与范式——以伊犁地区为例",载《实事求是》2011年第1期。

[3] 杨安华、张伟、梁宏志:"民族地区社会结构变化与应急能力建设",载《西南民族大学学报》2010年第6期;石路:"论民族地区突发公共事件的预警与防范机制",载《贵州民族研究》2007年第1期;王莘莘、刘宏杰:"论边疆民族地区应急管理机制建设的特殊性",载《兵团教育学院学报》2010年第5期;张建江:"论少数民族地区应急法制建设——以新疆为例",载《新疆大学学报》2006年第4期;刘国军:"民族地区地方政府应急管理机制的构建与完善",载《新疆社科论坛》2009年第5期。

强、边疆巩固，不断开创法治西藏建设新局面，为实现中华民族伟大复兴中国梦作出积极贡献。[1]

从历史发展来看，我国元、明、清三代封建王朝以及中华民国、中华人民共和国的历代中央政府都对西藏实施着有效的治理，治藏方略也各有千秋。这些治藏方略演变传承，主要表现为羁縻互用、刚柔相济，尊崇佛法、因俗而治，反映出西藏与中央政府联系日紧、治理深化的趋势。在新的历史时期，有学者建议治藏方略的基本取向是：人本治藏、重教安藏、强军定藏、依法管藏、发展兴藏。[2]例如在西藏地区分前藏、后藏，后藏有萨斯迦派，前藏有噶举派的分支蔡巴、止贡、达垄等。这些都是影响较大的宗教派别集团。它们都以弘扬佛教为宗旨，都以特有的修法传统相标榜，又都面临着一种严峻的形势，即伊斯兰文化在西藏南北西三方面的靠近——和田、喀什噶尔以及迦西的中亚地方早已伊斯兰化；印度佛教大受摧残，伊斯兰教已经根植于印度北部、东部。在这种情况下，藏传佛教各派只能沿着唐代青藏高原上的古道向东北方面发展，先向西夏靠拢，随后则同新兴的蒙古取得联系。经过几十年时间，萨斯迦派在角逐中获胜，博得了元帝室的敬信和支持，跻身全藏各派的首席，掌握了西藏地方的行政势力，在促进元朝统一全国的事业上作出了巨大的贡献。[3]再如，据藏文材料，明朝皇帝确实有意要扶植噶玛派成为整个西藏的代理人，如前代扶植萨迦派那样，但噶玛派的活佛以平等宽容的精神对待其他教派，不愿意独居首席，辞谢了皇帝的这番好意。总之，通过反复的商谈，成祖永乐帝对于西藏内部宗派并立，世俗领主力竞，实难统一的实际情况有了更清楚的了解，从现实出发明确地制定了新的政策。这一政策就是把宗教教派领袖放在最受尊重的地位，用宗教的力量来影响全部藏区，以维持和平，加强国家的一统秩序。它又为此后各帝继续坚持，直到明朝灭亡。[4]在清朝，从清初的西藏形势出发，设立了驻藏大臣，其中最主要的原因有：第一，安辑藏政，严防准噶尔部的侵扰；第二，平定内讧，充

---

[1] 都红岩等："高扬法治旗帜 落实依法治藏——认知学习贯彻党的十八大四中全会精神"，载《西藏日报（汉）》2015年1月6日，第1版。

[2] 黄伟："历代中央政府治藏方略的演变传承"，载《国家行政学院学报》2012年第4期。

[3] 邓锐龄：《元明两代中央与西藏地方的关系》，中国藏学出版社1989年版，第1~2页。

[4] 邓锐龄：《元明两代中央与西藏地方的关系》，中国藏学出版社1989年版，第53页。

分行使主权；第三，保护黄教，提高达赖、班禅之地位。[1]在民国时期，尤其是在全国人民反对西姆拉条约和抗议英帝国主义干涉中国内政的高潮中，促使北京国民政府继续寻求解决西藏问题的方案，以维护国家在西藏的主权。[2]从全国范围来说，民国期间中央政权更替频繁，政令多变，但是，历届中央政府对西藏的基本政策却是一脉相承，始终坚持国家的统一、主权和领土完整，并采取以下措施来实现：第一，维护国家对西藏的主权；第二，建立管理西藏地方事务的中央机构——蒙藏局和蒙藏委员会；第三，向西藏地方派驻行政长官；第四，加封达赖和班禅，主持其灵童转世和坐床典礼；第五，吸收西藏上层僧俗人士参加国家管理；第六，抵制英美等外国侵略势力分裂西藏的阴谋活动。[3]

中国共产党的治藏方略始于党解放西藏的战略决策，植根于党领导西藏各族人民进行社会主义革命和建设的伟大实践，贯穿于西藏和平解放60多年波澜壮阔的辉煌历程。60多年来，党中央先后于1980年、1984年、1994年、2001年、2010年、2015年召开了六次西藏工作座谈会，体现了党对西藏工作的高度重视和对西藏各族人民的无比关心。在党的治藏方略的形成过程中，以毛泽东同志为核心的党的第一代中央领导集体、以邓小平同志为核心的党的第二代中央领导集体、以江泽民同志为核心的党的第三代中央领导集体、以胡锦涛同志为总书记的党的第四代中央领导集体以及以习近平同志为核心的党中央，在不同的历史时期作出了重要的贡献。[4]例如，作为西藏新时期开端的标志的中央第一次西藏工作座谈会，根据十一届三中全会精神，讨论了西藏地区的工作，进一步明确西藏面临的任务，并将讨论意见写成《西藏工作座谈会纪要》。这次会议坚持实事求是的思想路线，一切从西藏实际出发，从指导思想上拨乱反正，确定了西藏一个时期的工作任务和方

---

[1] 吴丰培、曾国庆：《清朝驻藏大臣制度的建立与沿革》，中国藏学出版社1989年版，第5~11页。

[2] 祝启源、喜饶尼玛：《中华民国时期中央政府与西藏地方的关系》，中国藏学出版社1991年版，第59页。

[3] 中国藏学研究中心、中国第二历史档案馆编：《民国治藏行政法规》，五洲传播出版社1999年版，第1~12页。

[4] 侯亮亮、扎西："中国共产党治藏方略的内涵、发展和形成"，载《中国民族报》2015年9月11日，第7版。

针政策。[1]60余年来,中国共产党的民族立法政策在西藏历经探索和确立、低谷与发展、转折和完善等阶段,在自我完备的过程中,见证着共产党走向依法治国、依法治藏,并推动着民族区域自治政策的实现和完善,对涉藏立法和西藏发展起到了不可忽视的指导与促进作用。[2]最终,治藏方略的继承、完善、与发展、创新并重。显然,从管理走向治理,从人治走向法治,并不是用当前的治藏方略去代替原有的治藏方略,而是在继承和发展原有治藏方略的基础上加以调整、完善和创新。推进藏区治理现代化,既要总结新中国成立以来尤其是改革开放以来国家治理藏区所取得的成就和经验,摸清藏区治理及治藏方略的"家底",又要适应国内外形势的发展变化和藏区新的发展态势,对治藏方略加以调整、完善和创新。[3]

### 三、新时代依法治藏的内涵和精神

党的十九大报告指出,中国特色社会主义进入新时代,我国社会主要矛盾已经转化为人民日益增长的美好生活需要和不平衡、不充分的发展之间的矛盾。落实依法治国、推进依法治藏,也必须从藏区新时代的社会主要矛盾和特殊区情出发,全面深入贯彻落实习近平总书记"治国必治边、治边先稳藏"的重要战略思想和"努力实现西藏持续稳定、长期稳定、全面稳定"的重要指示,贯彻落实俞正声主席"依法治藏、长期建藏、争取人心、夯实基础"的重要原则,联系实际、突出重点,把依法治藏贯彻到发展稳定的全过程。[4]习近平总书记在中央第六次西藏工作座谈会上强调,依法治藏、富民兴藏、长期建藏、凝聚人心、夯实基础,是党的十八大以后党中央提出的西藏工作重要原则。依法治藏,就是要维护宪法法律权威,坚持法律面前人人平等。富民兴藏,就是要把增进各族群众福祉作为兴藏的基本出发点和落脚

---

[1] 王小彬:《中国共产党西藏政策的历史考察》,中国藏学研究中心当代研究所(中国共产党西藏政策研究丛书)2004年版,第181页。

[2] 连成国:"走向依法治藏的民族区域自治——中国共产党民族立法政策的西藏实践",载《西藏研究》2014年第5期。

[3] 杜永彬:"关于推进藏区治理体系和治理能力现代化的思考",载《中国藏学》2015年第3期。

[4] 石磊、肖涛:"深入学习贯彻习近平总书记系列重要讲话精神 全面推进依法治藏 为发展稳定提供法治保障",载《西藏日报(汉)》2015年6月25日,第1版。

点,紧紧围绕民族团结和民生改善推动经济发展,促进社会全面进步,让各族群众更好地共享改革发展成果。长期建藏,就是要坚持慎重稳进方针,一切工作从长计议,一切措施具有可持续性。凝聚人心,就是要把物质力量和精神力量结合起来,把人心和力量凝聚到实现"两个一百年"奋斗目标、实现中华民族伟大复兴的中国梦上来。夯实基础,就是要标本兼治、重在治本,多做打基础、利长远的工作,把基层组织搞强,把基础工作做实。[1]具体来说,依法治藏的内涵包括完善立法、从严执法、宣传普法等具体内容;同时,依法治藏应当坚持理性认识,重在实践。依法治藏,必须准确把握中央要求,依法全面履行职责;准确体现法治精神,维护国家法治统一;准确判断藏区形势,突出依法治藏重点;准确理解自治内涵,发挥自治制度优势。[2]而且,依法治藏在西藏社会的转型中具有重要意义,是贯彻落实党和国家依法治国战略,构建社会主义和谐西藏的具体体现,是实现西藏经济社会富裕繁荣,实现跨越式发展的有力保障,是西藏持续稳定、长期稳定、全面稳定的需要。因西藏社会具有自身的特点,因此依法治藏的实践需要以理性认识为前提,在坚持理性认识的基础上,应把握普遍性与特殊性相统一,将依法治藏从理念上落实到实践上。[3]

**四、依法治藏的综合性及其他相关问题**

(一) 藏传佛教的影响与作用

在藏区,长久以来,藏民的生产与生活,行为与思想,现实与信仰,无不与藏传佛教息息相关。藏族喇嘛在藏区社会生活和宗教活动中有至高无上的地位,他们的一切心理反应,由生命主义过渡到虚无主义,他们向群众作口头宣教,任何事都是真的,都行得通,因为有人信它;但同时,没有什么是真的,因为任何事不过是心理的创造,唯一的真理就是离开好像真和好像不真的自由。这种超智慧,即是现代字眼所说的在认识论上和社会文化上的

---

[1] 具体请参见:"依法治藏富民兴藏长期建藏 加快西藏全面建成小康社会步伐",载《人民日报》2015年8月26日,第1版。
[2] 刘波:"依法治藏的探索与思考",载《法制日报》2014年12月17日,第2版。
[3] 曾燕:"西藏社会现代化转型与依法治藏的理性思考",载《西藏大学学报(社会科学版)》2015年第2期。

相对论。事实上，有的喇嘛，他们自己是活佛，他们可能宣布自己不再来到世间，他们完全知道转世的说法是空虚的，但同时他们又不愿意做损害同僚们的既得利益的行动。当然，密宗佛教是为完成受戒选定的喇嘛保留的，然而被选择的喇嘛是宣誓以关心他人的福利为唯一宗旨的。任何存在的东西，都是必要的东西，作为工作的对象，不是将它放弃或者把它分开，这样才能达到完满成就的境界。他们也不是"纯理论主义者"，他们在自己身上实验，作为人类的一部分，不作为有生之物或宇宙的一部分，他们与那些代表学术和在心理、物理、文化领域进行实验研究的人是一致的。如此多的藏族圣哲和活佛传记的丰富材料，他们的实验心理学的发现是现代学术不得长久忽视的贵重东西。在研究价值以外，这些活生生的实例，还有引人入胜的作用。对于一般群众的影响，我们寄希望于社会文化科学的更加进步。这就是为什么尽管有许多缺点，但藏族文化自与佛教接触以来，一直是完整的和富有生命的。[1]

17世纪中叶，藏传佛教格鲁派与固始汗以及西藏其他地方首领联合遣使前往盛京，与清朝政权建立联系，开西藏地方与清朝政府关系之先河。作为四世班禅，他在这次联合遣使中发挥了重要作用。[2]在清代，章嘉活佛系统一直紧紧依附于历代统治者，积极谏言献策，忠实地执行清廷的决策，自觉为清廷排忧解难，在清朝统治蒙藏地区中发挥了十分重要的作用。[3]在历史乃至当代，藏区宗教和习惯的显著影响使得对藏区地方的治理难以在国家层面得到很好的沟通与互动，形成了藏区国家治理方面的历史难题。[4]人类社会的发展、全球宗教包括中国宗教在内的世俗化趋势和现代文明的冲击，迫切要求对出现世俗化倾向的藏传佛教进行改革。时代呼唤藏传佛教改革家的出现，以领导藏传佛教圆满地完成"弘法利生""庄严国土、利乐有情"的使

---

[1] 李安宅：《藏族宗教史之实地研究》，上海人民出版社2005年版，第210~211页。

[2] 星全成："班禅系统在西藏地方与中央政府早期接触中的作用"，载《青海民族大学学报（社会科学版）》2011年第1期。

[3] 星全成："章嘉活佛系统在清朝治理蒙藏地区中的作用"，载《青海民族大学学报（社会科学版）》2007年第3期。

[4] Michael L. Walter, *Buddhism and Empire: The Political and Religious Culture of Early Tibet*, Leiden, The Netherlands, Koninklijke Brill NY, 2009, p. 2.

命。只有进行改革，才能促成藏传佛教适应时代，顺利进入新的发展阶段，避免被社会和时代淘汰。从这个意义上说，当前中共中央实行的藏传佛教政策是从藏传佛教的实际出发，符合中国宗教发展的客观规律，适应全球宗教发展趋势的正确决策。[1]

在土改时期，毛泽东和中央政府也明确地表示应当将土地改革与宗教问题区分开来，即土地关系必须改革，而宗教信仰必须得到尊重。据研究者的叙述，到1997年底，中国政府已经拨款修复了1787座寺庙和宗教活动场所，住寺僧尼达到46380人，占全区总人口的1.7%，诸如学经、辩经、灌顶、受戒等活动和仪式，念经、祈福、消灾、摸顶、超度亡灵等法事也都正常进行。除藏传佛教其它教派外，本教寺庙88座，僧人3000多人，活佛93人，信教群众13万人以上；清真寺4座，伊斯兰教信众3000多人；天主教堂1座，教民700多人。在上述宗教中，藏传佛教占据中心地位，各种佛教机构、刊物和其他出版物大规模涌现。在西藏之外的藏区，藏传佛教的力量也得到了大规模的扩展。

但是，宗教问题并未因此解决。矛盾产生于两个方面：第一，西藏是一个宗教社会，而作为现代国家，中国政府的宗教政策是按照世俗社会的逻辑制定的。宗教社会与世俗社会对于教义、知识、程序和仪轨的理解和实践存在着冲突。按照藏传佛教的规定，喇嘛学习宗教知识的过程需要按照藏传佛教的程序，比如学习某种经典必须在西藏的某个寺院，学习另一种经典就必须去青海或甘肃的另一个寺院，但现在的宗教知识是由佛学院传授的，即便是学生跟随老师学习了同样的知识，从宗教内部的观点看，这种知识的获得也不具有合法性。但在西藏社会矛盾尖锐化，寺院本身卷入这些矛盾和冲突的背景下，如何对待宗教内部的流动显然是一个敏感的问题。例如有关喇嘛年龄的规定：许多藏族孩子很小去寺院学习，十五六岁正式成为喇嘛；由于寺院经济的发展，喇嘛也成为一种职业谋生方式。国家按照就业年龄，将原先十六岁当喇嘛的规定改为十八岁，引起一些寺院僧众的不满。由于西藏的宗教问题牵涉的是宗教社会问题，而不是世俗社会的宗教自由问题，在社会

---

[1] 杜永彬："藏传佛教世俗化倾向的反思"，载《战略与管理》1999年第4期。

矛盾向族群和宗教冲突方向转变的条件下，宗教问题与认同政治密切相关，宗教与政治的关系以一种新的形式被突出了。第二，宗教的新发展与市场社会的扩张同步进行，一方面是市场改革、旅游和消费活动渗透到了藏区的日常生活之中；另一方面是财富大量地流向寺院。在相对富裕的地区，藏民住宅建筑用料之攀比虽然未必是市场化的产物，但也和当代消费主义文化密切联系。中央政府为西藏的发展提供了大量的经济援助，并鼓励各地与西藏建立对口援助关系，但究竟怎样的发展模式才能更好地促进西藏的社会发展，仍然是一个值得探讨的问题。[1]

（二）依法治藏的国际背景

始于近代的"西藏问题"是帝国主义侵略中国的产物。1949年后，美国是以该问题为借口干涉中国内政最为积极的西方国家。肯尼迪政府玩弄"西藏问题"国际化的手段，由中情局负责组织实施的一系列旨在破坏西藏稳定、分裂西藏的活动，笔者认为其实质是借此对新中国实施遏制孤立政策。针对肯尼迪等人对中国的敌视态度，中国采取了必要的坚定立场，因此中美紧张关系在当时不可能得到根本缓解，更难以有所突破。[2]所谓的"西藏问题"是一个集合性的问题，呈现出诸多侧面，在这些侧面上西方与中国存在着不同的话语。究其根源，应该是清末民初西方列强尤其是英国在"西藏问题"上的觊觎之心和捣乱破坏。汉语的"宗主权"与英文的"suzerainty"（苏索伦梯）完全是不同时空、不同性质的概念。通过对近代中国历史的梳理，可以看到西方列强在西藏、外蒙的帝国主义性质的扩张，同时也可以看到这个概念在推动民族主义（ethnic nationalism）过程中所起的作用。但是，自17世纪"主权"（sovereignty）这个概念产生并被中国所认知时，"主权"成为对抗西方列强的重要武器。近代中国在遭受西方列强瓜分时，所形成的包含各少数民族在内的"中国一体性"与中国对主权的主张合流，最终成为阻止民族分

---

[1] 汪晖：《东西之间的"西藏问题"（外二篇）》，生活·读书·知新三联书店2011年版，第120~122页。

[2] 温强："'西藏问题'与肯尼迪政府对华遏制孤立政策考察"，载《中国边疆史地研究》2006年第2期。

裂的坚固堡垒。[1]

随着不同时期的形势发展变化，美国对西藏政策进行了相应的调整。新中国成立后，从遏制新中国战略出发，中央情报局积极支持并操纵西藏分裂势力，策划了一系列旨在制造所谓"西藏独立"的阴谋活动。约翰逊政府将中央情报局在西藏的秘密袭扰战转为准军事行动，同时与印度联合在西藏展开高原情报战。尼克松上台后，随着中美关系的改善，尼克松政府对美国的西藏政策做出了重大调整，大幅削减对达赖集团的各项援助，搁置推迟了达赖的访美计划。可以看出，美国的西藏政策是为其对华整体战略服务的。一方面，美国对达赖集团的支持是有限度的；另一方面，美国也绝不可能完全放弃对他们的支持。利用"西藏问题"牵制中国将是美国的一项长期策略。[2]另外，依据美国政府解密的外交文件，我们可对美国策动"藏独问题"国际化的历史过程一目了然。综观1951年到1968年美国的西藏政策，大体上经过一个推动达赖集团抵制和平解放西藏《17条协定》的实施，到策动西藏叛乱和达赖喇嘛出逃，再到利用联合国工具和所谓"西藏人权""民族自决"的口号，策动"藏独问题"国际化，积极支持西藏分裂势力分裂祖国、"遏制"和"牵制"中国的过程。美国这一干涉中国内政的行径给中国国家安全带来了十分消极的负面影响，并成为"藏独势力"分裂祖国和国外反华势力攻击中国的所谓"依据"。[3]总之，美国西藏政策是在继承英帝炮制的意在否定中国对西藏拥有主权的所谓"宗主权"理论的基础上形成的。第二次世界大战后，伴随着冷战的发展，美国西藏政策基本定位，成为美国亚洲冷战战略的重要组成部分，其基本内容是支持达赖分裂势力的"藏独"活动，反共反华，遏制中国。遗憾的是，这项政策一直到冷战结束多年后的今天也未发生根本的变化。[4]

---

[1] 张曦："中国近代史上的外交概念——外蒙及西藏问题中的'主权'与'宗主权'"，载《中央民族大学学报（哲学社会科学版）》2013年第1期。

[2] 王金强："二战后美国对西藏政策的调整——从约翰逊到尼克松"，载《美国研究》2011年第1期。

[3] 李晔："美国策动'藏独问题'国际化的历史考察（1951~1968）"，载《东北师大学报（哲学社会科学版）》2008年第5期。

[4] 李晔、王仲春："美国的西藏政策与'西藏问题'的由来"，载《美国研究》1999年第2期。

为回击达赖集团和国际敌对势力利用"西藏问题"对我国进行的攻击，1987年10月，第一次拉萨骚乱刚刚发生不久，邓小平在会见一位外国客人时说："达赖喇嘛和少数美国议员给我们制造点麻烦，不但影响不了我们总的形势，相反却表现了那些美国议员的无知和狂妄，暴露了他们的本质。""有人想把西藏从中国分裂出去，把西藏拿过去，我看他们没有这个本事。"这个谈话斩钉截铁、掷地有声，既是对西方反华势力的警告，也是对达赖喇嘛的警告。这是我们处理拉萨严重暴力犯罪事件的政治原则。如果说1959年的民主改革，使西藏人民推翻了封建农奴制的压迫，实现了政治上的解放，那么经过现在这场斗争，西藏人民将从达赖利用宗教进行分裂活动的影响下摆脱出来，进一步建立藏传佛教的正常秩序，引导藏传佛教与社会主义相适应。西藏的社会稳定将实现从被动应付到主动治理的战略转变，真正走向长治久安。[1]

（三）依法治藏的历史文化背景

张晋藩老师曾指出："中华法系是中国各民族法律原则和法律意识长期融合的产物。"藏族法和中华法文化的关系更证明了这一点。藏区法受中原法律文化的影响并逐渐结合是藏区法律特点形成的重要原因。正因为如此，要把藏区法的发展放在中华法系发展的全过程中考查，使藏区法律历史与藏族和中华民族历史的叙述合拍，既注重探讨藏族社会法律发展的必然性，也注重藏族与整个中华民族法律发展的共同性，从而将藏族法律文化的研究根植于中华法系文化发展的丰厚土壤和真实的历史背景中，以说明两者血肉相连、不可分割的关系。藏族法也受蒙古法文化的影响，长期的历史交往，使两个游牧民族的法具有很强的亲缘关系。中国自秦汉以来就是各民族多元一体的国家，中华法文化也是多元的法文化，今天提倡弘扬中华法文化也包括弘扬藏族等少数民族法文化在内。[2]而且，自元代西藏地方被纳入祖国版图之后，历代中央政府十分重视对包括西藏在内的整个藏区的统治，并积极采取措施，

---

[1] 朱晓明："认清达赖集团本质，推进反分裂斗争"，载中国藏学研究中心编：《透视"3·14"——中国藏学研究中心学者深度分析拉萨"3·14"暴力事件》，中国藏学出版社2008年版，第10～第11页。

[2] 徐晓光：《藏族法制史研究》，法律出版社2001年版，第6～7页。

加强对藏区的治理。纵观元朝以来历代中央政府在藏区的施政,许多治藏方略是值得肯定的,因为它们在长期的治藏实践中取得了积极的成效,对藏区社会稳定和发展产生了重要影响。但是,由于历代封建王朝一直实施民族歧视的政策,再加上远离藏区,不了解藏区的实际,因而在治藏政策的制定乃至实施过程中,难免存在某些漏洞甚至失误。这不仅影响了中央政府与西藏地方的关系,削弱了中央政府在藏区的施政,而且还损害了藏区的利益,影响藏区社会的稳定与发展。[1]例如,"稳藏必先安康"政策作为中央政府治理整个藏区的一项基本政策,始提于清朝,发展在当代。1906年,清廷军机处议复四川总督锡良等奏称:"经部复议,现西藏纷乱未靖,边境多事,所拟设置边务大臣,驻扎巴塘练兵,以为声援,事以可行。"时人简称之为"治藏必先安康"。1991年,江泽民同志在视察四川时精辟地指出,"稳藏必先安康"。2001年,朱镕基同志在视察四川藏区时又进一步指出,"安康必先通康","安康"成为"治藏"的重要方略。[2]而在清朝、民国年间,藏汉文化交流在历代拓展的基础上又有了很大发展。藏族的许多文学作品被翻译成汉文,同样,汉族的诸多文学作品也被译为藏文;与此同时,藏区的许多文化成就不断传入祖国内地,内地的各种传统文化亦源源不断地流入藏族地区,充分呈现出祖国统一、藏汉民族团结友好的盛况。[3]例如,巴塘关帝庙的早期社会角色具有会馆的性质,是内地社会组织与文化习俗向巴塘移植的产物。自清代乾隆后期,随着关帝信仰在藏区的广泛传播与本土化,关帝庙成为当地藏汉民众社会生活的公共场所,并且吸纳部分藏族宗教元素,以此实现与当地社会的衔接。但是其早期社会角色依然发挥着重要的社会功能,当汉藏之间的文化界线因通婚而变得日益模糊时,围绕关帝庙举行的商会聚餐与过年敬献猪头的仪式,彰显出汉人移民及其后裔的族群身份和文化认同。[4]

---

〔1〕 星全成:"元明清中央政府治藏失误及其对藏区社会的影响",载《青海民族研究》2010年第4期。

〔2〕 段毅君:"'稳藏必先安康'政策的由来",载《学习时报》2011年2月28日,第11版。

〔3〕 李延恺:"从文化交流看藏汉关系",载《青海民族学院学报(社会科学版)》1987年第4期。

〔4〕 石硕、邹立波:"汉藏互动与文化交融:清代至民国时期巴塘关帝庙内涵之变迁",载《西南民族大学学报(人文社会科学版)》2011年第6期。

纵观清朝对蒙藏地区的治理，一个重要的特点就是依法治理，这一点在清朝中期表现得更加突出。在清朝初期对西藏的治理中，尽管吸收和借鉴了元、明两代的许多成功经验，但从整体上讲，尚处于探索阶段，未能形成自己独立、完整的方略体系。在对待藏传佛教问题上，虽然制定了利用藏传佛教对西藏地区进行治理的方针，但在具体的实践中，因袭明朝的做法，通过对藏传佛教高僧的册封，确立自己在西藏地区的统治地位。然而到清朝中期，清朝统治者对西藏已经有了较为全面的了解，再加上清朝在全国统治地位的巩固，结合西藏实际，清朝中央对治理西藏的方略进行了及时改革和调整。[1]但是，在其具体实施中出现许多矛盾，尤其是从客观效果来看，它对蒙藏社会产生了许多消极的影响。当然，也不能将"政教合一"对西藏社会的消极影响完全归罪于清朝统治者，但是也不能因此完全推卸其应负的历史责任，因为"政教合一"制度的实施毕竟是清朝统治者倡导的，况且18世纪中期以来清朝在治理蒙藏地区中一直推行"政教合一"统治，并将其作为清朝治理蒙藏地区尤其是西藏地区的一种基本的政治制度，纳入清朝治理蒙藏方略的总体规划之中。不难想象，倘若没有清朝历代中央政府的大力支持，蒙藏地区"政教合一"的制度很难建立，至少难以对蒙藏地区社会产生如此重大而深远的影响。[2]例如廓尔喀首次入侵西藏，对于清廷来讲是未曾料到的，至于因何入侵，更是不知，只能在应对此次被入侵的过程中逐步探明。其最初认识来自于驻藏大臣，认为入侵原因是西藏地方与廓尔喀之间的经济贸易纠纷，以及聂拉木、济咙两处地方的归属问题；其后的认识形成于钦差大臣鄂辉、成德、巴忠等领兵进藏之后，巴忠认为廓尔喀入侵是西藏地方政府个别官员伙同驻藏大臣欺压廓尔喀，廓尔喀在无奈之下举兵入侵，以期获得公平对待。在廓尔喀再次入侵之前，这一认识一直被清廷认可。[3]而在西南康巴藏区，西康地区和滇、藏、川三省具有重要的战略意义。晚清政府在清代中、前期治理政策的既有基础之上，启动了以改土归流、开发建设为核心的川边

---

〔1〕 星全成："清朝治理蒙藏方略对后世的启示"，载《青海民族学院学报（社会科学版）》2008年第3期。

〔2〕 星全成："清朝治理蒙藏方略之得失"，载《青海社会科学》2007年第4期。

〔3〕 张曦："试析清廷对廓尔喀首次入侵西藏原因认识的过程"，载《西藏研究》2015年第1期。

新政进程，在短期内取得了巨大的进展。进入民国以后，民国政府稳健地继续对西康地区进行治理与开发，最终完成了西康建省的历史进程。晚清与民国政府对西康地区的治理策略有所不同，治理成效也有差异，可谓各有得失。[1]

袁世凯执政时期，部分地继承了孙中山"五族共和"思想，主张以汉藏民族间平等团结为基础，以"谋内政之统一"和实现"民族之大同"；采取由剿到抚的策略，争取西藏内向中央；在中英交涉中，妥协与周旋相始终。袁世凯拒绝签订出卖西藏的条约，"这是袁世凯在处理边疆新危机中唯一能基本坚持国家和民族利益的一次。因国力衰弱和袁世凯致力于加强个人专制统治，其筹藏政策最终未能成功"。[2]进入民国时期后，中国的边疆危机进一步加深。面对英国对西藏问题的公开干涉，袁世凯政府运用了各种方法，包括劝诱西藏接受"五族共和"的观念，支持共和政权，对英国施压的谈判采取拖延战术以便取得与西藏直接谈判的成功。囿于中国的实力，这些方法都未能取得成功。在随后的西姆拉会议期间，北京政府的政策是前后一致并且合理的，只是在袁世凯迫切需要英国支持其帝制方案时，中国的对藏政策才失去了先前的气势，变得更具和解性。即便如此，袁世凯仍然希望在西藏东部保存一块明显比英国愿意让予中国的更大的地区，作为英国在藏势力范围与中国之间的缓冲带，从而保护中国的西南边界。[3]战后国民政府促成了西藏派代表团参加制宪国民大会。噶厦政府提出关于自治的九项要求，此要求与国民政府对藏政策设想不尽相同。为使西藏问题朝着其期望的方向发展，国民政府苦心经营，成功挽留西藏代表团参加了国大，终在宪法中规定了西藏地方自治的政治地位，并据此对呈文作出答复。[4]民国初年，西藏各地相继发生政治动乱。之后在帝国主义的挑拨和策动下，西藏地方少数分裂主义分子频频上演西藏"独立"的闹剧，不仅严重危害西藏地方的社会稳定，同时

---

[1] 段鑫："晚清与民国政府治康策略及其得失比较"，载《西南边疆民族研究》2014年第14辑。
[2] 刘国武："袁世凯政府对藏政策初探"，载《安徽史学》2002年第3期。
[3] 朱昭华："论袁世凯政府对西藏危机的因应"，载《西藏研究》2012年第6期。
[4] 车志慧："1946年制宪国大与国民政府对西藏的政策"，载《甘肃社会科学》2014年第5期。

也使西藏地方与中央政府的关系受到影响。但是，大量的事实表明，民国时期西藏地方始终未能脱离中国版图。究其原因，固然很多，但其中民国时期历届政府做的大量的工作发挥了重要作用。[1]

民国时期历届政府一直十分重视化解西藏地方与周边地区发生的各种纠纷。尼藏发生纠纷后，民国政府不仅派专人进行协调，而且还召开专门的会议认真研究和部署。另外，国民政府主席蒋介石还专门致函尼泊尔国王和十三世达赖喇嘛进行调解。第三次康藏纠纷发生后，国民政府亦及时召开"西防会议"，征求各方包括喇嘛和班禅方面的意见，研究对策。与此同时，还派专人前往川康地区进行调解。青藏战争爆发后，国民政府一直关注事态的发展，积极进行调解，做了大量的工作。正是因为民国时期历届政府高度重视，并采取切实可行的措施，才使西藏地方与周边地区发生的多次纠纷得到有效处置，否则可能引发更大的动荡，造成更大的危害。[2]

（四）依法治藏的社会经济背景

正如著名学者费孝通所言："社会中的规律有些是社会冲突的结果，也有些是社会合作的结果。在个人行为的四周所张起的铁壁，有些是横暴的，有些是同意的。但是无论如何，这些规律是要人遵守的，规律的内容是要人明白的。人如果像蚂蚁或是蜜蜂，情形也就简单了。群体生活的规律有着生理的保障，不学而能。人的规律皆由人为。用筷子夹豆腐，穿了高跟鞋跳舞而不踩别人的脚，真是难为人的规律；不学习，固然不成，学习时还得不怕困、不惮烦。不怕困，不惮烦，又非天性；于是不能不加一些强制。强制发生了权力。"[3]在藏区依法治藏的过程中，也存在这样的社会经济背景。例如在20世纪50年代的西藏托吉卡共有44户，其中差巴18户，堆穷7户，千豆19户。实际上还有一些只身在此打长工、未立户的个人，他们流动性较大，今年这家，明年那家，有时转向他乡受雇。[4]而西藏以寺庙和宗教活动为中心

---

[1] 星全成："民国时期中央政府的反分裂斗争述略"，载《青藏高原论坛》2014年第1期。

[2] 星全成："民国时期西藏与周边构怨及中央政府的调停"，载《西北民族大学学报（哲学社会科学版）》2014年第3期。

[3] 费孝通：《乡土中国》，人民出版社2008年版，第80~81页。

[4] 西藏社会历史调查资料丛刊编辑组编：《藏族社会历史调查（五）》，民族出版社2009年版，第47页。

第一章　导论：依法治藏背景下的藏区应急治理

的经济模式使得西藏与内地的经济贸易和人员往来规模有限。但与内地的贸易对于西藏的生产和消费仍然十分重要。但是人员往来往往受到行政限制，原因之一是清朝治藏的主要目标只限于保持西藏与内地的政治统一。而且，西藏的地理状况（高寒缺氧、入藏路途艰难）对于西藏与内地的贸易、运输、人员往来特别是汉族迁往西藏具有很大的不利影响。在1911~1951年间，西藏与中央政府的关系疏远，外国势力在西藏的影响扩大并对西藏与内地的贸易产生消极影响。1959年前，寺庙在西藏的政教合一制度中占统治地位。喇嘛在总人口中所占比重很高，他们具有很强的经济实力并且控制着政府。宗教活动耗去了西藏的大部分财富，1959年后，寺庙失去了其传统的权势。随着近年宗教政策的落实，喇嘛在西藏社会中的影响有增强的趋势。自1959年以来，西藏采用了和内地相同的行政、社会和经济体制。虽然农牧业生产有了显著的发展，但是城镇中的国营企业却始终严重亏损。随着政府开支的增大，财政赤字也逐年增长，最后西藏自治区的财政开支百分之百地要由中央的补贴来支持。西藏的这种"依赖性经济"已成为西藏与内地之间关系的一个新因素。这种经济模式致使中央政府限制进藏工作人员的人数并对内地与西藏的贸易规模实行计划管理。进而，作为常住居民的汉族在西藏始终只占总人口中很小一部分（5%左右），他们主要是干部和专业技术人员。他们的迁移由中央政府安排而且通常在西藏只工作几年。近年随着改革开放新政策的实施，自发进藏做生意的汉族个体经营者（贸易贩运、服务修理等）作为暂住和流动人口数目增长迅速。[1]例如中央城镇化工作会议为我国推进新型城镇化指明了基本方向、作出了具体部署，对于藏区促进城镇化健康发展也具有重要指导意义。四川省甘孜州康定市具有厚重的历史文化底蕴，是康藏地区第一座真正意义上的城市，也是川藏茶马古道第一重镇。但受青藏高原自然地理环境、交通条件以及传统生产生活方式等因素制约，城镇发展起步较晚，城镇化进展较慢。近年来，康定市委全面分析自身发展存在的问题、机遇与挑战，认真贯彻国家推进新型城镇化的战略部署，积极探索特色鲜明

---

〔1〕　北京大学社会学人类学研究所、中国藏学研究中心主编：《西藏社会发展研究》，中国藏学出版社1997年版，第59~60页。

的新型城镇化之路。[1]

不同于西藏之政教不分，执以宗教权的教主同时就是执以政权的领袖，宗教和政治完全达成一片，历史上的西康有不同的情形，因为自从赵尔丰时代改土归流以后，西康所划分的县治完全另有汉官主持政务，相沿至今。虽然政府的威信不完全深入人心，但在人民方面，都公认县长是本县政务的主持者。当中所有与宗教上的关联，则因为政令不能十分推行，宗教对于人民的信仰和威权还较为深刻，所以有多少关于政府方面所受理的诉讼和所执行的政务，须取决于他们既崇信宗教，而且畏惧宗教的权威。如果由政府替他们解决，因为威信不够，反而没有保障效力，所以无形中，似乎就成了政教一体。而且在纠纷的解决过程中，藏民不会拒绝履行他们对于其部落和族人的义务。他们有义务采取适当的方式和途径来支持和保护自己部落人们的利益。[2]有时政府方面，如果必须有一种政令实施，除了因喇嘛寺的同意宣布于人民之外，也不容易有十分的效果。因此，我们可以说，西康现在的政治，是与宗教有一种关联，但不如西藏之所谓政教不分。反过来说，我们确认在政府本身健全以后，因康区二十余年政教在形式上的分离和人民对于政府已有的观念，宗教与政治在实质上是能各自独立生存的，这是西康现在一般的政治现况。[3]

社会安定团结在一定程度上与自然环境和人文环境密切相关。藏区文化受自然环境和人文环境的制约而形成自己的历史、传统和个性。因此，承认、理解和包容少数民族文化才能增强少数民族个体对本民族文化的认同，进而上升到对中华民族文化的认同。公共文化服务体系建设是藏区民族文化繁荣发展的基础，是促使民族素质向现代公民素质转化的必要条件，是构建藏区和谐社会的重要平台。[4]而社会治理模式和行使参与权具有相互包含关系，

---

[1] 段毅君：“探索特色鲜明的新型城镇化之路”，载《人民日报》2014年5月5日，第16版。

[2] Geoffrey Samuel, *Civilized shamans: Buddhism in Tibetan Societies*, Washington: SMITHSONIAN INSTITUTION PRESS, 1993, p. 118.

[3] 赵心愚、秦和平、王川：《康区藏族社会珍稀资料辑要（上）》，巴蜀书社2006年版，第323~324页。

[4] 凌立、曾义：“藏区文化差异与和谐社会构建——以康巴藏区及甘孜藏族自治州为例”，载《中央民族大学学报（哲学社会科学版）》2012年第5期。

创新社会治理模式在一定意义上就是保障人民行使参与权。随着藏区经济的繁荣和互联网等现代通信技术在藏区的普及，民族政策和民族区域自治制度的实施面临着更多的新情况和新问题，也需要在社会治理模式上有所创新。随着藏区的不断发展，藏族群众的公民意识、参与权意识大大提升，并通过一些具体实践行使了参与权，这是藏区创新社会治理模式的重要因素。丹巴县藏族群众行使参与权对丹巴县创新社会治理模式起到了积极作用，不仅使社会治理多元主体得到丰富，也为创新藏区社会治理的互动机制、激发活力机制、合作协商机制、公开透明机制和法治机制提供了运作的动力、契机、条件和资源，体现了行使参与权与创新社会治理模式之间的良性互动效应。[1]

在宣传教育方面，四川藏区在以往的工作中取得了一些显著的成绩，为维护本地区的稳定起到了积极的作用。目前，四川藏区正着力解决许多影响社会稳定的破坏或消极因素，并在宣传教育工作上用心、用情、用力。为此，本书探讨了如何在反分裂反渗透、维护祖国统一、加强民族团结、提高公民意识、树立公平正义观念、增强法制观念、弘扬优秀传统文化、提升思想道德、树立正确的宗教意识和政治意识等方面加大宣传教育的力度，有针对性地提出了解决问题的对策措施。[2]四川藏区作为全国第二大藏族聚居区，其治安管理工作对藏区的稳定显得尤为重要。四川藏区社会治安形势较为平稳，治安管理工作总体开展较为顺利，但还是存在警察维稳任务过重、执法阻力过大、流失严重等诸多问题，在一定程度上影响了藏区的稳定。党和政府可以通过规范治安管理部门职责，正确引导宗教的力量，培养"本土化"的藏区警务人才等对策解决上述问题，以构建和谐、稳定的藏区治安环境。[3]而在现在的甘孜州，南部经济圈发展战略着力构建以发展生态经济为中心，以大香格里拉旅游环线建设为基础，以文化旅游产业为龙头，以水电、矿产、生物、特色农业资源为辅助，以亚丁机场为枢纽，以公路运输为保障，整合

---

[1] 黄微、周良艳："藏族群众行使参与权对创新藏区社会治理模式的作用和启示——以甘孜藏族自治州丹巴县几起事例为据"，载《民族学刊》2015年第4期。

[2] 刘俊哲："四川藏区宣传教育与社会稳定研究"，载《民族学刊》2012年第9期。

[3] 周学东、魏莲芳："四川藏区治安管理工作现状、问题及对策"，载《四川警察学院学报》2015年第1期。

优势资源，统筹区域发展，形成向西（西藏）、向南（云南）依托辐射，配合协同东部（甘孜州东部地区康、泸、丹、九四县经济圈构建"环贡嘎山两小时经济圈"），带动辐射北部（甘孜州内发展相对滞后的地区），特色鲜明、市场竞争力强、可持续发展能力强的区域经济发展格局。[1]

## 第四节 小结：本研究的创新之处

本研究在"依法治藏"的现实背景下，探讨藏区应急治理的基本理论和实践问题，在两个方面具有一定的创新性和开拓性。

一方面，描述出地方政府处理藏区突发事件的完整图景。本书主要通过以下视角来进行依法治藏的理论分析：其一，从依法治藏中的"中央—地方"关系视角出发，考察地方政府在治理藏区应急事件过程中的政策目标和执行策略以及行动背后的激励与约束机理。其二，从依法治藏中的"政府—群众"视角出发，考察政府行政行为、治理行为对于相对人、社会民众的影响，行政相对人、社会民众对于政府行为的评价、社会心理的作用等。其三，从依法治藏中的"运动—发展"视角出发，结合藏区应急事件特征着重分析运动型治理向常规治理的转化过程以及相应的法律制度过渡。其四，从依法治藏中的"事先—事中—事后"视角出发，在藏区应急治理过程中具体构建事先监测预防、事中应急处理、事后恢复完善、应急评价机制等方面的完整法律体系。

另一方面，通过典型案例分析，提出藏区地方政府在依法治藏的背景下，应急治理法制化的主体要求、行动策略选择、信息传递机制、地方样本表述以及法律治理的体系化构建等。其一，地方政府的选取，不同地区、不同部门的案例行为选取要有典型性。在中央和地方处各种类型纠纷中，所选纠纷要体现经济利益、政治利益（稳定）等对各级政府的影响，从而体现政府在依法治藏以及行政过程中，尤其是治理突发事件中的法律影响因素。其二，政府及其各部门的各类行政治理行为在应急治理中的作用和适用。这些都具体地反映在政府及其工作人员的工作态度、工作目标、公权力的具体策略选

---

[1] 段毅君："甘孜州南部经济圈发展战略研究"，载《四川民族学院学报》2011年第1期。

择等对应急治理事件处理的影响上。这其中还包括群众的个体因素、心理期待、私权利的保护、反映表现等对政府应急治理的心理状态的影响。其三，针对藏区不同类型应急突发案件处理的描述，提出具有适用性的藏区应急治理法律构建的主要目标、考量因素及策略选择等。其四，深入分析藏区应急突发事件的背景特征，如发生时间、发生地点、参与人员、有无涉外因素、社会影响等。政府依法治理的转变，由运动型治理向常规治理、法制化治理转变的原因、过程和具体实现，同时突出临时性治理措施的不足，以及法制化治理的优势。法制化治理是一种常规治理，它可以完善当地行政法律、地方性法规、政府规章等。其五，从完善应急治理法律机制出发，概括依法治藏过程中事先监测预防的表现、政府预案具体内容、预案在处理过程中的表现影响等。事中应急处理中，政府和被处理对象对法律处理行为的表现、信息传递、心理因素分析等。事后恢复完善阶段，相关案件处理后的社会影响、主体表现以及对应急治理的评价机制等。

# 第二章

## 依法治藏关系论：中央和地方关系下的藏区应急治理

从中国政治体制的现状来看，中央和地方对于社会事务的治理目标有不同的侧重点，目标函数和约束条件存在差别，形成了一种"结构性差异"：中央政府更加强调对于全国局势的把握、对于宏观经济形势的了解、对于社会成本的控制以及对于社会福利的投入等；地方政府更加强调对于本辖区具体事务的治理，更加关心的是本地区的社会生活水平与资源的合理利用。地方政府实际上真正负责国家权力的实际运行，中央离不开地方政府，因此它们经常呈现出一种利益博弈和制衡关系。

在这一理论背景下，本章将对藏区地方政府应急治理过程进行分析，从中央和地方的法律关系这一视角，揭示在"依法治藏"背景中，藏区地方政府在处理应急治理事件过程中所体现的执法策略、行政法视角下上下级政府信息的互动机制、藏区政府的行政权行使与公民权利保障问题、"科层制"视角下地方政府的法律角色以及权力行使的限度等因素。还包括以下内容：藏区法律秩序的维护及上下互动机制、藏区社会发展的要义及国家权力运行和藏民权利的保障与权力的限度。从藏区社会治理的角度来分析当地政府的社会治理模式，主要分为两种：一是常规型治理；二是运动型治理。常规型治理体现为藏区地方政府的显性指标，如政府的行政权力行使的法律规定和要求，公共社会产品的分配与供求等。运动型治理体现为藏民的权利行使限度、内心冲突、外部压力与攻击行为等因素导致的治理模式。

第二章　依法治藏关系论：中央和地方关系下的藏区应急治理

## 第一节　"中央—地方"关系下的应急治理

中央和地方政府差异性的目标追求及其背后行动逻辑成为近年来学术界讨论的热点。但是，中央从来不能离开地方政府而单独实施具体事务，地方的事权行使更加明显。在中央和地方的关系视角下，各级政府有着不同的利益要求和体现，但又受到中央政府权力集中的强约束。[1]例如，财权与事权的分配关系是中央与地方权力结构产生变化的重要内容。当前我国财政体制下，中央与地方财权和事权不匹配，出现了中央与地方事权与支出责任不清晰、地方财权和事权不对称、政治集权与经济分权的矛盾等现实问题。这些问题主要是由事权的法律规定不明确、财权的过度集中、中央的权威性思考、晋升激励制度等原因造成的，建议合理划分事权与财权、公开事权和财权划分、改变政府之间交流方式以及转变地方政府责任方向，以期实现财权和事权的匹配和中央与地方权力结构的均衡。[2]再如20世纪初中国边疆地区少数民族精英分子的主体性或族群认同的建构，体现出中国近代史上民族国家创建过程中"中心边缘""中央地方"二维关系中多元和复杂的互动过程。20世纪30年代西康建省过程中，康区三次大的事变——"巴塘事变""诺拉事变"和"甘孜事变"，说明了康区地方性和族群性构建过程中"中心边缘"的互渗和西康地方军政当局内部的竞斗关系，从而消解西方概念中"中央地方"的对立分析。[3]

在美国，国家紧急状态时期就像其他时期一样，大多数公民自由至上论者几乎完全求助于法院阐述和执行宪法性法律，以此来捍卫公民自由。这种以法院为中心的进路是短视的。法官们对国家安全的需要了解甚少，因此不可能以自己的判断来反对行政部门的判断（后者对国防负责）。法官尤其不可能提出宪法性反驳意见，因为很难修改美国宪法，纠正司法错误。保守的法

---

[1] 周黎安：《转型中的地方政府——官员激励与治理》，格致出版社2008年版，第12页。
[2] 汤火箭、谭博文："财政制度改革对中央与地方权力结构的影响——以财权和事权为视角"，载《宏观经济研究》2012年第9期。
[3] 彭文斌："边疆化、建省政治与民国时期康区精英分子的主体性建构"，载《青海民族研究》2013年第4期。

官尤其不可能抵制国家安全的主张——而今天的联邦法院系统也许比过去半个世纪的任何时候都更为保守。幸运的是，当国会和总统都同意某些国家安全措施时，就降低了司法介入的需要。即使当立法和行政部门名义上为同一政党控制之际，它们之间也还是互为对手；共和党控制的国会对小布什政府的国家安全建议并非像橡皮图章。在公民自由至上论者不承认的程度内，联邦最高法院可以在一旁闲着，让另外两个部门斗出个输赢，因为相互竞争的部门都同意的某个措施仍是对所感知的危险的过度反应，这种可能性降低了。[1]

在我国现阶段，行政主体的预警响应基本代表了"决定并宣布"进入突发事件应急状态。无论是应急中各级政府行政权的行使，还是司法审查中司法权的行使，都建立在一个前提下：应急实际发生。只有正式宣布应急，启动相应级别响应，才能从法律程序上证明进入应急状态，才能进入司法审查，从而一方面充分保护公民、法人和其他组织依法获得救济的权利，保护其紧急状态或应急状态下不能克减的各种人身权和财产权利；另一方面也支持行政紧急权，支持各种行政处置措施和自由裁量权。以学术的语言描述就是：只有国家已经依法宣布进入了紧急状态，行政机关才可以行使其认为适当的行政紧急权及其裁量权。[2]这也意味着：只有国家依法宣布进入紧急状态，行政机关才能行使其认为是恰当的行政紧急权及其裁量权，进而接受司法个案审查的监督。缺乏决定及宣布程序，行政紧急权的行使师出无名，司法审查监督的权力也将混沌不清。[3]而我国的财政分权改革是在法律框架之外进行的，中央与地方的关系长期不稳定，实现财政分权法制化是必由之路，但是会遇到重重困难。财政分权立法的难点集中在改革中的不确定性、变动性因素与法律的确定性、稳定性特征之间的矛盾上。我国急需探索出一条实现财政分权法制化的最佳路径。[4]

在"中央—地方"关系下，地方政府治理的目标较为明确，即在中央政

---

[1] [美]理查德·波斯纳：《并非自杀契约——国家紧急状态时期的宪法》，苏力译，北京大学出版社2010年版，第11页。

[2] David Bonner, *Emergency Powers in Peacetime*, London: Sweet & Maxwell Press, 1985, p. 10.

[3] 王旭坤：《紧急不避法治——政府如何应对突发事件》，法律出版社2009年版，第129页。

[4] 熊英："论财政分权法制化"，载《国家行政学院学报》2007年第2期。

## 第二章 依法治藏关系论：中央和地方关系下的藏区应急治理

策的指引下，实现地方利益的最大化，在某些情况下，地方政府会通过"串谋"等方式来实现。而中央政府也许更加关注的是结果；地方政府更加关注过程、关注"显性指标"。如果中央确定的结果指标地方政府没有完成，那么地方政府的人事权、财权等都会受到影响。况且，如果地方政府不注重地方利益的平衡，可能当地社会的基本均衡态势会被破坏，会影响到中央的全局态势、稳定需求，最终也会对地方政府产生不利影响。中央政府的社会秩序需要较强，国家全局意识较浓，地方政府的意识形态压力较小。[1]从封建制时期到现当代，中国都实行统一的中央集权制，国家统治意志和意识形态牢牢地掌握在统治阶级手中，国家的主导思想和主流观点不允许有细微差别，否则将会导致社会分裂与动荡。例如中央与地方关系下的行政程序法立法，有学者指出应当采取"先地方后中央"的思路。当代中外行政程序立法的实践表明，任何国家要制定一部全国适用的法典化的《行政程序法》都是非常不容易的，有的历经十余年，最长的竟达到半个世纪之久。同理，我们要制定出适用于全国的法典化的行政程序法，即是说要想制定出一部较为完善和令人满意的统一的行政程序法典，没有数年的时间和功夫，是难以办到的。而现阶段形势的飞速发展又不允许我们再等十年八载。因此，我们认为，在行政程序立法这个问题上，似乎也可以由地方先行，取得经验之后再制定出一部全国性的统一而成熟的行政程序法。[2]

随着社会结构深度变迁和利益格局的多元化，我国的群体性事件呈现出高发频发的趋势，成为影响社会稳定的一大突出问题。群体性事件成因复杂，究其根源在于收入分配差距不断拉大、民众利益诉求表达机制不畅、基层政府化解社会矛盾的能力薄弱、政府治理机制不健全以及政府官僚主义作风和消极腐败现象严重等。客观公正地看待群体性事件、创新政府治理机制、全面提升公务员的综合素质以及依法应对群体性事件等，是政府有效预防和化解群体性事件的重要路径选择。[3]例如中共中央、国务院发布的《法治政府

---

[1] 周黎安：《转型中的地方政府——官员激励与治理》，格致出版社2008年版，第12页。
[2] 江必新、郑传坤、王学辉："先地方后中央：中国行政程序立法的一种思路——兼论《重庆市行政程序暂行条例》（试拟稿）的问题"，载《现代法学》2003年第2期。
[3] 孔凡河、梁星："群体性事件中的政府对策探微"，载《上海党史与党建》2012年第8期。

建设实施纲要（2015~2020年）》明确规定要创新社会治理，在以下各方面加强建设工作：第一，加强社会治理法律、体制机制、能力、人才队伍和信息化建设，提高社会治理科学化和法治化水平。第二，完善社会组织登记管理制度。支持和发展社会工作服务机构和志愿服务组织。适合由社会组织提供的公共服务和解决的事项，交由社会组织承担。规范和引导网络社团社群健康发展，加强监督管理。第三，深入推进社会治安综合治理，健全落实领导责任制。完善立体化社会治安防控体系，有效防范管控影响社会安定的问题，保护人民生命财产安全。提高公共突发事件防范处置能力和防灾救灾减灾能力。第四，全方位强化安全生产，全过程保障食品药品安全。第五，推进社会自治，发挥市民公约、乡规民约、行业规章、团体章程等社会规范在社会治理中的积极作用。[1]

具体来说：其一，政府管制是政府平衡各方利益，维护公共利益的重要管理方式，它追求的目标是社会公共利益最大化，实现社会公平与正义，促进社会健康、有序、全面发展。在政府管制中，各阶层、群体、利益集团通过各种形式和手段，谋求自身利益的最大化，影响政府管制目标的实现。为维护公共利益，政府应鼓励利益集团通过正常渠道参与公共政策；建立科学的政府治理机制；保证政府管制中的公开度和透明度；加强对政府管制中的监督。[2]其二，从激励的角度讲，政府工作效率在很大程度上取决于政府治理结构的安排与对官员的工作激励目标是否具有激励相容性，即治理结构的设计能否有效激励和约束政府官员们，使其自利性行为能体现公共利益目标，而财政分权模式又是影响政府治理结构的一个非常重要的因素。因此，首先应当探讨政府官员激励与治理结构设计的关系，然后重点分析我国现阶段财政分权模式如何导致地方政府治理结构产生激励不相容性，进而扭曲了政府治理机制对地方基层政府行为的激励。[3]其三，政府尤其是地方政府之创新社会管理的法制化，是时代新主题。这就要求在法制化的轨道上推进社会管

---

[1] 参见中共中央、国务院印发的《法治政府建设实施纲要（2015~2020年）》，载 http://www.lawinnovation.com/html/xjdt/15164.shtml，访问时间：2015年12月28日。

[2] 黄双令："政府管制与公共利益维护问题初探"，载《广西社会科学》2009年增刊。

[3] 王小龙："中国地方政府治理结构改革：一种财政视角的分析"，载《人文杂志》2004年第3期。

## 第二章 依法治藏关系论：中央和地方关系下的藏区应急治理

理创新。创新社会管理需要转变理念，要树立以人为本、服务为先、多方参与、共同治理等时代理念。要完善党委领导、政府负责、社会协同、公众参与的创新社会管理格局。创新社会管理需要完善立法，要推进社会立法、加快民生事项的立法步伐、推进社会诚信立法。创新社会管理需要地方法制化的先行先试。社会管理，重点和难点都在基层，基层自治管理创新需要有法制化保障。[1]其四，政府信用从政治道德层面上看属自律范畴，而法治社会乃彰显他律之治的社会。当政府信用失范现象逐渐凸现以致严重影响行政相对人合法权益，仅依靠政治道德自律已不能达到应有的约束之效时，必须借助他律亦即法律手段予以规制——此即政府信用的法制化。我国政府信用的法制化有其内在必要性，应在以宪法为根本依托的基础上积极构建政府信用法律制度。[2]

总之，群众利益诉求要求法制化，但在法制化过程中却面临着实现公平的促进机制不足、诉求表达机制不足和保障机制不足等问题。对此，群众利益诉求法制化应立足于三个关系：权利与义务关系、秩序与效率关系、传统方式与现代方式的关系。这要求从利益公平、利益协调、利益表达、利益援助方面实现群众利益诉求的法制化。[3]法制化是当今国际政治发展的显著特征，国家间在共有规范和理想选择基础上进行的法制化建构对于塑造国家形象、推动国家间的合作产生了重要影响，地区治理的法制化是这一进程的突出反映。地区治理的法制化处于动态的建构过程之中，欧盟制宪的屡屡受挫以及被寄予厚望的《东盟宪章》缺乏效力的案例表明，法制化只有在地区和国家层次进行多次互动的前提下，才有可能在法制的约束性与国家行为的灵活性之间实现动态的平衡。[4]

在现阶段的我国，政治文明建设是现代化建设的重要组成部分，衡量政

---

[1] 陈俊："创新社会管理法制化的几点思考"，载《上海师范大学学报（哲学社会科学版）》2012年第6期。

[2] 于新循、付贤禹："从自律走向他律：我国政府信用的法制化探径"，载《社会科学研究》2011年第2期。

[3] 李长健、陈志科、蒋诗媛："论群众利益诉求的法制化"，载《山东警察学院学报》2009年第1期。

[4] 周玉渊："地区治理的法制化——以欧盟和东盟制宪为例"，载《世界经济与政治》2009年第3期。

治文明建设的主要指标是：国家治理的法制化程度、权力更迭的民主化程度、官民关系的平等化程度、政治参与的有序化程度。笔者在分析了影响我国政治文明建设的诸多因素后，着重阐述了推进我国政治文明建设要从改变党的执政理念和执政方式入手，由党政不分向党政分开转变、由政策治国向法律治国转变、由无限型向有限型转变、由党管干部向党选干部转变。[1]世界各国的公民及其政府正处于一个越来越开放的社会中，在获得更多、更快捷、更高质量服务的同时，又别无选择地面临各种公共危机的强烈冲击，尤其是突发性公共事件危机，其近来日益成为困扰社会的棘手问题。虽然危机事件可能源始于他国、他地或他人，其他个体和组织并不会马上卷入其中或者深受其害，但是在一个开放的、动态的、回应的社会系统中，局部事件危机的影响力容易扩张和放大，来自感知的强刺激使得公众身心紧张，对事态严重关注，从而促使政府必须采取行动予以化解，其应对危机的行政能力倍受考验。从美国"9·11事件"到"印尼巴厘岛爆炸案"，从"韩国大邱地铁纵火案"到"南京汤山投毒案"，从"美国炭疽传播恐慌"到中国"非典"疫情防治，一系列的公共事件以突然性的面目出现，在不同范围内和一定程度上引发了危机，政府迫切需要进行对策研究，努力探索如何在健全制度安排的层面预防危机，如何在建立反应机制的层面驾驭危机。[2]还有，各级政府绩效评估在中国历经近三十年的实践发展，使得依据国内政府绩效评估实践发展需求和国外政府绩效评估法制化成功经验，成为中国政府绩效评估的已有立法准备，并证明了国内政府绩效评估法制化的必要性和可行性。同时，我们应当结合政府绩效评估的含义界定，提出政府绩效评估法制化的立法宗旨以及程序规范、多方参与、权责均衡和协调统一的四项立法原则。[3]

---

[1] 杨占国："关于推进我国政治文明建设的几点思考"，载《中国特色社会主义研究》2007年第5期。

[2] 李泽洲："建构危机时期的政府治理机制——谈政府如何应对突发性公共事件及其危机"，载《中国行政管理》2003年第6期。

[3] 冉敏、李爱萍、王学莲："中国政府绩效评估法制化——立法宗旨和立法原则研究"，载《青海社会科学》2012年第3期。

## 第二节 藏区地方政府应急治理的目标和内容

在我国现行中央—地方政治体制下,上述内容考察的是中央与地方政府对一般地方的社会治理、应急突发事件处置的综合内容和目标要求。这是对中央和地方关系一般意义上的理解。但是,有一点不得不提出:目前理论与实务界尚未在我国"中央—地方"宏观体制下考察地方政府在处理民族地区群体性突发事件过程中的政策目标和执行策略,以及行动背后的激励与约束机理。民族地区社会治理目标的差异性追求,以及藏区地方政府的上述行动约束及策略、行政权行使、藏民主体权利保护需要等也同样体现在发生群体性突发事件时的应急治理制度中。还有一点不得不提到,那就是党的领导与依法治藏的关系问题。"依法治藏必须坚持党的领导,党的领导是依法治藏的根本保证,将促进法治藏区的建设和发展,建设法治藏区会有效提升党在藏区的执政能力和治藏水平,两者是相互促进、内在统一的。"[1]因此,对藏区地方政府应急治理过程的分析,需要从中央和地方的法律关系这一视角,揭示在"依法治藏"背景下,藏区地方政府处理应急治理事件过程中所体现的执法策略、行政法视角下上下级政府信息的互动机制、藏区政府的行政权行使与公民权利保障问题、"科层制"视角下地方政府的法律角色以及权力行使的限度等因素。

### 一、藏区法律秩序的维护及上下互动机制

从中央政府对于藏区社会的需求角度来看,最主要的目标预设就是维护社会秩序和法律秩序。藏区的社会秩序以及鲜明的政治特性,使得中央政府从来都十分重视藏区的稳定。在元代,遇有藏族地区变乱,则由中央命令宣政院使领军出征;或加给率兵讨伐的地方官员以宣政院使职衔,便于行事;或者在当地成立"行宣政院",别用官印,以"整治西番人民"。关于这类军务,宣政院须移文枢密院并上报皇帝;对于大规模军事的计划,宣政院还必

---

[1] 尼顿:"党的领导是依法治藏的根本保证",载《西藏日报(汉)》2015年1月3日,第3版。

须会同枢密院商议。宣政院还负责发给僧尼度牒，理问僧人诉讼，刻印藏经，举办佛事等等。另有行宣政院派驻杭州、福州，专门处理江南佛教事务。宣政院还储存一部分藏族地区交纳的贡赋备用。在藏族各地区受中央任命权力最大的官吏是宣慰使。以宣慰使为首的机构名"宣慰使司"或"宣慰司"。其兼摄军权者则名"宣慰司都元首府"。某处合设宣慰司，某人可任命为宣慰使，均由帝师或者宣政院推举，其设立、裁并、任命、罢免、优奖、惩罚之权均操于中央。乌斯藏纳里速地区宣慰使多由萨斯迦本钦担任。宣慰司下一般设有宣抚司、安抚司、招讨司、万户府、千户所等，其职官的职能也同宣政院一样，僧俗并用、军民通摄。这里的万户同内地专门带定额军士的武职不同，是兼理民政的。宣慰使有权处理万户之间的争讼并处罚、罢免万户长、千户长。邻近内地的藏族地区则依内地行政区划，置路、府、州、县。[1]在明代，凡奉旨至西藏行封授事宜的使节团，要带着敕书、给新王的印信和礼品前去。礼品通常有僧衣、僧帽、鞋、袜、数珠、佛事上用的铃、香、彩缎、麻织品、茶具和茶叶等，由嗣位者一一领讫，新王再将上一任所领的印信、入贡勘合（即凭证）等交上，另备谢恩方物交来使带回。王位的承袭事前要报告中央，请求批准，手续严格，西藏诸王一致遵守。也有不准的情况。1441年（正统六年），赞善王奏言年老，请以其长子代为王，皇帝不准，仅授其子以都指挥使的职位。1409年（弘治三年），辅教王使者进贡并保送大乘法王的使者以袭职请封的名义来京，朝廷认为，按照制度大乘法王的承袭不必经过中央批准，使者只能以入贡资格来内地。1495年（弘治八年），阐化王死，其子袭封，皇帝派藏僧十八人至西藏行封授礼，他们到达时偏巧新王物故，新王之子即欲受封，他们大概为了省事，将赉敕赏物留下，就算授予名号。后来他们返抵四川，受到弹劾，追问擅封之罪。这就说明，不按制度办事，朝廷就不予追认。[2]

清代，自雍正五年至宣统末年（1727~1911年），中央政府派遣了百余名大臣赴藏办事，为了他们能够更好地行使国家主权，加强对西藏的治理，清政府先后数次颁行了各种章程条款，不断地扩大、提高和完善驻藏大臣的职

---

[1] 邓锐龄：《元明两代中央与西藏地方的关系》，中国藏学出版社1989年版，第19~20页。
[2] 邓锐龄：《元明两代中央与西藏地方的关系》，中国藏学出版社1989年版，第60~61页。

## 第二章 依法治藏关系论：中央和地方关系下的藏区应急治理

权，对巩固和建设祖国的西南边陲起到了巨大的作用。[1]在中华民国建政之初，撤销清代的理藩院，将西藏地方事务划归内务部管理。但是，边疆危机，险象环生，西藏地方严重动荡，告急电文一日数传，人少事杂的内务部难以应付，亟须成立专门管理西藏、蒙古等边疆民族地区事务的中央机构。于是，中华民国政府决定成立蒙藏事务局，直属国务院，作为主管西藏、蒙古地方事务的中央机关，并于1912年7月24日颁布了《蒙藏事务局官制》，规定"蒙藏事务局直隶于国务总理，管理蒙藏事务"。设总裁、副总裁各1人（均兼任），参事、秘书各2人，主事12人，执事官4人。内设总务处，分置民治、边防、劝业、宗教等科室办事。同时，附设蒙藏研究会，掌理调查研究有关蒙藏事宜，为决策提供参考。[2]南京国民政府成立后，就西藏的地位问题，以立法的形式加以明确。该政府在《中华民国训政时期约法》中重申过去中国历届中央政府宣布的"西藏是中国领土"这一严正立场。《中华民国宪法》也明确规定国民大会、立法院、监察院等国家机构和政府部门都要有西藏的代表参加。对西藏地方规定"西藏自治制度，应予以保障"。也就是说，西藏地方不改为行省制，实行自治制度，以有别于其他地方。同时，为了加强对蒙古、西藏等少数民族地区的管理，行政院下设蒙藏委员会，于1928年7月在南京设处筹备。1928年12月，国民政府任命阎锡山为蒙藏委员会第一任委员长。1929年1月5日，阎锡山宣誓就职。2月1日，阎锡山正式启用印信，对外办公。1929年2月17日，国民政府公布了该委员会组织法（1933年12月2日修正公布），明确其职责为掌理蒙古、西藏之行政事项及各种兴革事宜。[3]

中华人民共和国成立后，西藏发生了两件划时代的重大历史事件：一件是西藏的和平解放，另一件是在西藏平息叛乱和民主改革。这两件大事无一不和毛泽东的名字紧紧相连。2001年公开出版的《毛泽东西藏工作文选》首

---

[1] 吴丰庆、曾国庆：《清朝驻藏大臣制度的建立与沿革》，中国藏学出版社1989年版，第51页。

[2] 中国藏学研究中心、中国第二历史档案馆编：《民国治藏行政法规》，五洲传播出版社1999年版，第3页。

[3] 祝启源、喜饶尼玛：《中华民国时期中央政府与西藏地方的关系》，中国藏学出版社1991年版，第71页。

次公布部分毛泽东关于西藏和平解放和民主改革的重要文稿,体现了毛泽东同志对于西藏工作的基本思想:祖国统一,实事求是,慎重稳进,民族平等与团结等。[1]而西藏的民主改革是毛泽东民族思想在西藏的伟大实践,是妥善解决民族问题的创新与典范。毛泽东同志根据西藏的历史、地理、民族和宗教等特殊现实,以非凡的气度和智慧,采取和平改革的方针,顺利完成西藏民主改革,为西藏社会主义建设奠定了坚实的政治基础。毛泽东同志关于西藏革命道路的选择和一系列实践与理论创新,创造了处理民族事务的新模式,丰富和发展了马克思主义理论,开创了"中国特色、西藏特点"的发展路子。[2]经过人民民主的道路走向社会主义,应该说是党中央和毛泽东同志在西藏进行社会主义革命和建设的基本思想。早在1950年毛泽东同志就指出,要把西藏"改造为人民民主的西藏"。周恩来总理在1959年3月28日签署颁布的中华人民共和国国务院令中提出这样的口号:"为建设民主和社会主义的新西藏而奋斗。"又如《西藏民主改革综述》中写道:"1959年至1961年,在西藏发生了一场举世瞩目的波澜壮阔的社会大变革,使西藏社会跨越了几个世纪一跃而成为人民民主的新西藏。西藏民主改革,是中国共产党领导百万农奴,推翻农奴主阶级的黑暗统治,废除封建领主生产资料所有制和上层僧侣贵族专政的'政教合一'的封建农奴制度,建立人民民主制度的人民革命运动。"再如中央驻西藏代表张经武在一篇文章中指出:"在西藏进行的民主改革运动,现已基本结束……建立了广大人民群众渴望已久的人民民主社会制度。"1965年9月2日在西藏自治区成立时,西藏自治区党委第一书记张国华在自治区第一届人民代表大会第二次会议上的报告中指出:"15年来,西藏社会发生了巨大的飞跃,从封建农奴社会飞跃为人民民主的西藏,并且正在向社会主义社会飞跃";"在中国共产党的领导下,西藏的革命,在推翻三大领主的封建统治,建立了人民民主的西藏之后,继续进行社会主义革命。"[3]中央第三代领导核心的治藏方略是对毛泽东和邓小平治藏方略的继

---

[1] 王小彬:"论毛泽东关于西藏工作的基本思想",载《湖北行政学院学报》2002年第1期。

[2] 李荟芹:"论毛泽东对成功实现西藏民主改革的重大历史贡献",载《西藏民族学院学报(哲学社会科学版)》2015年第2期。

[3] 王小彬:"西藏新民主主义社会论——关于西藏稳定发展时期的几个问题",载《西藏研究》2002年第3期。

## 第二章　依法治藏关系论：中央和地方关系下的藏区应急治理

承和发展；贯穿其治藏方略的主线是求真务实、与时俱进、开拓创新；这一治藏方略是在运用马克思列宁主义、毛泽东思想和邓小平理论调查和研究西藏的历史和现实的过程中形成的。治藏方略的指导思想是"三个代表"，其主要思想表现为：审时度势，确定解决"西藏问题"的战略策略——把握西藏工作的大局；关于西藏的理论和政策建设与创新——为西藏工作指明方向；关于西藏的政权建设与创新——为治藏方略提供保障。中央第三代领导核心制定和实施的治藏方略证明，只有在中国共产党的领导下，坚持毛泽东思想、邓小平理论和"三个代表"重要思想，才能推进社会主义新西藏的改革、发展和稳定，才能实现西藏经济的跨越式发展和社会的长治久安，才能实现全面建设小康社会和现代化的战略目标。[1]进入中国特色社会主义新时代，习近平总书记强调，依法治藏、富民兴藏、长期建藏、凝聚人心、夯实基础，是党的十八大以后党中央提出的西藏工作重要原则。依法治藏，就是要维护宪法法律权威，坚持法律面前人人平等。富民兴藏，就是要把增进各族群众福祉作为兴藏的基本出发点和落脚点，紧紧围绕民族团结和民生改善推动经济发展、促进社会全面进步，让各族群众更好地共享改革发展成果。长期建藏，就是要坚持慎重稳进方针，一切工作从长计议，一切措施具有可持续性。凝聚人心，就是要把物质力量和精神力量结合起来，把人心和力量凝聚到实现"两个一百年"奋斗目标、实现中华民族伟大复兴的中国梦上来。夯实基础，就是要标本兼治、重在治本，多做打基础、利长远的工作，把基层组织搞强，把基础工作做实。[2]

总的来说，藏区特殊的地理位置、文化传统等对于国家的发展是一种十分重要的战略资源和战略储备。藏区稳定与否直接关系到国家主权、民族团结等社会根本问题。在西方国家眼中，藏区具有显著的东方主义特色，被认为是"基督徒的另一个故乡"（汪晖语）。这一论断有三层含义：

第一，"西方有关西藏的知识深深地根植于他们的东方主义知识中"。[3]

---

〔1〕　杜永彬："中央第三代领导核心的治藏方略"，载《中国藏学》2004年第4期。
〔2〕　具体请参见："习近平在中央第六次西藏工作座谈会上强调 依法治藏富民兴藏长期建藏 加快西藏全面建成小康社会步伐"，载《人民日报》2015年8月26日，第1版。
〔3〕　汪晖：《东西之间的"西藏问题"（外二篇）》，生活·读书·知新三联书店2011年版，第5页。

例如，西方人类学对中国少数民族的研究在20世纪末经历了从族群民族概念的对应之争到"少数民族"历史的书写政治，再到少数民族文化展示等范式的演进，实际上体现了西方对中国边疆研究新热潮的兴起和对中国边疆研究观念的大的转变，在这种转变中，逐渐呈现出一种西方人类学对当代中国族群的研究向帝制时代族群政治、文化与社会的历史学研究倾斜的趋势。边疆地方社会与中心的互动关系在人类学与史学的探索中得到彰显。[1]

第二，美国等大国对于国际舆论的控制和操作，以及欧洲有关组织等对于特定政治力量的助力，使得藏区的社会问题被无限放大。美国西藏政策是在继承英帝否定中国对西藏拥有主权的所谓"宗主权"理论的基础上形成的。第二次世界大战后，伴随着冷战的发展，美国西藏政策基本定位，成为美国亚洲冷战战略的重要组成部分，其基本内容是支持达赖分裂势力的"藏独"活动，反共反华，遏制中国。[2]西藏是中国领土不可分割的一部分，在19世纪中叶以前的世界历史和国际关系中，从来没有出现过什么"西藏问题"。19世纪中叶，英国殖民主义者在入侵印度后开始把侵略魔爪伸向西藏，在西藏上层人物中扶植亲英集团，采取各种手段笼络达赖、班禅，拉拢和收买西藏官员，挑拨藏汉关系，干涉中国军队的行动，策动西藏独立，于是才有了西藏分裂势力要求西藏独立的"西藏问题"。为了使西藏脱离中国"合法"存在，英国与西藏上层分裂势力私下勾结，1913年在中国政府拒绝签约的情况下，在印度西姆拉签订了《西姆拉条约》，炮制了中国对西藏的宗主权理论，用以否认中国对西藏具有主权的事实。这一帝国主义殖民理论为美国实用主义的西藏政策提供了历史根据。[3]

第三，对于藏区问题，交织着西方对西藏的"同情"和对于中国崛起的恐惧和反感。藏区的稳定是中央政府考虑的核心目标，这无不与国际政治形势以及国内法律、政策实施有关。例如，从不同时期美国西藏政策的变化可

---

[1] 彭文斌："近年来西方对中国边疆与西南土司的研究"，载《青海民族研究》2014年第2期。

[2] 李晔、王仲春："美国的西藏政策与'西藏问题'的由来"，载《美国研究》1999年第2期。

[3] 李晔："美国策动'藏独问题'国际化的历史考察（1951~1968）"，载《东北师大学报（哲学社会科学版）》2008年第5期。

第二章 依法治藏关系论：中央和地方关系下的藏区应急治理

以看出，美国对西藏的政策服务于美国对华战略大局，美国根据对华战略的调整与形势发展的变化对西藏政策做出相应的调整。在中美交恶时期，美国秘密插手西藏事务，在军事上为藏人武装力量提供各种军事支持，在政治上对流亡藏人提供各种"庇护"，在联合国兜售"民族自决"和"西藏自治"。随着中美关系的日益改善，达赖及其领导下的西藏分裂势力在美国对华战略中的重要性下降，美国需要放弃对他们的各项支持而与中国合作。在当前中美之间的相互依存不断加强但又存在原则分歧的情况下，美国对达赖及其西藏分裂势力的支持是有限度的，不会容许达赖及其分裂集团的活动损害美国的利益；不过，美国也不可能完全放弃对他们的支持，利用"西藏问题"牵制中国将是美国对华政策的一项长期考虑。[1]

在中国20世纪之前的国家解放和民族独立运动中，中国各地曾出现过独立或割据的浪潮，在西藏、青海、四川、东北、湖南、广西、广东等都曾出现过割据状态。在藏区，典型的是1912年十三世达赖的"驱汉令"，使得种族、国家等因素披上宗教的外衣，再加上当时"大汉族主义"的影响，使得藏区的民族主义浪潮被推向高潮，藏区的"民族—国家"社会构造发生了瓦解，种族、语言、宗教、习俗等在复杂的环境中艰难地融合，普遍适用规范难以产生。随着藏区的解放，藏族同胞的生活已跨跃了几个社会发展阶段，如果再没有统一适用的普遍规范，将难以实现国家统一。于是，以列宁的"民族自决理论"为宪政根基的民族区域自治制度登上了历史舞台。[2]

和平解放以来的发展历程表明，贯彻民族立法政策是中国共产党实现西藏治理的重要方式。其一，它以实现和完善民族区域自治政策为核心目标，后者作为我国处理民族问题的基本政策之一，其西藏实践所具有的鲜明时代特点反映着执政党治理边疆和民族地区经济社会发展理念的不断丰富；其二，作为中国共产党实现依法执政的重要手段，它见证着共产党执政理念从人治走向法治以及努力实现依法治国、依法治藏的历史进程。更为重要的是，民

---

[1] 王金强："二战后美国对西藏政策的调整——从约翰逊到尼克松"，载《美国研究》2011年第1期。
[2] 汪晖：《东西之间的"西藏问题"（外二篇）》，生活·读书·新知三联书店2011年版，第78页。

族立法政策推动着民族区域自治政策和依法治国方式的发展与融合,从而成为执政党推进国家治理体系和治理能力现代化、建设现代民族国家的重要途径。纵观中国共产党六十余年治藏史不难发现,随着民族区域自治政策内涵的不断发展,以其为核心目标的民族立法政策在西藏实践的内容和重心随之进行阶段性调整,继而推动着全国性涉藏立法和西藏地方立法体系的不断完善,共产党执政方式的转变过程则隐含其中。[1]人民代表大会制度是适应西藏社会发展的政治制度,并随着西藏社会的发展呈现出蓬勃的生命力。通过人民代表大会制度,人民依法管理经济文化和社会事务,人民群众及时地表达了自己的要求,权力的运用得到了有效的制约和监督。[2]

## 二、藏区社会发展的要义及国家权力运行

中央政府对藏区治理的另一重要目标就是经济与社会的发展,即通过发展来促进"政治秩序合法性目标"的实现。伴随我国现代化建设的不断发展,藏区从原来的游牧生活到今天的牧民定居点建设,从原来吃水都成问题到如今的自来水到家,从原来的无电历史到目前的藏区供电网络建设等,无不体现了藏区社会经济的变化发展。从经济层面来说,当地经济的发展和社会进步会带动藏民的生活水平提高,其他文化诉求增多,转移目标注意力。自西藏和平解放起,经历民主改革特别是1965年西藏自治区成立等阶段,西藏实现了由传统的社会发展模式向现代化社会发展模式的巨大转型。改革开放以来,西藏社会现代化步伐加快。西藏社会的现代化转型,不仅体现在建立了现代文明秩序,人们的行为方式、生活方式和价值观念等方面发生了明显变化,而且体现在社会主义法律秩序的建构上。西藏从和平解放起,逐渐开始了向现代社会转型的进程,西藏社会现代转型表现出明显的区域性特点。[3]而且,从国家促进藏区社会发展的权力运行视角来看,实现对国家权力的科

---

[1] 连成国:"走向依法治藏的民族区域自治——中国共产党民族立法政策的西藏实践",载《西藏研究》2014年第5期。

[2] 张林、刘斌:"西藏地方人民代表大会制度与'依法治藏'方略的实施",载《西藏民族学院学报(哲学社会科学版)》2015年第1期。

[3] 曾燕:"西藏社会现代化转型与依法治藏的理性思考",载《西藏大学学报(社会科学版)》2015年第2期。

## 第二章 依法治藏关系论：中央和地方关系下的藏区应急治理

学管理，是古今中外政治领域的核心问题。国家权力是用来管理国家的，而国家治理的现代化程度又取决于国家权力的管理水平。正因为如此，党的十八届三中全会指出："坚持用制度管权管事管人，让人民监督权力，让权力在阳光下运行，是把权力关进制度笼子里的根本之策。"党的十八届四中全会强调："必须以规范和约束公权力为重点，加大监督力度，做到有权必有责、用权受监督、违法必追究，坚决纠正有法不依、执法不严、违法不究行为。"在新的历史条件下，高度强调对国家权力的科学管理，不仅是党中央治国理政新境界的重要体现，而且是全面推进依法治国、全面建成小康社会、全面推进深化改革的必然要求，同时也是通过管理权力提升人民福祉的实际行动。在推进国家治理现代化的背景下，实现对国家权力的科学管理，需要新的思维和新的方式，也就是法治思维和法治方式。[1]

从藏区社会纠纷解决的角度来看，我们可以从法律经济学的视角进行分析。著名法律经济学家波斯纳曾举过一个典型案例来分析纠纷的解决。"假定有这样一个规则（我们暂且不必考虑该规则来自何处）：未经邻居许可，一个人不能拿邻居的甘薯。然而，他确实拿了，或至少邻居称他拿了。这个纠纷该如何解决呢？并且，如果发现违反了这一规则，该如何适用制裁？"[2]中央政府也许更加关注的是社会秩序、政治秩序，激励地方政府尽快解决纠纷，促进事态平息和恢复经济发展；而藏区地方政府的工作也许会更加琐碎，一方面督促违法者遵守判决、裁定或者调解，另一方面拒绝邻居的私自报复，避免亲属的集体报复和世仇的形成。在处理纠纷的过程中，正式的制度设计不能奏效的话，地方政府必须支付高昂的信息费用，从誓言、决斗以及藏民的民间调解乃至迷信因素中使用"含糊的非理性的纠纷解决方式"。因为纠纷的发生会阻碍经济的发展，至少是一段时间内的良好态势。道德、习惯和法律并不是现代政治社会中仅有的社会控制工具。在现代国家，还有其他的社会规制工具，它就是行政。它的范围和重要性不断地增大，甚至在某些集权

---

[1] 江必新："国家治理现代化背景下的权力管理新思维"，载《中国法律评论》2014年第4期。

[2] [美] 理查德·A. 波斯纳：《正义/司法的经济学》，苏力译，中国政法大学出版社2002年版，第180页。

制的国家里面,行政的管制已经取代了法律的管控。现代的法理学学者如果对于法律与行政的关系不加讨论,即不能谓之完全;可是思想之混乱很少像这方面所发生的那样复杂。特别是行政法,行政与法律在那里直接地对峙着。行政法的本质与功能常常被人们误解或妄释,而这种误解常常造成不能了解的一般的法律意义。[1]因此,不论是法理学意义上的藏区政府权力运行,还是行政法意义上的依法治藏、应急治理,提高稳藏兴藏的能力水平,必须认真总结前人治藏的成败得失。藏区是祖国大家庭中不可分离的一部分。藏区的稳定,将直接关系到全国的稳定。藏区不发展,社会主义现代化的宏伟目标就难以实现。藏区不能长治久安,国家就难以保持社会稳定。[2]

从藏民与基层政府的互动关系中我们可以发现,藏民同基层政府打交道,逐步要求主体地位、"话语权"。村民内部的矛盾和冲突,逐步转化为部落与村庄之间的纠纷,进一步发展为群体性突发事件。而且,利益的需求也逐步多样化,甚至藏民会公开针对基层政府及其工作人员。而在这一过程中,农村的精英阶层登上舞台,使得政府的作用逐步降低,使得"农村基层组织对冲突的控制日益'边缘化',体制外抗争行动(如暴力抵抗、自杀)等也明显增多"。[3]正是基于这样的现实背景,也许只是关注经济协调、解决法律纠纷、信息互动等并不能根本解决问题,更高层面的政治秩序和法治保障措施的应用才能彻底地解决突发事件。这也应和了十八届四中全会上关于依法治国的决定,同时凸显了藏区现代法治的基本精神:一是依照良法治理国家,真正落实法律主治的现代国家治理方略;二是在立法、行政、司法等各个环节上,强调国家的不同权力形态分别贯彻法治原则的精神,从而防止公权滥用,更堵住公权私用的通道;三是将一切个人与组织都约束在宪法和法律之下,杜绝一切法外特权,从而对一切可能出现的法外谋利企图加以有效遏制;四是促成整个社会崇尚法治,以法治官,以德化民,促成整个社会形成有耻

---

[1] [美]博登海默:"法律与其他社会控制力量的差别",潘汉典译,载《中国法律评论》2014年第4期。

[2] 段毅君:"'稳藏必先安康'政策的由来",载《学习时报》2011年2月28日。

[3] 莫利拉、李燕凌:《公共危机管理——农村社会突发事件预警、应急与责任机制研究》,人民出版社2007年版,第104页。

且格的良好风尚。[1]具体来说：一方面，我国藏区立法机关在立法过程中要讲政治、讲大局、算大账，要充分尊重藏族的风俗习惯，在地方立法时要酌情予以考虑并有针对性地加以变通处理，以法治的手段保障藏民的合法权益。另一方面，可以坚持"先立后破"，在不违背《宪法》和《民族区域自治法》的前提下，及时制定出一批适合本地区长远发展的地方性法规或规章。此外，可以通过借鉴和移植切实符合西藏实际的法规，来快速补充和完善西藏法规体系，以缩短立法时间，加快立法步伐。[2]

### 三、藏民权利的保障与权力的限度

"全面推进依法治藏，必须坚持中国共产党的领导，将党的领导贯彻到依法治藏全过程和各方面。要坚持人民主体地位，做到法治建设为了人民、依靠人民、造福人民、保护人民；坚持法律面前人人平等，任何组织和个人必须维护宪法法律权威，必须在宪法法律范围内活动。结合西藏边疆民族地区和反分裂斗争主战场的实际，总结和运用依法治藏的成功经验，努力用法治思维和法治方式推进改革发展稳定各项工作。"[3]以藏区应急治理为代表的公共治理，一个重要的特征就是"政府—公民"以一种平等合作的方式共同处理社会事务，而相互信任是其必要的一个前提条件。毫无疑问，政府提供民众所需要的真实信息是建立彼此之间信任关系的关键。事实上，公共危机出现本身并不是一件可怕的事情，最让人担忧的事情反而是一些部门在发生事情后习惯于捂着、盖着，采取一种消极的应对方式，最终致使危机不仅无法得到妥善的处理反而扩大化至难以收拾的地步。比如2003年发生的"非典"事件，当时病毒最先在广东出现，后来很快在北京发现了此类病例。但是，政府因各种顾虑并没有坦诚告诉市民疫情的真相。言论可以封锁，但病毒却无法封锁，致使问题越来越严重，最后局势也演变到无法控制的境地，政府只能被动应付。在此类情形下，政府单方面的应对是不够的，还需要社会、

---

[1] 任剑涛："反腐的不同进路与法治的整合功能"，载《中国法律评论》2014年第4期。
[2] 嘎松美郎："谈坚持依法治藏问题——以加强冬虫夏草资源管理为例"，载《理论视野》2015年第1期。
[3] 李文健："依法治藏应注重'三个效果'"，载《西藏日报（汉）》2015年1月20日，第2版。

民众的支持。当然，政府将社会、民众团结在一起共同应对公共危机事件的最好方式就是真诚地告知事实的真相。[1]治理的难题基本起因于利益更趋多元化、利益主张和维护更趋积极以及利益冲突更趋激烈。因此，有效应对治理难题并非朝夕之功，并非寻求恒久的唯一正确的解决方案，并非一个难题不断得到解决的减法过程，而是在一个长期无尽的过程之中，努力让已有的和未来的正当利益得以充分表达和博弈，并在某个时刻达成较为合理的妥协或平衡，并与时俱进地修正这样的妥协或平衡。[2]

在藏区依法治藏过程中，还应当注意藏民习惯及其习惯法的运行规律和权利主张。正如有学者精确地指出的，藏族等少数民族习惯法作为一种文化仍然普遍存在，在部分地区表现出极强的生命力，并对政府行政行为产生影响，其主要表现为：一是从功能上分担了很大一部分行政行为；二是从内容上影响政府行政行为的法律效力；三是从观念上影响行政行为的形成，从而构成少数民族习惯法与政府行政行为的交融、不和谐与冲突。要调试这种冲突，必须吸纳习惯法的合理因子，确立习惯法的法律地位；关注少数民族民生，提供简捷可靠的法律服务，培植现代法律文化；加强对公务员的教育和监督，坚决查处公务员的特权乱用行为和行政不作为；在政府行政行为中应尽量扩大少数民族人士的参与，吸取民智，实现政府行为与民间认同的和谐，引导习惯法思维向良性发展，减少习惯法对政府行政行为的抵触和负效应。[3]例如，藏族传统法律文化在唐朝时借鉴和应用《唐律疏议》的法律思想创新了自身的法律概念、法的价值、功能与效益。包括吐蕃在内的中国古代的法哲学和法学思维基本上是由儒家学派与法家学派的法律思想融合而成的，这两种对立统一的法律思想体系的融合与协调发展在法的价值体系与功能上已经基本得到了体现，因为在"尊君"的大前提下二者具有一致性，只是各自运用不同的政治、伦理观去论证和辩护而已。儒家封建正统法律思想与藏族传统法律文化所追求的法的价值既是法律文化所阐释的人类正义与宇宙真理，

---

[1] 王锡锌："以信息公开作为治理改革的最佳支点"，载《中国法律评论》2015年第2期。
[2] 沈岿："走向应责胜任的法治政府"，载《中国法律评论》2015年第2期。
[3] 冉瑞燕："论少数民族习惯法对政府行政行为的影响"，载《中南民族大学学报（人文社会科学版）》2006年第4期。

## 第二章 依法治藏关系论：中央和地方关系下的藏区应急治理

又是人类对大自然法度的评价与认知。法律价值绝对指向正义，这使法律文化本身的价值具有了精神追求、崇高信仰的意义。构成中华法系文化的基本价值包括稳定社会秩序的价值，作为法的价值的效益、自由、平等、人权等内容，在藏传佛教和汉传佛教的宗教礼仪和行为规范中都有相应规定，而且更注重强制性地维护封建社会王室贵族的权益而轻视普通百姓的基本权益。从立法、行政与司法行为讲从来是高成本地追求效益的，因为宗法等级制度是以血缘为纽带、以等级为标准。这既是汉藏传统法律文化的共性，也是整个中华法系所独有的公法属性。[1]社会治理模式和行使参与权具有相互包含关系，创新社会治理模式在一定意义上就是保障人民行使参与权。随着藏区经济的繁荣和互联网等现代通信技术在藏区的普及，民族政策和民族区域自治制度的实施面临着更多的新情况和新问题，必须在社会治理模式上有所创新。随着藏区的不断发展，藏族群众的公民意识、参与意识大大提升，并通过一些具体实践行使了参与权，这是藏区创新社会治理模式需要面对的重要因素。例如，丹巴县藏族群众行使参与权对丹巴县创新社会治理模式起到了积极作用，不仅使社会治理多元主体的方法得到丰富，也为创新藏区社会治理的互动机制、激发活力机制、合作协商机制、公开透明机制和法治机制提供了运作的动力、契机、条件和资源，体现了行使参与权与创新社会治理模式之间具有良性互动效应。[2]

因此，传统的"一个民族、一个国家"的原旨民族主义，因为在实际操作中根本不具可行性，早已为多民族的统一国家秩序所取代。统一的民族国家治理中的一大难题，也是造就成熟的政治民族所不可回避的一个重大问题，就是对于民族国家时空内多民族、多族群关系的折中调处。此于现代中国这一聚着多种民族或者族群的大国，尤为凸显。其间，一个根本问题就是，如何经由各民族的平等参与，既尊重各民族的族性表达和政治参与，又于共享的公共空间制度框架内维续统一的民族国家的凝聚力，而最终达致全体公民

---

〔1〕 南杰·隆英强："论法文化视域下藏族传统法律文化在中国传统法律文化中的价值与地位"，载《当代法学》2010年第2期。

〔2〕 黄微、周良艳："藏族群众行使参与权对创新藏区社会治理模式的作用和启示——以甘孜藏族自治州丹巴县几起事例为据"，载《民族学刊》2015年第4期。

政治上的和平共处。正是"全体公民政治上的和平共处"构成了古往今来一切政治的头等大事,考验着一个政体的治理能力,更是现代国家理性和公民理性殚精竭虑所在。[1]而法国思想家、后现代主义代表人物福柯认为权力问题的关键不在于"谁拥有权力",而在于"如何行使权力"。人治,依靠的是人;法治,依靠的是法律。无论是柏拉图的"哲学王统治",还是儒家的"贤人政治",都是君主主宰一切;在法治共和国里,法律才是国王。国家的治理,完全依靠人的品行是不可靠的,最可靠的是制度。美国著名经济学家萨缪尔森说过这样一句著名的话:世界上的坏事80%是好人干的。如果制度存在缺陷,权力的滥用、腐败、专制、愚弄和欺骗都难以避免。人就是人,有七情六欲,大多数人都是常人,成不了圣人。即便被奉为圣人,实际上也不过是常人。在一个制度不健全的社会里,一个人的权力越大,权力越不受约束,越难成圣人。包装一个"圣人""神人"只能迷惑一时,历史终将揭开真相。人类社会发展是一个制度选择的过程,不可靠的人治必然被抛弃,法治终将胜出。[2]

## 第三节 藏区地方政府应急治理模式

一部分藏区群体性应急突发事件可能涉及宗教和政治利益问题,地方政府对于此类事件与一般性利益冲突在应急处理目标与行动模式选择方面存在哪些差别?民族地区群体性突发事件处理过程中主要考虑的因素有哪些?主要存在哪几种应急治理模式?民族地区群体性突发事件通过"运动型治理"暂时解决后,由于民族习惯、语言沟通、宗教信仰等方面的差异,该矛盾很可能会再次被煽动并爆发,地方政府因而应当更关注从应急治理到常规治理的转化工作,那么地方政府如何识别此种转化?在制度上如何实现此种过渡?基于以上问题,笔者从藏区社会治理的角度来分析当地政府的社会治理模式,主要分为两种:一是常规型治理;二是运动型治理。常规型治理体现为藏区地方政府的显性指标,如政府的行政权力行使的法律规定和要求,公共社会

---

[1] 许章润:"公民模式的后民族主义国家命题",载《中国法律评论》2015年第2期。
[2] 钱弘道:"从权力规律看权力制衡",载《中国法律评论》2014年第4期。

产品的分配与供求等。运动型治理体现为藏民的权利行使限度、内心冲突、外部压力与攻击行为等因素导致的治理模式。

### 一、常规型治理

从清朝对于藏区的治理实践可以看出,其非常重视依法治藏和常规治理。如果说《酌定西藏善后章程十三条》是清朝在治理西藏实践中出台的第一部法律法规,尚有许多不完善的地方。那么,1792年,福康安驱逐廓尔喀后会同西藏地方政府制定并颁布实施的《钦定西藏善后章程二十九条》则是清朝对西藏治理制度化、法制化的标志,它在继承《酌定西藏善后章程十三条》的基本内容的基础上,从达赖、班禅与驻藏大臣的关系及职权、藏传佛教活佛转世、军队建设、外事处置及边境检查、货币、财税及乌拉差役、整顿司法和建立诉讼制度等诸多方面就全面治理西藏问题作了详细明确的规定。[1] 清朝历代统治者对藏传佛教都予以高度重视,通过册封、朝贡等诸多方式对藏传佛教高僧进行优抚,经常拨付巨款修(扩)建藏传佛教寺院,减免寺院及僧侣的赋税等。也正因为如此,藏传佛教及其僧侣在清朝治理蒙藏地区中发挥了重要的作用。但也必须看到,清朝过分重视藏传佛教也为蒙藏社会带来了许多弊端,诸如限制了蒙藏地区人口的增长、制约了蒙藏地区经济的发展、影响了蒙藏社会的全面进步。实际上,清朝对蒙藏地区进行治理的同时,并没有采取太多富有成效的措施来促进蒙藏地区社会的发展,更谈不上将社会的全面发展作为治理蒙藏地区的主要目标。其结果是虽然宗教在蒙藏地区得到了长足的发展,但教育、经济、社会的发展则远远落后于其它地区。这不能不说是清朝治理蒙藏地区的一大失误。[2]

而所谓的常规型治理是一种常态的应急治理,从地方政府在群体性突发事件应急治理过程中的执法策略选择,到行为激励与信息选择,无不体现为藏区的维稳需求。而这其中,以下一些原因可能更具有现实意义。

第一,藏区的权力运行不均衡。例如在国家刑事制定法一统天下的局面

---

[1] 星全成:"清朝治理蒙藏方略对后世的启示",载《青海民族学院学报(社会科学版)》2008年第3期。

[2] 星全成:"清朝治理蒙藏方略之得失",载《青海社会科学》2007年第4期。

下，少数民族刑事习惯法的地位显得非常尴尬，但其仍然保持着较强活力的事实却不可否认。由于少数民族刑事习惯法与国家刑事制定法遵循着不同的法理念、人们对罪刑法定原则之形式侧面的过分强调以及对法治形成机制和少数民族习惯法的简单理解，使得少数民族习惯法与国家制定法存在着不可调和之处。从国家刑事立法的立场出发，少数民族刑事习惯法确实存在着诸多不尽人意之处，但在补偿被害人、限制死刑和贯彻刑法的谦抑性等方面却发挥着国家刑事立法难以发挥的作用。通过强制适用国家刑事制定法来革除或破除少数民族刑事习惯法的做法是不合适的，也是危险的；只有建立刑事和解制度，将少数民族犯罪纳入刑事和解的范围，才能为国家刑事制定法渗透与整合少数民族刑事习惯法提供有效途径。[1]

著名学者达伦多夫认为："权力与权威都是稀缺资源，社会组织中的权力与权威的分配都存在着差别。这种差别性分配，转变成社会对立决定因素。"[2]这种差别，在民族地方体现为自治权。但是，自治权的行使也许与内地一些地方政府并无区别。然而，"一些法律突破了《宪法》规定，规定了一般地方国家机关所拥有、而民族自治地方自治机关所没有的权力，造成了判断'自治权'的逻辑困境；而自治机关法定的某些'自治权'却存在一般地方国家机关同样能够行使的状况。这种混乱状况根源于转型时期中央对一般地方的'放权'，以及自治机关同时为地方政权机关的双重角色。"[3]西藏作为一个少数民族聚居地区，其民族刑事习俗不可避免地影响和制约着刑事立法、司法和民族刑事政策的制定，致使基层司法人员在习惯与规则的边缘如履薄冰。在坚持统一刑事法制和充分尊重少数民族风俗习惯及生产、生活方式原则的前提下，进行刑事法律变通，是解决藏族刑事习俗与刑法间冲突的有效路径，也是我国社会主义法治精神的重要体现。[4]

---

[1] 苏永生："国家刑事制定法对少数民族刑事习惯法的渗透与整合——以藏族'赔命价'习惯法为视角"，载《法学研究》2007年第6期。

[2] 莫利拉、李燕凌：《公共危机管理——农村社会突发事件预警、应急与责任机制研究》，人民出版社2007年版，第123页。

[3] 沈寿文："自治机关'自治权'与非'自治权'关系之解读"，载《湖北民族学院学报（哲学社会科学版）》2013年第3期。

[4] 王亚妮、姚俊开："论刑事法律在西藏的变通实施"，载《政法论丛》2008年第5期。

第二章 依法治藏关系论：中央和地方关系下的藏区应急治理

第二，藏民的内心冲突、外部压力与攻击行为之间的关系，使得藏区应急治理复杂性更加明显。"从诱发的角度来看，学者们将人的内心冲突、外部压力与攻击行为之间的统一性归结为挫折—攻击理论。他们认为在攻击行为的背后必定隐藏着某种形式的压抑和挫折。挫折既有可能来源于压抑的外部环境，也可能来源于人内心期望与仍未实现期望之间的不平衡。"〔1〕藏民的这种内心冲突，结合民族习惯、民族传统以及宗教信仰等因素，使得当地政府的信息收集更加困难和复杂，制度性的行政权常规行使必须重视当地群众的激励机制以及信息的传递渠道。

而且，在我国藏区，刑事和解有着悠久的历史传统，是该地区重要的刑事冲突解决机制。近年来，在和谐社会语境下，藏区的刑事和解有所复兴，主要表现为诉讼外和解与诉讼内和解两种形式，其基本依据是盛行于当地的和解赔偿习惯法。实践中，和解的主持者主要是在当地具有威望的长老、宗教人士、村长、部落头人的后裔、司法人员等。就整体而言，藏区的刑事和解与国家刑事司法之间是冲突的，而且造成这种冲突的原因较为复杂。为了解决这一冲突，有学者提出实现藏区刑事法治的良性发展，应以维护刑法规范的有效性和彻底解决刑事冲突为功能向导，建立包括刑事案件发现制度、诉讼外和解确认制度和诉讼内和解制度为基本内容的刑事和解制度。〔2〕同时，藏区社会治理一直是我国国家结构发展的一个重大主题。对少数民族聚居区域的社会治理，我国一贯坚持民族区域自治的基本制度。我国的民族政策以及民族区域自治制度实施以来取得了丰硕的成果，保障了我国这样一个多民族国家的统一、和谐、稳定与发展。随着藏区经济的繁荣、对外交往的不断开放、互联网等现代通信技术在藏区的普及，民族政策和民族区域自治制度的实施面临着更多的新情况和新问题，因此，创新社会治理模式也是藏区治理所必需的。藏区创新社会治理模式一方面要在党的十八大和民族工作会议的精神与原则的指引下进行，另一方面还要结合改革开放后藏区群众权利意

---

〔1〕 莫利拉、李燕凌：《公共危机管理——农村社会突发事件预警、应急与责任机制研究》，人民出版社2007年版，第131页。

〔2〕 苏永生："中国藏区刑事和解问题研究——以青海藏区为中心的调查分析"，载《法制与社会发展》2011年第6期。

识发展对创新社会治理模式的要求。[1]

## 二、运动型治理

"运动式治理"是传统社会主义时期最常见的一种国家治理方式,这种国家治理方式以执政党在革命战争年代获取的强大政治合法性为基础和依托,通过执政党和国家官僚组织有效的意识形态宣传和超强的组织网络渗透,以发动群众为主要手段,在政治动员中集中组织社会资源以实现各种治理国家的目的,进而完成国家的各项治理任务。在转型中的国家,这种运动式治理中的核心要素——政治动员与意识形态宣传都是在国家治理能力欠发展的基本前提下,对国家治理能力的一些外部救济和边际改善措施。[2]针对藏区群体性应急突发事件的发生和治理,常规的治理方式体现为行政权的合法性要求,但是在藏区治理过程中,更多地体现为一种特殊的行动策略——运动型治理。运动型治理,是一种权力行使的非正常状态,适用范围具有特殊性。在主体需求日益增长的今天,"社会资源占有的不平等与政治冲突发生的频率与剧烈程度成明显的正比关系。""值得一提的是,奈格尔发现的不平等程度与政治冲突的关系呈倒 U 型,即在低度不平等的体制下,人们的不满度为零;在中度不平等时,不满度达到了最高值;当不平等度进一步加大,人们的不满度反而有所降低。"[3]这种运动型治理,随意性较大,以人们的满意程度作为判断标准,而非制度化的法治理念,不利于法律的统一适用。藏区的维稳是藏区政治稳定和社会治安有序的保障,是藏区各级政府尤其是公安机关常抓不懈的重要工作。四川藏区与青海、甘肃等地的藏区接壤,有很多县(比如阿坝的红原县)作为纯牧业县,以藏族聚居为主,其特殊的地理环境、民族结构形成了特殊的民族、宗教问题,同时成为以美国为首的西方国家、敌对组织、敌对势力,"西化""分化""弱化"的战略目标。在四川藏区,治安

---

[1] 黄微、周良艳:"藏族群众行使参与权对创新藏区社会治理模式的作用和启示——以甘孜藏族自治州丹巴县几起事例为据",载《民族学刊》2015 年第 4 期。

[2] 唐皇凤:"常态社会与运动式治理——中国社会治安治理中的'严打'政策研究",载《开放时代》2007 年第 3 期。

[3] 莫利拉、李燕凌:《公共危机管理——农村社会突发事件预警、应急与责任机制研究》,人民出版社 2007 年版,第 130 页。

民警的维稳任务相当重。不仅寺庙、政府机关是公安机关治安部门维稳工作的重点区域，而且各中小学校、幼儿园、人口聚集场所、市场等场所的反恐维稳工作也不可忽略；不仅僧侣是治安警察维稳工作的重点关注对象，而且普通藏族居民的异常举动治安警察也要随时留意；不仅突发事件治安警察要及时有效地防控和处置，而且政府部门日常工作的开展也纳入治安部门安保工作的范畴。数据表明，藏区治安警察的维稳工作量占了其总工作量的60%以上，有的地方甚至达到总工作量的80%。由此导致的后果是治安管理日常工作被边缘化，平时的防、控、管工作极为薄弱。实际的做法是：一旦涉及维稳、影响大的案子，治安警察就非常重视并不惜倾全部警力去侦破，其他的诸如打架斗殴、寻衅滋事等治安案件，甚至仇杀类刑事案件，当地警察一般都由当事人双方私下协商解决，不行再由派出所民警调解处理，能不立案就不立，由此导致类似的事件屡屡发生，不利于社会的长治久安，影响藏区稳定的大局。[1]

现代的行政治理体制、法律适用在藏区存在诸多困难，不能抱着一种出于对官员自身的政绩或是其他利益考虑，而有意或无意地回避这一"敏感问题"以求"形势一片大好"。只有把这一问题当作一种"正常"的治理问题，不再"谈稳色变"，以一种"平常心"来认识这一问题，才有可能排除不必要的困扰。如认为是少数民族就被认为必须具有特殊性，容易向"中间人"妥协、"息事宁人"。这虽然可以在短时间内解决问题，但是无疑是在为自己"树敌"。例如在处理"赔命价"案件过程中，赔偿方面的问题均纳入刑事附带民事诉讼进行解决，因此，原被告对习惯法的举证、认证程序均与民事诉讼的举证程序相一致，即由原告在起诉时提出相关习惯法的证据，由被告在刑事附带民事诉讼过程中的答辩环节进行认证等。但这样的程序要求显然过于机械化，因为"赔命价"案件发生后，被害人家属和被告人家属在向法院提出正式的刑事附带民事诉讼前已经在当地活佛的调解下达成赔偿协议，甚至被告人家属已经部分履行或全部履行了赔偿义务。如果按照上述刑事附带民事诉讼举证的程序进行，只是僵硬地按照现有法律走过场，并没有实质性

---

[1] 周学东、魏莲芳："四川藏区治安管理工作现状、问题及对策"，载《四川警察学院学报》2015年第1期。

的意义。因此,应当探索创新"赔命价"案件的附带民事诉讼举证程序。由于法律对习惯法未予认可,法院对于"赔命价"案件中的习惯法问题所采取的是不主张不鼓励的态度,即在国家法不反对的前提下默许习惯法的价值。主要的原因是,国家虽然有法律规定,但依据国家法不能圆满地解决当地藏民特殊的纠纷,为了维护当地社会的稳定和谐,避免引发进一步冲突,追求法律效果与社会效果的统一,法院还是采取既不主张也不反对的态度。也是因为法律没有明文规定习惯法的法律渊源地位,法院对双方达成的赔偿协议的审查内容仅限于是否存在国家法律规定的违禁品,如毒品、枪支、管制刀具等不允许流通的物品,也不允许用所承包的土地进行赔偿,如果发现存在以上情况则由法院直接没收。而法院不审查赔偿金额的多少以及是否合法、合情等,也就是说法院对赔偿协议中的赔偿标准不予以审查,由当事人决定。由此可见,法院更倾向于将习惯法作为案件事实而不是一种准法律规则。[1]

目前的治理问题其实是两种治理制度的竞争,而对"中间人"所代表的利益(不合理的或非法的)群体的妥协,更增强了其在民间的地方权威。而这种藏区自身的地方机制便是现行机制的竞争对手。所以,政府及官员在平时的治理事务中要认清问题的实质与分歧点。平时的治理事务中,法律的作用与习惯等秩序是并存的,并没有因为法律的强制力而使得藏区习惯力量发生变化。法律与习惯有时又会发生冲突,导致相互结合而发生作用。习惯法在藏族社会秩序的构建和藏民行为规范的调整方面发挥着巨大的作用。以发生在青海藏族地区的一起草场纠纷为例:1988年,同仁县瓜什则乡牧民与循化县岗查乡牧民因草山纠纷,几次发生械斗事件。90年代初,青海省人民政府调查并裁定了这一由来已久的双边草山纠纷,文件下发后,双方群众一致要求政府派赛仓活佛和叶雄活佛参与处理双边草山纠纷遗留的处罚赔偿等各种问题。其后,两位活佛在政府的授权下,会同当地公安机关和群众代表对械斗中死亡人员的赔偿问题进行了协商,最后妥善解决了问题。对于这类案件,不少民族地区的司法机关大多摸索出一套相类似的经验:他们在处理这些案件时通常不会仅依照国家法的规定判决了事,而是由法院或当地政府出

---

[1] 周世中、周守俊:"藏族习惯法司法适用的方式和程序研究——以四川省甘孜州地区的藏族习惯法为例",载《现代法学》2012年第6期。

面，会同民间的权威人士，商讨赔偿事宜，同时安抚、劝说当事人及其亲属，以免再生事端。这些案件的纠纷解决机制明显呈现出多元化的特征，国家的法律与政策、宗教规约等各种规范均在国家机关的默许或引导下介入纠纷解决，而那些非正式规范也在这个动态的运作过程中得到了一定程度的认可。而问题在于，二元的规范体系并非总是相互弥补、密切配合的，由于在案件中对于法律效力、话语权等"场域资本"的争夺，两者的并行同时可能造成不利的后果。

在藏、羌、彝族等搜集到的案例显示，对于一些涉及故意杀人、故意伤害的案件，尽管国家司法机关已经按照法定程序和刑法的规定对加害者定罪量刑，但依然无法平息受害者家族与加害者家族的矛盾；加害者的家庭或家族被迫还要根据习惯法的相关规定对受害者一方进行"命价""血价"的赔偿。这种"二次司法"的现象使加害者及其家属面临不公的待遇。事实表明，如果他们不愿赔偿，便极易诱发双方家族更大的冲突甚至械斗，从而造成更多的人员伤亡和财产损失。两种规范并行的状况在一定程度上反映出国家法律在功能和治理方面的缺陷：在重视公利报偿和刑事惩罚的同时，对当事人的经济、精神补偿和对社会关系的修复却显得很无力。习惯法在功能上重视恢复和"疗治"，这恰恰弥补了国家法律在功能和治理上的缺陷；但由于"习惯法"并未进入正式制度的轨道，从而易在民间造成"两罚并行"的后果。[1]藏族习惯法长期浸润于藏传佛教中并从中获得超越世俗的神圣性和符合世俗道德的合理性，藏传佛教的和谐观、平等观和自律观为藏族习惯法奠定了坚实的哲学基础，在民众的世俗生活和终极追求之间架起了沟通的桥梁。宗教是解读藏区秩序的关键，因此它必然成为藏族习惯法研究中的重要组成部分。[2]在藏区，不能不重视习惯、自然的力量，本土资源也许更加重要。不要期望谁取代谁，正确的态度是二者的和谐相处。[3]

---

[1] 李鸣：《新中国民族法制史论》，九州出版社2010年版，第298页。
[2] 周欣宇："论藏族习惯法的宗教哲学基础"，载《内蒙古社会科学（汉文版）》2009年第1期。
[3] 张静：《基层政权——乡村制度诸问题》，浙江人民出版社2000年版，第128页。

## 第四节　小结：藏区应急治理的法制化需求与依法治藏

在中央—地方关系视角下，从中央政府的目标预设和地方政府社会治理的模式来看，不管是中央宏观意义上的稳定论还是发展论，或者不管是地方政府所采用的常规型治理还是运动型治理，都不能从根本上解决藏区所面临的危机和应急治理的压力。从理论上来讲，藏区应急治理必须坚持党的依法治国、依法治藏指导方针。全面推进依法治国、依法治藏，必须贯彻落实党的十九大精神，高举习近平新时代中国特色社会主义思想伟大旗帜深入贯彻习近平总书记系列重要讲话精神，坚持党的领导、人民当家作主、依法治国有机统一，坚定不移走中国特色社会主义法治道路，坚决维护宪法法律权威，依法维护人民权益、维护社会公平正义、维护国家安全稳定，贯彻"治国必治边、治边先稳藏"重要战略思想和"努力实现藏区持续稳定、长期稳定、全面稳定"重要指示，为全面建设法治藏区奠定坚实基础。[1]2013年8月6日，时任中共中央政治局常委、全国政协主席俞正声在西藏调研时强调，"要树立依法治藏、长期建藏思想，促进西藏经济社会跨越式发展和长治久安"；党的十八届四中全会通过的《中共中央关于全面推进依法治国的若干重大问题的决定》中明确党的领导是全面推进依法治国、加快建设社会主义法治国家最根本的保证。必须加强和改进党对法治工作的领导，把党的领导贯彻到全面推进依法治国全过程。可想而知，要推进依法治藏方略，建设法治西藏，须坚持党的领导，走有中国特色、西藏特点的发展路子，加强法制建设让法制观念深入人心，使党的领导贯穿到全面推进依法治藏的全过程。[2]

中央政府的稳定论，强调的是社会秩序和政治诉求；发展论强调的是经济发展与社会保障。藏区地方政府的常规型治理和运动型治理也内涵于上述内容。政府权力运作在藏区表现为常规型治理的政策主义和运动型治理的实用主义，虽然这是国家理性的体现，政治秩序的扩充和完善，但这些从根本上都不能促进藏区社会的持续、稳定发展，而唯有法制化才是根本路径和藏

---

[1] 尼顿："党的领导是依法治藏的根本保证"，载《西藏发展论坛》2015年第1期。

[2] 尼顿："党的领导是依法治藏的根本保证"，载《西藏发展论坛》2015年第1期。

第二章　依法治藏关系论：中央和地方关系下的藏区应急治理

区社会发展的出路。因此，本书主张，藏区的社会管理目标，乃至群体性突发事件的治理实践，都必须围绕法制化来进行。用法治思维和法制实践来应对藏区应急突发性事件的发生和应急管理、治理，才是藏区社会和人民需求的核心内容。基于此，本书将首先通过专业技术工具对于藏区的突发性事件进行模式分析，探讨应急群体性事件的主体及其在应急法制处理过程中的地位和作用。其次，通过对藏区典型案例的实证分析来描述群体性突发性事件的一种全景式图景，并适当提炼法制经验与做法。最后，通过对藏区社会控制体系的构建，提出一些建议和方法，以期能够完善藏区社会治理的法律制度和依法治藏的核心内容。

## 第三章

# 依法治藏博弈论：藏区应急治理主体模型

理论界关于民族地区群体性突发事件的研究相对较弱，多数学者仅注意到民族地区群体性突发事件的特殊原因（如民族及宗教信仰、境外反对势力以及国家民族政策等），以及相较于其他地区群体性突发事件呈现的典型特征（政治色彩较浓、盲从性质较强），对民族地区尤其是藏区群体性突发应急事件的发生机理、分析框架等方面缺乏深入研究，也没有对相关数据或典型案件进行实证性分析，因此相应解决方案及建议的科学性不无疑问。

本章在参考童星教授等人研究的基础上，依据事件是否经过组织安排以及是否涉及政治利益诉求，将藏族地区群体性事件分为"有组织有政治利益""有组织无政治利益""无组织有政治利益"以及"无组织无政治利益"四种类型，从藏区群体性突发应急事件的主体视角进行博弈分析。具体来说，主要是从事件参与人、领导干部和社会公众的主体视角，采用法经济学方法进行博弈模型的具体分析，以期对我国藏区尤其是民族地区的群体性应急事件的治理提供有益的理论分析工具和较为科学的数学模型，为依法治藏提供有力的理论支撑。

## 第一节 问题提出与类型选取

### 一、依法治藏主体与藏区应急治理

近年来我国群体性突发事件呈明显上升态势。根据有关部门不完全统计，全国群体性突发事件从1993年的1万多起快速增加到2004年的7.4万起，年均增长22.2%；参与人数从每年73万人次快速增长到376万人次，年均增长17.8%。[1]2005年我国发生的群体性突发事件数量达到8.76万起，平均每天达240次之多，比2004年增加6.6%，2006年则超过9万起。[2]在严峻的形势下，如何有效化解及预防群体性突发事件成为当前理论界和实务界高度关注的问题之一。近年来党和国家已经出台一系列处理群体性突发事件的相关法律法规。[3]理论界也分别从宏观和微观视角对群体性突发事件的发生及预防机制展开研究：在宏观层面上，学界将群体性突发事件纳入危机治理，在重大群体性突发事件分析框架下分析不同阶段的危机表现及应对机制[4]；在微观层面，部分学界关注群体性突发事件的表现类型[5]，也有人以特定地区或特定群体性案件为分析对象，分析群体性突发事件的发生机制及处理方法。[6]

本书通过对藏族地区群体性突发事件进行类型化整理，提出一个藏族地区群体性突发事件整体分析框架，并通过运用回归分析来解析藏族地区群体性突发事件的主要影响因素。此种框架性研究以及实证性分析，对于相关理论的梳理以及有效处理民族地区群体性突发应急事件具有重要的指导意义。

## 二、依法治藏背景下应急治理事件类型的选取

目前理论界关于群体性突发事件的分析方法和路径差异较大，有的从利

---

[1] 童星等：《中国应急管理：理论、实践、政策》，社会科学文献出版社2012年版，第89页。

[2] 杨敏："群体性事件之政府答卷"，载《决策》2009年第1期。

[3] 例如2004年9月19日中国共产党第十六届中央委员会第四次会议通过的《中共中央关于加强党的执政能力建设的决定》、2004年中共中央办公厅发布的《关于积极预防和妥善处置群体性事件的工作意见》、2005年国务院发布的《国家突发公共事件总体应急预案》。

[4] [美]罗伯特·希斯：《危机管理》，王成、宋炳辉、金瑛译，中信出版社2001年版，第56页；薛澜、张强、钟开斌：《危机管理》，清华大学出版社2003年版，第24~25页；王宏伟：《重大突发事件应急机制研究》，中国人民大学出版社2010年版，第87页。

[5] 于建嵘："当前我国群体性事件的主要类型及其基本特征"，载《中国政法大学学报》2009年第6期。

[6] 莫利拉、李燕凌：《农村社会突发事件预警、应急与责任机制研究》，人民出版社2007年版；应星："'气场'与群体性事件的发生机制——两个个案的比较"，载《社会学研究》2009年第6期。缪文升："论群体事件替代性解纷机制的完善"，载《法学杂志》2010年第7期。

益相关群体性突发事件和非利益相关群体性突发事件的不同发生机制以及处理机制进行分析[1]；有的从国家"维护稳定"国策目标出发，分析在"压力性维稳"机制下群体性突发事件参与者、各级党政执法机关及其他公众在事件中的行动策略及存在的诸多困境[2]；还有许多学者对我国群体性突发事件进行分类，提出不同类型事件发生机制、解决手段和处理方式等方面的差异。例如有学者根据群体性突发事件的目的、特征和行动指向，把近十年来中国发生的群体性突发事件大体划分为五个类型：维权行为、社会泄愤、社会骚乱、社会纠纷和有组织犯罪。[3]也有学者根据群体性突发事件有无组织性、有无直接经济利益将其分为"有组织有直接利益诉求""有组织无直接利益诉求""无组织有直接利益诉求"和"无组织无直接利益诉求"四种类型。[4]然而，这些分析都是针对部分民族地区的群体性突发事件的，而且多数学者都或明或暗地提醒相关研究暂不涉及民族地区群体性突发事件。在专门分析民族地区的群体性突发事件相关研究中，目前多数学者仅仅提到民族地区群体性突发事件的特殊因素（如民族性、宗教性、政治性等），并未从整体上建立民族地区群体性突发事件的分析框架。为此，我们在调研并梳理某民族地区最近五年发生的群体性突发事件时发现，民族地区群体性突发事件明显具有两个维度的不同特征：一方面，某些群体性突发事件事先有较为明确的组织分工及部署（组织者在境内或境外），而某些事件则是因临时突发性纠纷引起；另一方面，部分事件涉及国家领土及主权完整或我国基本民族政策，具有鲜明的政治色彩，而有些事件则是由于环境污染、征收补偿等经济原因所引发，缺乏明显的政治利益诉求。因此，我们在参考童星教授等人研究的基

---

[1] 应星："'气场'与群体性事件的发生机制——两个个案的比较"，载《社会学研究》2009年第6期。

[2] 容志、陈奇星："'稳定政治'：中国维稳困境的政治学思考"，载《政治学研究》2011年第5期。唐皇凤："中国式维稳困境与超越"，载《武汉大学学报》2012年第9期；于建嵘："当前压力维稳的困境与出路——再论中国社会的刚性稳定"，载《探索与争鸣》2012年第9期。

[3] 于建嵘："当前我国群体性事件的主要类型及其基本特征"，载《中国政法大学学报》2009年第6期；于建嵘："从刚性稳定到韧性稳定——关于中国社会秩序的一个分析框架"，载《学习与探索》2009年第5期。

[4] 童星等：《中国应急管理：理论、实践、政策》，社会科学文献出版社2012年版，第91~92页。

础上，依据事件是否经过组织安排以及是否涉及政治利益诉求，将藏族地区群体性事件分为"有组织有政治利益""有组织无政治利益""无组织有政治利益"以及"无组织无政治利益"四种类型。其中，对于涉及政治利益诉求的群体性事件，事件处理相关机关会严格依照法律规定执行，并且无任何协商谈判的余地（如涉及国家主权政治利益）；而对于没有涉及政治诉求的经济利益纠纷，相关机关会在充分尊重双方意愿的基础上，采取沟通协商机制并采用经济补偿等方式化解纠纷。党政机关的此种处理逻辑非常明显：在单一制政治体制下，对于影响到党和国家根本利益的任何诉求肯定没有任何谈判空间，而对于民族之间或群体之间的经济纠纷，由于并不涉及"政策红线"，谈判协商的空间自然很大。实际上，对民族地区群体性事件的分析，笔者更关心的是群体性突发应急事件的主体，在不同类型群体性事件中，哪些因素会积极促成或阻碍少数民族群众参与群体性事件？不同因素的影响程度如何？基于这些问题，笔者将对藏族地区不同群体性事件的主体进行实证调研和模型分析。

## 第二节　藏区应急治理中参与者博弈模型分析

在依法治藏的背景下，藏区社会治理中维护社会稳定的任务还非常繁重。由于自然、历史、民族、宗教、经济等特殊原因，加上境外的渗透和"西藏问题"的负面影响，近年来，尤其是2008年拉萨"3·14事件"发生以来，藏区发生了许多影响社会稳定的事件，并且还面临着多种多样的问题和挑战及潜在的不稳定因素和隐患。藏区由相对单一的社会分层发展为更多更复杂的社会分层，不仅有传统的农牧民、僧尼、商人，还出现了工人、市民、知识分子、公务员、学生等；流动人口的数量和进出流动频率都大大增加，出现了经常出入藏区和内地的"候鸟"式流动迁徙，以及"驴友"和"藏漂"等新型流动人口，亟待进行研究和应对。藏区新的民族关系和宗教关系也出现了一些新的问题，不同民族和不同宗教之间出现了一些矛盾，一定程度上削弱了凝聚力和向心力，增强了离心力。由于对藏区民众的社会心理和民族心理缺乏研究、了解和认识，降低了藏区社会治理和争取人心的针对性和有效性，加上"西藏问题"的影响和境外分裂势力的渗透，影响藏区社会稳定的事件不时发生，如 2008 年以来发生的冲击乡镇派出所和炸加油站等暴力犯罪案件，抵制或不参与某些传统重大活动、生产活动、"不过藏历新年"、不种植小麦和青稞等非暴力不合作事件，双语教育事件，集中于草山、药山、矿山和边界的经济利益纠纷事件等。[1]

在这些现实背景下，基于实证调研和访谈资料，为了便于分析，我们对题目编号进行处理，首先筛选出适合做因子分析的题目，其余题目进行描述性统计分析。现将进行因子分析的题目及改编的变量号做表如下：

表 3-2-1  因子分析题号及变量名

| 题号 | 变量名 | 题号 | 变量名 | 题号 | 变量名 | 题号 | 变量名 |
| --- | --- | --- | --- | --- | --- | --- | --- |
| B1 | X1 | B28 | X9 | B31-8 | X17 | B32-2 | X25 |
| B9 | X2 | B31-1 | X10 | B31-9 | X18 | B32-3 | X26 |
| B15-1 | X3 | B31-2 | X11 | B31-10 | X19 | B32-4 | X27 |
| B15-2 | X4 | B31-3 | X12 | B31-11 | X20 | B32-5 | X28 |
| B15-4 | X5 | B31-4 | X13 | B31-12 | X21 | B33 | X29 |
| B24 | X6 | B31-5 | X14 | B31-13 | X22 | B34 | X30 |
| B26 | X7 | B31-6 | X15 | B31-14 | X23 | B39 | X31 |
| B27 | X8 | B31-7 | X16 | B32-1 | X24 | B42 | X32 |

## 一、描述性统计分析

### （一）被访者的基本情况

表 3-2-2  事件参与者基本信息统计分析

| 户口情况 | 比例（%） | 年龄（岁） | 比例（%） | 文化程度 | 比例（%） | 性别 | 比例（%） | 居住地类型 | 比例（%） |
| --- | --- | --- | --- | --- | --- | --- | --- | --- | --- |
| 本地非农 | 13.0 | 60 以上 | 20.4 | 本科及以上 | 11.0 | | | 城市 | 5.6 |

---

[1] 杜永彬："关于推进藏区治理体系和治理能力现代化的思考"，载《中国藏学》2015 年第 3 期。

续表

| 户口情况 | 比例(%) | 年龄(岁) | 比例(%) | 文化程度 | 比例(%) | 性别 | 比例(%) | 居住地类型 | 比例(%) |
|---|---|---|---|---|---|---|---|---|---|
| 本地农业 | 85.2 | 46~60 | 33.3 | 大专 | 5.6 | 男 | 98.1 | 集镇社区 | 1.8 |
| 外地非农 | 1.8 | 36~45 | 31.5 | 高中/中专/高职 | 1.9 | 女 | 1.9 | 郊区 | 0 |
| 外地农业 | 0 | 18~35 | 14.8 | 初中及以下 | 81.5 | | | 农村 | 92.6 |

表3-2-3 事件参与者基本信息统计分析

| 职业 | 比例(%) | 民族 | 比例(%) | 政治面貌 | 比例(%) | 党内职务 | 比例(%) | 配偶职业 | 比例(%) |
|---|---|---|---|---|---|---|---|---|---|
| 农村务农农牧民 | 66.7 | 藏族 | 98.1 | 共产党员 | 77.8 | 村支部书记 | 29.6 | 农村务农农牧民 | 81.5 |
| 进城务工农牧民 | 1.8 | 汉族 | 1.9 | 共青团员 | 0 | 村支部成员 | 33.3 | 进城务工农牧民 | 7.4 |
| 村居委干部及党政机关公务员 | 27.7 | 回族 | 0 | 民族党派 | 0 | 未担任任何职务 | 25.9 | 党政机关公务员 | 1.9 |
| 民营/私营/个体户 | 1.8 | 其他 | 0 | 无党派 | 22.2 | 其他 | 11.2 | 村居委干部及其他 | 9.2 |

从上表中可以看出，群体性事件的参与者中，90%以上的人为男性、藏族，且居住地为农村；80%以上的人户口为本地农业；70%以上的参与者为共产党员；60%以上的人从事农牧业，且其配偶也从事农牧业；半数以上的人年龄在36岁到60岁之间。

（二）可能的冲突来源

1.就业不足、收入来源少是当地存在的最突出问题。从下图3-2-1中可以看出，当地存在的比较严重的问题有就业不足、收入来源少、教育水平偏低、道路交通等基础设施落后，所占比例均在10%以上。此外，贫富差距过大、利益纠纷、农业生产资料费用过高、生产资料价格过高的问题也比较严重，比例均在8%以上；而医疗保健问题、农产品销售难问题也亟待解决。

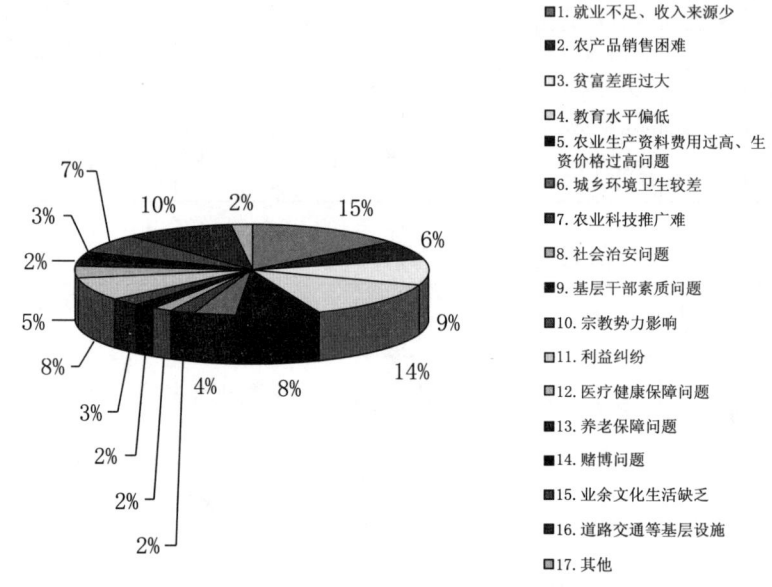

图 3-2-1　各个冲突来源所占比重

2. 教育是当地党委、政府亟待解决的民生问题。从下图 3-2-2 中可以看出，教育问题是当前民生问题的重中之重，而医疗、物价、食品安全、环境保护也是比较突出的民生问题，这些问题也是当地党委、政府解决得不够完善的问题。

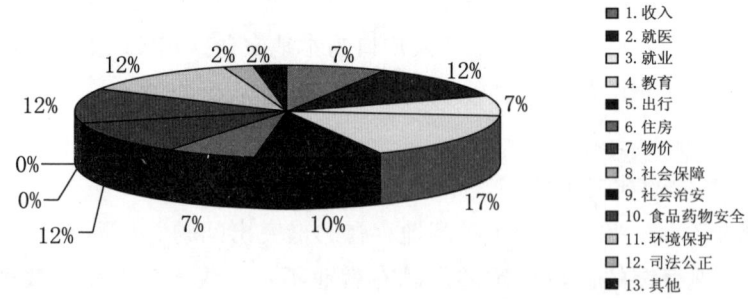

图 3-2-2　各个民生问题所占比重

(三) 参与事件的动机分析

1. 经济利益纠纷引发群体性事件。从下图3-2-3中可以看出，群体性事件参与者中绝大多数人是为了维护自己或亲朋的经济利益而听信传言，盲目随从者也占一小部分比例。因此，群体性事件的发生与经济的发展密不可分，经济利益是引发群体性事件的重要导火索。

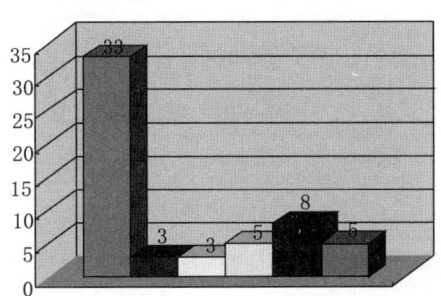

图3-2-3 参与群体性事件动机

2. 经济发展落后是导致事件发生的主要原因。从下图3-2-4中可以看出，群体性事件最主要的诱因一是经济发展落后，二是贫富差距悬殊，三是地方政府公信力不高，因此发展藏区经济仍是当前解决群体性事件的首要问题。

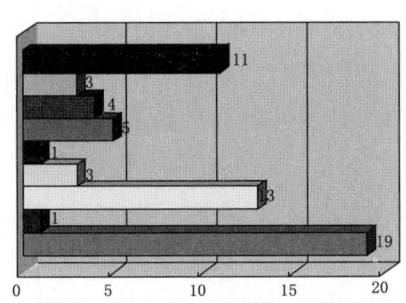

图3-2-4 群体性事件发生原因

(四) 政策建议：改善基础设施和教育环境成民众最高呼声

从下表3-2-4可以看出，民众对党委、政府最强烈的建议为改善道路交通等基础设施、改善教育环境、加强法制宣传教育。此外，抑制物价上涨、增加最低生活保障、完善民族法规和加强干部作风建设也是民众较为强烈的建议。

表 3-2-4 事件参与者基本信息统计分析

| 建议 | 人数 | 建议 | 人数 |
| --- | --- | --- | --- |
| 改善道路交通等基础设施建设 | 32 | 保障司法公正 | 19 |
| 改善教育环境，加大义务教育和学前教育力度 | 32 | 加大对违法犯罪行为的打击力度 | 19 |
| 加强法制宣传教育 | 30 | 加强环境治理，优化居住环境 | 18 |
| 抑制物价上涨，落实价格补贴政策 | 26 | 完善社会养老保险制度 | 17 |
| 增加最低生活保障金 | 24 | 丰富群众精神文化生活 | 16 |
| 完善民族地区法律法规 | 24 | 进一步加强食品、药品监管力度 | 13 |
| 加强干部作风建设，加大反腐倡廉力度 | 23 | 加强宗教事务治理 | 11 |
| 采取措施扩大就业，增加人民收入 | 21 | 优化发展环境 | 9 |
| 保险制度 | 19 | | |

## 二、博弈模型分析

（一）数学模型的原理简介

1. 因子分析的数学原理。因子分析是一种数据简化技术，它通过研究指标相关矩阵内部的依赖关系，把一些信息重叠、具有错综复杂关系的变量归结为少数几个不相关的综合因子的一种多元统计分析方法。因子分析模型是根据变量间的相关性大小，把变量分组，使得同组内的变量之间相关性高，但不同组的变量相关性低，每组变量代表一个基本结构即公共因子。

设有 $m$ 个公共因子，$p$ 个观测变量，由于它们是潜在且不可观测的，形式上记为 $(F_1, F_2, L, F_m)$ $(m<p)$。因子分析的一般模型可表示为：

$$\begin{cases} X_1 = a_{11}F_1 + a_{12}F_2 + L + a_{1m}F_m + \varepsilon_1 \\ X_2 = a_{21}F_1 + a_{22}F_2 + L + a_{2m}F_m + \varepsilon_2 \\ \quad\quad\quad L \quad L \\ X_p = a_{p1}F_1 + a_{p2}F_2 + L + a_{pm}F_m + \varepsilon_p \end{cases}$$

引入矩阵记号：

$$X = \begin{Bmatrix} X_1 \\ X_2 \\ \cdots \\ X_4 \end{Bmatrix}, A = \begin{Bmatrix} a_{11} & a_{12} & a_{13} & a_{1m} \\ a_{21} & a_{22} & a_{23} & a_{2m} \\ & & \cdots & \\ & \cdots & & \\ a_{p1} & a_{p2} & a_{p3} & a_{pm} \end{Bmatrix}, F = \begin{Bmatrix} F_1 \\ F_2 \\ \cdots \\ F_4 \end{Bmatrix}, \varepsilon = \begin{Bmatrix} \varepsilon_1 \\ \varepsilon_2 \\ \cdots \\ \varepsilon_p \end{Bmatrix}$$

则模型可表达为：

$X = AF + \varepsilon$

其中：$X = (X_1, X_2 \cdots X_p)'$ 为实测变量，系数 $a_{ij}$ 称因子负荷，表示第 $i$ 个变量 $X_i$ 在第 $j$ 个公因子的负荷，因子载荷越大，则说明第 $i$ 个变量与第 $j$ 个公因子的关系越密切，A 矩阵即为因子载荷矩阵，$\varepsilon_i$ 称为特殊因子，表示第 $i$ 个变量 $X_i$ 不能被 $m$ 个公共因子线性解释的部分。满足：$\mathrm{cov}(F, \varepsilon) = 0$，即 $F$，$\varepsilon$ 不相关。

$$D(F) = \begin{bmatrix} 1 & & & 0 \\ & 1 & & \\ & & \cdots & \\ 0 & & & 1 \end{bmatrix} = I_m，即公共因子互不相关并且方差为 1；$$

$$D(\varepsilon) = \begin{bmatrix} \sigma_1^2 & & & 0 \\ & \sigma_2^2 & & \\ & & \cdots & \\ 0 & & & \sigma_p^2 \end{bmatrix}，即各个特殊因子互不相关，\varepsilon_1 : N(0, \sigma_i^2)。$$

因子分析就是想利用模型 $X = AF + \varepsilon$ 中的公因子 F 去代替原来的 X 以达到简化分析和寻求内部结构变量的目的。

通过较少的 m 个潜在的公共因子（$F_1$, $F_2$, L, $F_m$）不可能完全解释 p 个可观测变量 X 所表达的信息，不能表达的部分是通过特殊因子来承载，为此需推断不能被解释部分的强度，即估计 $\{\sigma_i^2, i = 1, 2, L, p\}$；m 个公共因子（$F_1$, $F_2$, L, $F_m$）都是潜在的，如果推测出它们的存在，就希望能对它们的实际含义作出适当的解释，由于因子载荷矩阵并不唯一，所以可以对因子载荷矩阵进行最大方差法的正交旋转,得到新的一组公共因子,使得新的公共因子彼此之间相互独立。

2. 二分类 Logistic 模型原理。二分类 Logistic 模型是一种典型的对数线性模型,主要用以解释不同变量取值组合呈现状态的概率,Logistic 模型的建立方法——极大似然估计法有很好的统计特性。大量实证研究表明,Logistic 模型估计结果与实际数据的拟合度较高,适用性较强。

Logistic 模型假设因变量发生的概率与其各影响因素间呈现如下的非线性关系:

$$P_i = F(y_i) = \frac{1}{1+e^{-y_i}}$$

$$y_i = \beta_0 + \beta_1 x_1 + \beta_2 x_2 + \cdots + \beta_m x_m$$

其中,$x_1$,$x_2 \cdots x_m$ 表示自变量,$\beta_0$ 是常数项,$\beta_0$,$\beta_1$,$\beta_2 \cdots \beta m$ 是模型的参数,称为回归系数。$p_i$ 表示 $\chi_1^2$ 发生的概率,$df_1$ 表示 $\chi_2^2$ 发生的概率。随着 $df_1$ 值从 $-\infty$ 变到 $+\infty$,$logit(p_1) = 0.510 + 0.272F_1 + 1.315F_2 + 0.804F_3$ 的值从 0 变化到 1。两边取对数,于是便有线性回归模型:

$$logit(p_2) = 0.466 + 1.546F_2 + 0.849F_3 + 0.370F_4$$

(二)因子分析

1. 量表的取样适当度检验。在量表进行旋转之前,首先应对量表进行 KMO(Kaiser-Meyer-Olkin)值和巴特莱特球形检验,KMO 统计量是用于比较变量间简单相关系数和偏相关系数的一个指标,KMO 值越接近 1,则越适合作因子分析。Bartlett 的球体检验是通过 $\chi^2$ 检验来对变量之间是否相互独立进行检验。若该统计量的取值较大,因子分析是适用的。根据统计学家 Kaiser 给出的标准,KMO 取值大于 0.5,适合做因子分析。巴特利特球度检验给出的相伴概率为 0.000,小于显著性水平 0.05,因此数据适合使用因子分析法。

2. 总样本的方差解释。运用 SPSS 对 32 个影响藏区应急治理事件的打分量表进行因子分析。量表中各项目的特征值、贡献率以及累积贡献率解释见表 3-2-5。

表 3-2-5 相关阵的特征值和累积贡献率

| 序号 | 特征值 | 贡献率（%） | 累积贡献率（%） |
|---|---|---|---|
| 1 | 5.623 | 17.571 | 17.571 |
| 2 | 3.889 | 12.154 | 29.725 |
| 3 | 3.185 | 9.953 | 39.678 |
| 4 | 2.159 | 6.747 | 46.425 |
| 5 | 2.104 | 6.574 | 52.999 |
| 6 | 1.765 | 5.514 | 58.513 |
| 7 | 1.524 | 4.764 | 63.277 |
| 8 | 1.215 | 3.796 | 67.073 |
| 9 | 1.134 | 3.545 | 70.619 |

公因子 $F_j$ 的方差 $S_j = \sum_{j=1}^{p} a_{ij}^2$ 是公因子 $F_j$ 对各个变量所提供的方差贡献的总和，它可以衡量公因子的相对重要程度，可以证明 $S_j = \lambda_j$（$j = 1, 2 \cdots m$）。由方差解释表（表 3-2-4）可知，这里特征值 $\lambda_1 = 5.623$，$\lambda_2 = 3.889$……相应的方差贡献的百分比分别为：第一公因子 $\lambda_1 / \sum \lambda = 17.571\%$，第二公因子 $\lambda_2 / \sum \lambda = 12.154\%$……取前 6 个公因子时累积贡献率才达到 58.513%。由于要求累积贡献率至少为 60%，所以我们要对量表的题项进行筛选。

结果发现变量 X6 的因子负荷在因素 3 和因素 6 上都较高，变量 X9 在因素 3 和因素 7 上都较高，变量 X20 在因素 1 和因素 4 上都较高，变量 X21 在因素 1 和因素 9 上都较高，变量 X32 在因素 1 和因素 5 上都较高，因此将变量 X6、X9、X20、X21、X32 删除，所以经过探索性因素分析后问卷剩余 22 个变量。

3. 第二次因子分析。在对量表题项进行筛选之后，整个量表的因子结构可能会发生改变，因此需要对量表剩下的题项进行第二次因子分析。再次进行 KMO 值和巴特莱特球形检验。

运用 SPSS 软件计算得到相关系数矩阵的特征值及累积贡献率，整理得到下表 3-2-6。

表 3-2-6 特征值及累积贡献率

| | 特征值 | 贡献率（%） | 累积贡献率（%） |
| --- | --- | --- | --- |
| 1 | 4.952 | 18.341 | 18.341 |
| 2 | 3.129 | 11.589 | 29.930 |
| 3 | 2.957 | 10.952 | 40.882 |
| 4 | 1.966 | 7.283 | 48.165 |
| 5 | 1.869 | 6.923 | 55.087 |
| 6 | 1.642 | 6.080 | 61.167 |
| 7 | 1.392 | 5.157 | 66.323 |

由表 3-2-6 可知，按照默认选择因子的个数的准则 MINEIGEN，取大于 1 的特征值，所以取 7 个公因子这时的贡献率达到 66.323%，大于要求的 60%。所以选择提取 7 个公因子非常适合，提取的 4 个因子概括了原变量的 66.323% 的信息。

4. 因子命名。对 SPSS 给出的初始因子载荷阵施行方差最大正交旋转，由旋转后的正交因子载荷阵可知：

第一公因子上（第一列）高载荷的指标有 X24、X25、X26、X27、X28、X29，指标均与社会冲突有关。因此，将此因子代表的维度命名"社会冲突因子"。

第二公因子上（第二列）高载荷的指标有 X10、X13、X14、X15、X16、X23，指标均与个人禀赋、出身背景及命运有关。因此，将此因子代表的维度命名为"人生命运因子"。

第三公因子上（第三列）高载荷的指标有 X7、X8、X22（19）、X30、X31，指标均和少数民族与汉族之间的民族关系有关。因此，将此因子代表的维度命名为"民族关系因子"。

第四公因子上（第四列）高载荷的指标有 X17、X18、X19，指标均与自我对事业的追求和上进心有关。因此，将此因子代表的维度命名为"事业追求因子"。

第五公因子上（第五列）高载荷的指标有 X1、X2，指标均和个人现在的生活状态有关。因此，将此因子代表的维度命名为"生活状态因子"。

第六公因子上（第六列）高载荷的指标有 X3、X4、X5，指标均和个人目前的工作状态有关。因此，将此因子代表的维度命名为"工作状态因子"。

第七公因子上（第七列）高载荷的指标有 X11、X12、X22，指标均和自我的教育背景有关。因此，将此因子代表的维度命名为"教育背景因子"。

表 3-2-7 因子命名和得分

| 因子名称 | 项目 | F1 | F2 | F3 | F4 | F5 | F6 | F7 |
|---|---|---|---|---|---|---|---|---|
| 社会冲突因子 | X24. 穷人与富人之间的冲突 | 0.732 | | | | | | |
| | X25. 治理人员与工作人员的冲突 | 0.730 | | | | | | |
| | X26. 干部与群众之间的冲突 | 0.801 | | | | | | |
| | X27. 分裂势力与政府之间的冲突 | 0.840 | | | | | | |
| | X28. 政府与寺庙之间的冲突 | 0.792 | | | | | | |
| | X29. 所在地方的群众信仰自由度 | 0.370 | | | | | | |
| 人生命运因子 | X10. 家庭富裕 | | 0.601 | | | | | |
| | X13. 年龄 | | 0.490 | | | | | |
| | X14. 天资与容貌 | | 0.655 | | | | | |
| | X15. 性别 | | 0.826 | | | | | |
| | X16. 出生地 | | 0.588 | | | | | |
| | X23. 命运 | | 0.723 | | | | | |
| 民族关系因子 | X7. 社会治安 | | | 0.808 | | | | |
| | X8. 汉族与少数民族的关系 | | | 0.688 | | | | |
| | X30. 当地民族政策 | | | 0.664 | | | | |
| | X31. 政府对民生问题的处理 | | | 0.778 | | | | |
| 事业追求因子 | X17. 个人的聪明才智 | | | | 0.728 | | | |
| | X18. 进取心、事业心 | | | | 0.775 | | | |
| | X19. 努力工作 | | | | 0.890 | | | |

续表

| 因子名称 | 项目 | F1 | F2 | F3 | F4 | F5 | F6 | F7 |
|---|---|---|---|---|---|---|---|---|
| 生活状态因子 | X1. 生活状态 | | | | | 0.693 | | |
| | X2. 目前收入 | | | | | 0.856 | | |
| 工作状态因子 | X3. 长时间的工作 | | | | | | 0.713 | |
| | X4. 繁重的体力劳动 | | | | | | 0.781 | |
| | X5. 脑力劳动 | | | | | | 0.647 | |
| 教育背景因子 | X11. 父母教育程度高 | | | | | | | 0.668 |
| | X12. 自己受过良好教育 | | | | | | | 0.657 |
| | X22. 政治表现 | | | | | | | 0.700 |

综上所述，量表的七个维度分别为：第一维度社会冲突因子、第二维度人生命运因子、第三维度民族关系因子、第四维度事业追求因子、第五维度生活状态因子、第六维度工作状态因子、第七维度教育背景因子。

对于正交旋转后的因子得分系数，我们用回归法得到因子得分的系数矩阵，由此可以写出7个因子得分函数：

$F_1 = -0.030X_1 + 0.016X_2 - 0.039X_3 \cdots + 0.022X_31$

$F_2 = -0.034X_1 + 0.050X_2 - 0.019X_3 \cdots + 0.107X_31$

$F_3 = -0.035X_1 - 0.019X_2 - 0.047X_3 \cdots + 0.346X_31$

$F_4 = -0.055X_1 + 0.031X_2 - 0.064X_3 \cdots - 0.156X_31$

$F_5 = -0.325X_1 + 0.397X_2 - 0.029X_3 \cdots + 0.031X_31$

$F_6 = -0.019X_1 - 0.118X_2 - 0.337X_3 \cdots - 0.045X_31$

$F_7 = -0.047X_1 + 0.023X_2 + 0.129X_3 \cdots + 0.128X_31$

我们将问卷观测值代入以上因子得分函数，即得各观测值因子得分。

（三）信度和效度检验

1. 信度检验。信度检验主要反映测量工具的稳定性、可靠性和一致性，一般多以内部一致性来表示该测验信度的高低。常用的问卷内部一致性检验方法有：分半信度法、克朗巴哈（Cronbach）α系数法等。考虑到分半信度法只在测验题目较多的时候才适用，本书只用克朗巴哈（Cronbach）α系数法来测量信度。

对于可信度高低与 α 系数之间的关系，不同的研究者对信度系数的界限值有不同的看法，国内常用的一种划分标准如下表：

表 3-2-8  可信度高低与 Cronbach'α 系数

| Cronbach'α 系数 | 可信度 |
| --- | --- |
| α<0.5 | 不理想 |
| 0.5≤α<0.6 | 可以接受 |
| 0.6≤α<0.7 | 尚佳 |
| 0.7≤α<0.8 | 佳 |
| 0.8≤α<0.9 | 理想 |
| 0.9≤α | 非常理想 |

数据来源于吴明隆：《问卷统计分析实务——SPSS 操作与应用》，台中：五南图书出版有限公司 2008 年版。

本研究采用 Cronbach'α 系数进行信度检验后发现，各因子的 α 系数从 0.587 到 0.797，总问卷的 α 系数为 0.626，问卷中第七个因子的信度不是特别高，只有 0.587，仍属于可以接受的范畴，整体问卷信度已经达到编制要求，见表 3-2-9。

表 3-2-9  问卷各因子及总问卷信度表

| 维度 | 内部一致性信度（α 系数） |
| --- | --- |
| F1 | 0.7 |
| F2 | 0.746 |
| F3 | 0.772 |
| F4 | 0.797 |
| F5 | 0.793 |
| F6 | 0.62 |
| F7 | 0.587 |
| Total | 0.626 |

2. 效度检验。效度主要指问卷的有效性和正确性，主要包括内容效度和结构效度。内容效度反映所要测量的特质能否符合测验目的和要求。它属于主观指标，往往由专家进行符合性判断。结构效度则是指一个测验实际测到所要测量的理论结构和特质的程度。本书主要考察问卷的结构效度。

在本研究的探索性因子分析中，抽取特征根大于 1 的因子 7 个，解释总变异的 66.323%，模型的拟合度较高，因此说明问卷具有较好的结构效度。

（四）二分类 Logistic 回归分析

本书利用因子得分 F1、F2、F3、F4、F5、F6、F7 作为自变量进行二分类 Logistic 回归分析。为了具体考察藏区群体性事件的影响因素，本书按照群体性事件的分类，对每一类群体性事件单独进行回归，如针对有组织无政治利益诉求的事件，则将该事件的发生设为"1"，另外两种事件的发生设为"0"，其他类似。

以因子得分 F1、F2、F3、F4、F5、F6、F7 做自变量分别对有组织无政治利益诉求、无组织无政治利益诉求、无组织有政治利益诉求的事件进行回归，构造 3 个 Logistic 模型。利用 SPSS 得到的因子得分 F1、F2、F3、F4、F5、F6、F7 数据和响应变量数据，采用 Forward Stepwise（Conditional）逐步回归法，分别对 3 个模型的参数和显著性进行估计。

1. 有组织无政治利益诉求群体事件的 Logistic 回归分析。

（1）拟合优度检验。对拟合优度的检验有多重方法，例如：-2 对数似然值（-2 Log likelihood）检验、判断准确率（Classification Table）检验、Nagelkerke R2 检验，以及 Hosmer-Lemeshow 统计量卡方检验等。在本书中，采用判断准确率（Classification Table）和 Hosmer-Lemeshow 统计量两种方法对两个模型的拟合优度进行检验。

HL 统计量的原假设 Ho 是预测值和观测值之间无显著差异，因此，HL 指标的显著性水平 P 的值越大，越不能拒绝原假设，即说明模型很好地拟合了数据。本书中设定显著性水平 P=0.05。由表 3-2-10 可知，卡方 $\chi_1^2$ = 12.981 自由度 $df_1$ = 8，P=0.113，不应拒绝原假设，认为预测值和观测值之间无显著差异，说明模型的拟合程度是较好的。

## 第三章 依法治藏博弈论：藏区应急治理主体模型

表 3-2-10　Hosmer-Lemeshow 检验

| Chi-square | df | sig. |
|---|---|---|
| 12.981 | 8 | 0.113 |

（2）回归系数检验。Logistic 回归模型中的系数检验通常使用 Wald 统计量，用于判断一个自变量的变化是否会对因变量的变化产生显著影响，在本研究中，采用 P 值来判断模型自变量的显著性。设定显著性水平设为 0.15，如表 3-2-11，只有常数项、F4、F5、F6 是显著的。

表 3-2-11　模型回归参数检验

| | B | S.E. | Wald | df | Sig. | Exp（B） |
|---|---|---|---|---|---|---|
| F1 | −0.087 | 0.353 | 0.061 | 1 | 0.805 | 0.916 |
| F2 | −0.081 | 0.338 | 0.058 | 1 | 0.81 | 0.922 |
| F3 | 0.223 | 0.364 | 0.374 | 1 | 0.541 | 1.249 |
| F4 | 0.782 | 0.503 | 2.424 | 1 | 0.12 | 2.187 |
| F5 | 0.848 | 0.408 | 4.324 | 1 | 0.038 | 2.335 |
| F6 | −0.634 | 0.366 | 3.005 | 1 | 0.083 | 0.53 |
| F7 | −0.116 | 0.327 | 0.125 | 1 | 0.724 | 0.891 |
| Constant | −1.19 | 0.395 | 9.068 | 1 | 0.003 | 0.304 |

由表 3-2-11 给的各种参数值，可以得到最终的回归模型：

$\text{logit}(p) = -1.19 - 0.087F_1 - 0.081F_2 + 0.223F_3 + 0.782F_4 + 0.848F_5 - 0.634F_6 - 0.116F_7$

（3）模型的分析。从检验的显著性来看（在显著水平 α=0.15 下），只有 F4、F5、F6 是显著的，即针对有组织无政治利益诉求的群体事件，事业追求因子、生活状态因子、工作状态因子对其有显著影响，而社会冲突因子、人生命运因子、民族关系因子、教育背景因子则对有组织无政治利益诉求的群体事件无显著影响；另外，事业追求因子 F4、生活状态因子 F5 的系数均为正，这说明在其他条件不变的情况下，F4、F5 每增加一个单位时，发生机会比会相应增加，而工作状态因子 F6 的系数为负，说明在其他条件不变的情况下,F6 每增加一个单位时,发生机会比会相应减少。

2. 无组织无政治利益诉求群体事件的 Logistic 回归分析。

(1) 拟合优度检验。由表 3-2-12 可知,卡方 $\chi_1^2 = 9.212$,自由度 $df_1 = 8$,$P = 0.325$,模型的 P 值大于给定的显著性水平 0.05,不应拒绝原假设,认为预测值和观测值之间无显著差异,说明模型的拟合程度都是较好的。

表 3-2-12  Hosmer-Lemeshow 检验

| Chi-square | df | sig. |
| --- | --- | --- |
| 9.212 | 8 | 0.325 |

(2) 回归系数检验。设定显著性水平设为 0.15,如表 3-2-13,只有常数项、F5、F6 是显著的。

表 3-2-13  模型回归参数检验

|  | B | S.E. | Wald | df | Sig. | Exp(B) |
| --- | --- | --- | --- | --- | --- | --- |
| F1 | -0.313 | 0.331 | 0.892 | 1 | 0.345 | 0.731 |
| F2 | 0.302 | 0.323 | 0.875 | 1 | 0.349 | 1.353 |
| F3 | -0.164 | 0.331 | 0.246 | 1 | 0.62 | 0.849 |
| F4 | -0.031 | 0.34 | 0.008 | 1 | 0.928 | 0.97 |
| F5 | -0.995 | 0.392 | 6.432 | 1 | 0.011 | 0.37 |
| F6 | 0.557 | 0.344 | 2.624 | 1 | 0.105 | 1.745 |
| F7 | 0.377 | 0.331 | 1.296 | 1 | 0.255 | 1.457 |
| Constant | 0.662 | 0.348 | 3.627 | 1 | 0.057 | 1.938 |

由表 3-2-13 给的各种参数值,可以得到最终的回归模型:

$$\mathrm{logit}(p) = -0.662 - 0.313F_1 + 0.302F_2 - 0.164F_3 - 0.031F_4 - 0.995F_5 + 0.557F_6 + 0.377F_7$$

(3) 模型的分析。从检验的显著性来看(在显著水平 $\alpha = 0.15$ 下),只有 F5、F6 是显著的,即针对无组织无政治利益诉求的群体事件,生活状态因子、工作状态因子对其有显著影响,而社会冲突因子、人生命运因子、民族关系因子、事业追求因子、教育背景因子则对无组织无政治利益诉求的群体事件无显著影响；另外，工作状态因子 F6 的系数均为正，这说明在其他条件不变的情况下，F6 每增加一个单位时，发生机会比会相应增加，即工作强度越大，无组织无政治利益诉求的群体事件的发生可能性就越高；而生活状态因子 F5 的系数为负，说明在其他条件不变的情况下，F5 每增加一个单位时，发生机会比会相应减少，即生活状态越好，收入越高，此类事件发生的可能性越小。

3. 无组织有政治利益诉求群体事件的 Logistic 回归分析。

（1）拟合优度检验。由表 3-2-14 可知，卡方 $\chi_1^2 = 3.608$，自由度 $df_1 = 8$，P = 0.891，模型的 P 值大于给定的显著性水平 0.05，不应拒绝原假设，认为预测值和观测值之间无显著差异，说明模型的拟合程度都是较好的。

表 3-2-14　Hosmer–Lemeshow 检验

| Chi-square | df | sig. |
| --- | --- | --- |
| 3.608 | 8 | 0.891 |

（2）回归系数检验。设定显著性水平为 0.15，如表 3-2-15，只有常数项、F1、F4、F7 是显著的。

表 3-2-15　模型回归参数检验

| | B | S.E. | Wald | df | Sig. | Exp（B） |
| --- | --- | --- | --- | --- | --- | --- |
| F1 | 1.447 | 0.835 | 3.003 | 1 | 0.083 | 4.252 |
| F2 | -0.973 | 0.696 | 1.956 | 1 | 0.162 | 0.378 |
| F3 | -0.191 | 0.554 | 0.119 | 1 | 0.73 | 0.826 |
| F4 | -0.784 | 0.468 | 2.805 | 1 | 0.094 | 0.457 |
| F5 | 0.917 | 0.89 | 1.063 | 1 | 0.303 | 2.502 |
| F6 | -0.096 | 0.759 | 0.016 | 1 | 0.9 | 0.909 |
| F7 | -0.797 | 0.523 | 2.321 | 1 | 0.128 | 0.451 |
| Constant | -3.763 | 1.162 | 10.481 | 1 | 0.001 | 0.023 |

由表3-2-15给的各种参数值,可以得到最终的回归模型:
$\log it(p) = -3.763 + 1.447F_1 - 0.973F_2 - 0.0.191F_3 - 0.784F_4 + 0.917F_5 - 0.096F_6 - 0.797F_7$

(3) 模型的分析。从检验的显著性来看(在显著水平 α=0.15 下),只有 F1、F4、F7 是显著的。即针对无组织有政治利益诉求的群体事件,社会冲突因子、事业追求因子、教育背景因子对其有显著影响,而人生命运因子、民族关系因子、生活状态因子、工作状态因子则对无组织有政治利益诉求的群体事件无显著影响;另外,社会冲突因子 F1 的系数均为正,这说明在其他条件不变的情况下,F1 每增加一个单位时,发生机会比会相应增加,即社会冲突越强烈无组织有政治利益诉求的群体事件的发生可能性就越高;而事业追求因子 F4、教育背景因子 F7 的系数为负,说明在其他条件不变的情况下,F4、F7 每增加一个单位时,发生机会比会相应减少,即事业追求越高、教育背景越高,此类事件发生的可能性越小。

## 第三节 藏区应急治理中领导干部博弈模型分析

"习近平总书记在党的十八届四中全会上指出,改善党对依法治国的领导,不断提高党领导依法治国的能力和水平,要发挥好各级党组织和广大党员干部在依法治国中的先锋模范作用。作为全面推进依法治国、依法治藏的重要组织者、推动者、实践者,全区各级领导干部肩负着建设中国特色社会主义法治体系、建设社会主义法治西藏的重大责任,对其他社会群体起着形象塑造和榜样引领作用。"[1]因此,在我国依法治藏的过程中,尤其是在藏区的应急事件治理过程中,需要充分发挥党员领导干部的积极作用和价值,提高藏区各级领导干部的法治思维和法治水平,推进依法治藏的能动性和积极性,不断促进藏区应急治理乃至社会治理的法治水平和治理能力的现代化。例如,我们可以要求藏区领导干部培养法治思维和意识,奠定依法治藏的思想理论基础;可以要求当地各级领导干部学习法治的权力与责任知识,强化

---

[1] 都红岩、简宏、邓惠明等:"发挥领导干部推进依法治藏表率引领作用——学习领会自治区党委八届六次全委会精神",载《西藏日报(汉)》2015年2月7日,第3版。

依法治藏的权力规范意识；可以要求当地领导干部掌握法治运行规律，提高依法治藏的能力和水平；促进当地领导干部营造学习法治和运用法治的氛围，在全社会形成依法治藏的良好社会基础。

在依法治藏的背景下，对于藏区应急治理，为了便于理论分析，我们对题目编号进行处理，首先筛选出适合做因子分析的题目，其余题目进行描述性统计分析。现将进行因子分析的题目及改编的变量号做表如下：

表 3-3-1  领导干部博弈模型因子分析题目及变量表

| 题号 | 变量名 | 题号 | 变量名 | 题号 | 变量名 | 题号 | 变量名 |
| --- | --- | --- | --- | --- | --- | --- | --- |
| B1 | X1 | B12-4 | X9 | B12-12 | X17 | B25 | X25 |
| B2-1 | X2 | B12-5 | X10 | B12-13 | X18 | B26 | X26 |
| B2-2 | X3 | B12-6 | X11 | B12-14 | X19 | B27 | X27 |
| B2-3 | X4 | B12-7 | X12 | B13-1 | X20 | | |
| B6 | X5 | B12-8 | X13 | B13-2 | X21 | | |
| B12-1 | X6 | B12-9 | X14 | B13-3 | X22 | | |
| B12-2 | X7 | B12-10 | X15 | B13-4 | X23 | | |
| B12-3 | X8 | B12-11 | X16 | B13-5 | X24 | | |

## 一、描述性统计分析

### （一）被访者的基本情况

表 3-3-2  被访者的基本情况表

| 户口情况 | 比例（%） | 年龄（岁） | 比例（%） | 文化程度 | 比例（%） | 性别 | 比例（%） | 婚姻状况 | 比例（%） |
| --- | --- | --- | --- | --- | --- | --- | --- | --- | --- |
| 本地非农 | 88.54 | 60以上 | 0 | 本科及以上 | 51.04 | | | 未婚 | 5.21 |
| 本地农业 | 11.46 | 46~60 | 1.04 | 大专 | 40.63 | 男 | 89.58 | 初婚 | 85.42 |
| 外地非农 | 0.00 | 36~45 | 33.33 | 高中/中专/高职 | 4.17 | 女 | 10.42 | 再婚 | 3.13 |
| 外地农业 | 0.00 | 18~35 | 51.04 | 初中及以下 | 4.17 | | | 其他 | 5.25 |

表 3-3-3　被访者的基本情况表

| 身份 | 比例(%) | 身份 | 比例(%) | 政治面貌 | 比例(%) | 民族 | 比例(%) |
|---|---|---|---|---|---|---|---|
| 党代表 | 36.46 | 县级部门负责人 | 29.17 | 共产党员 | 97.92 | 藏族 | 80.21 |
| 人大代表 | 37.50 | 乡镇负责人 | 9.38 | 共青团员 | 0.00 | 汉族 | 19.79 |
| 政协委员 | 15.63 | 行政事业单位一般职工 | 8.33 | 民主党派 | 0.00 | 回族 | 0.00 |
| 副县级以上领导干部 | 31.25 | 城镇居民 | 2.08 | 无党派 | 2.08 | 其他 | 0.00 |

从上表中可以看出，针对领导干部，80%以上的人为男性、初婚、藏族，且户口为本地非农；90%以上为共产党员；50%以上的人拥有本科及以上学历，且年龄多处于36~45岁之间。此外，在这些领导干部中，以党代表、人大代表、副县级以上领导干部、县级部门负责人和政协委员居多。

(二) 可能的冲突来源

教育水平偏低、就业不足、收入来源少、道路交通等基础设施落后成当地存在的比较突出的问题。

从图中可以看出，通过对领导干部进行调查得出和事件参与者基本一致的结论，双方都认为当地存在比较严重的教育水平偏低、就业不足、收入来源少、道路交通等基础设施落后等问题，且比例均在10%以上。在取得高度共识的基础上，也进一步说明了这些问题的严重性，这正是当地政府亟须采取相关措施进行改善来避免群体性事件的关键所在。此外，基层干部素质不高、贫富差距过大、宗教势力影响、利益纠纷等问题也比较严重，也是当地政府必须重点关注的对象。

第三章 依法治藏博弈论：藏区应急治理主体模型

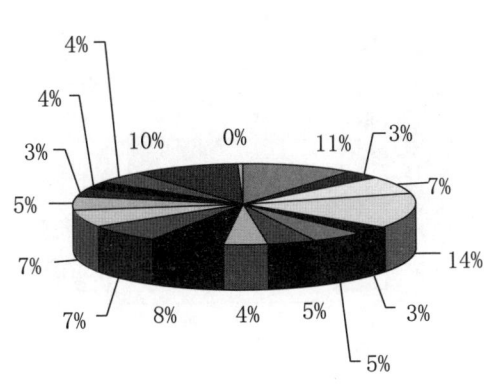

图 3-3-1 当地存在的突出问题

（三）决策权的分析

图 3-3-2 中各因素分别表示人员调动和录用、重大事件的处理决定、对下属进行奖励或处罚、向下属分配工作任务、安排下属的工作时间和进度、安排下属工作程序和方法（包括工具和材料）、监督和治理下属的工作执行情况。

从图中可以看出，领导干部在所管辖的部门（地方），对人员调动和录用、重大事件的处理、对下属进行奖励或处罚等事情能够完全独立决定的比例较低，均未达到30%，其中对重大事件的处理能够完全独立决定的比例只有10.42%。从这一角度可以看出，在发生群体性事件等重大事情时，领导干部没有足够的独立决策权，需要与上级、同级商量或者直接由上级、其他人决定，这在一定程度上会导致在发生群体性事件时，不能够快速地做出相应的处理措施，避免事态严重化、扩大化。为此，在确定决策权的大小时，应努力做到上级对下级的管制和领导干部决策权下放的平衡，使得类似于群体性事件等重大事件发生时，领导干部能够及时地做出处理，缩小此类事件的影响，维持藏区的安定。

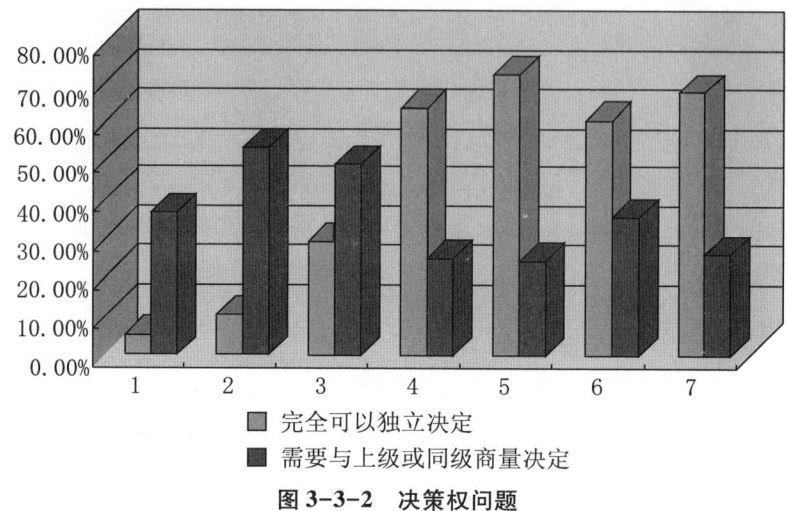

图 3-3-2 决策权问题

（四）意见表达方式分析

从图 3-3-3 中可以看出，大部分的领导干部都不赞成个人或者组织利用公开集会、分裂活动、游行和示威、罢工和上访等方式来表达他们对自身利益相关问题的意见，这一方面体现了领导干部对于维护所管辖地方稳定发展的宗旨；另一方面，这也关闭了个人或者组织在自身利益受到损害时表达意见的通道。此外，领导干部中也有 39.13% 的人比较赞成利用上访的方式维护个人或者组织的利益。所以，领导干部在维护藏区稳定发展的前提下，应该充分考虑到藏区个人或者组织对自身利益意见表达的需求，可以制定相关的政策，保证个人或者组织在自身利益受到损害时，能够通过正规的途径寻求帮助，表达意见，这可以在一定程度上减少群体性事件的发生。

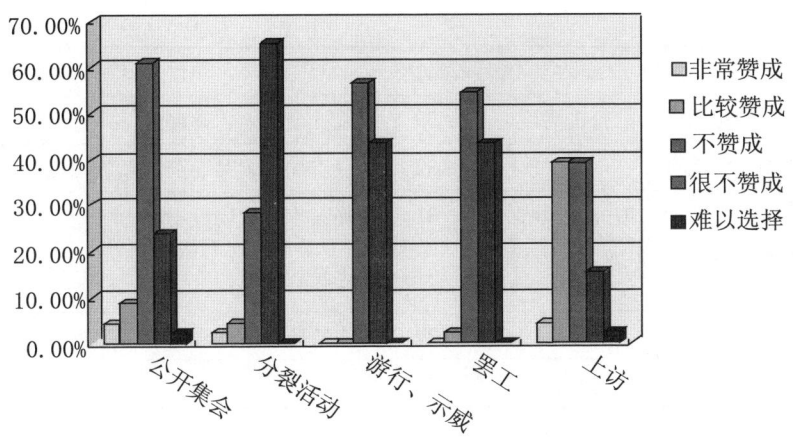

图 3-3-3　意见表达方式问题

（五）政策建议：应当完善地区法律法规、加强宗教事务治理和作风建设成领导干部最高呼声

从下表 3-3-3 可以看出，与事件参与者对藏区未来发展的建议不同，领导干部认为完善民族地区法律法规、加强宗教事务治理和加强干部作风建设，加大反腐倡廉力度是藏区发展必须首要关注的重点。而在加大对违法犯罪行为的打击力度、加强法制宣传教育、采取措施扩大就业、增加人民收入、改善教育环境、加大义务教育和学前教育力度方面与事件参与者的建议相重合。这就要求在规划藏区未来的发展方案时，不仅仅要制定完善的法律法规，加强宗教事务治理和干部作风建设，同时也要注意在打击犯罪、加强法制宣传、改善教育等方面做出努力，使得藏区能够贯彻科学发展观，做到科学、全面、和谐、稳定发展。

表 3-3-3　领导政策建议表

| 建议 | 人数 | 建议 | 人数 |
| --- | --- | --- | --- |
| 完善民族地区法律法规 | 38 | 抑制物价上涨，落实价格补贴政策 | 25 |
| 加强宗教事务治理 | 34 | 加强环境治理，优化居住环境 | 24 |
| 加强干部作风建设，加大反腐倡廉力度 | 34 | 丰富群众精神文化生活 | 23 |

续表

| 建议 | 人数 | 建议 | 人数 |
|---|---|---|---|
| 加大对违法犯罪行为的打击力度 | 33 | 完善社会养老保险制度 | 21 |
| 加强法制宣传教育 | 32 | 进一步加强食品、药品监管力度 | 19 |
| 采取措施扩大就业,增加人民收入 | 31 | 完善医疗保险制度 | 19 |
| 改善教育,加大义务教育和学前教育力度 | 31 | 优化发展环境 | 18 |
| 保障司法公正 | 29 | 增加最低生活保障金 | 17 |
| 改善道路交通等基础设施建设 | 29 | | |

## 二、博弈模型分析

（一）因子分析

1. 量表的取样适当度检验。KMO 统计量是用于比较变量间简单相关系数和偏相关系数的一个指标,KMO 值越接近 1,则越适合作因子分析。Bartlett 的球体检验是通过检验 $\chi^2$ 来对变量之间是否相互独立进行检验。若该统计量的取值较大,因子分析是适用的。在表 3-3-4 中,KMO 值为 0.631,根据统计学家 Kaiser 给出的标准,KMO 取值大于 0.6,适合做因子分析。巴特利特球度检验给出的相伴概率为 0.000,小于显著性水平 0.05,因此数据适合使用因子分析法。

表 3-3-4　KMO and Bartlett's Test

| Kaiser-Meyer-Olkin Measure of Sampling Adequacy. | | 0.631 |
|---|---|---|
| Bartlett's Test of Sphericity | Approx. Chi-Square | 872.959 |
| | df | 351 |
| | Sig. | 0.000 |

2. 总样本的方差解释。运用 SPSS 对 27 个影响藏区群体性事件的打分量表进行因子分析。量表中个项目的特征值、贡献率以及累积贡献率解释见表,原始项目中各变量的共同度见表 3-3-5。

表 3-3-5　相关阵的特征值和累积贡献率

| | 特征值 | 贡献率（%） | 累积贡献率（%） |
| --- | --- | --- | --- |
| 1 | 4.525 | 16.759 | 16.759 |
| 2 | 3.175 | 11.759 | 28.518 |
| 3 | 2.188 | 8.104 | 36.622 |
| 4 | 1.978 | 7.327 | 43.949 |
| 5 | 1.559 | 5.776 | 49.725 |
| 6 | 1.329 | 4.921 | 54.646 |
| 7 | 1.294 | 4.793 | 59.439 |
| 8 | 1.218 | 4.510 | 63.948 |
| 9 | 1.049 | 3.884 | 67.833 |

公因子 $F_j$ 的方差 $S_j = \sum_{j=1}^{p} a_{ij}^2$ 是公因子 $F_j$ 对各个变量所提供的方差贡献的总和，它可以衡量公因子的相对重要程度，可以证明 $S_j = \lambda_j$ ($j = 1, 2 \cdots m$)。由方差解释表（表 3-3-5）可知，这里特征值 $\lambda_1 = 4.525$，$\lambda_2 = 3.175 \cdots \cdots$ 相应的方差贡献的百分比分别为：第一公因子 $\lambda_1 / \sum \lambda = 16.759\%$，第二公因子 $\lambda_2 / \sum \lambda = 11.759\% \cdots \cdots$ 取前 5 个公因子时累积贡献率才达到 49.725%。由于要求累积贡献率至少为 60%，所以我们要对量表的题项进行筛选。

本研究参考以下标准对问卷中的项目进行筛选：

（1）因素负荷小于 0.5；

（2）题项在多个维度上有高负荷；

（3）题项与问卷的相关小于 0.2。

结果发现变量 X1 的因子负荷在因素 3 和因素 5 较高且均小于 0.5，变量 X3 的因子负荷均小于 0.5，变量 X7 在因素 1、因素 9 和因素 11 上都较高且均小于 0.5，变量 X2、X4、X5、X8、X18 与问卷的相关小于 0.2，因此将变量 X1、X2、X3、X4、X5、X7、X8、X18 删除，剩余其它变量均达到问卷编制要求，所以初始问卷剩余 19 个变量。

3. 第二次因子分析。由表 3-3-6 可知，巴特莱特球度检验 $\chi^2$ 值为 589.036，自由度为 171，相应的显著性概率（Sig）小于 0.001 为高度显著，因此数据仍适合因子分析法。

表3-3-6 KMO and Bartlett's Test

| Kaiser-Meyer-Olkin Measure of Sampling Adequacy. | | 0.703 |
|---|---|---|
| Bartlett's Test of Sphericity | Approx. Chi-Square | 589.036 |
| | df | 351 |
| | Sig. | 0.000 |

运用SPSS软件计算得到相关系数矩阵的特征值及累积贡献率，整理得到下表。

表3-3-7 特征值及累积贡献率

| | 特征值 | 贡献率（%） | 累积贡献率（%） |
|---|---|---|---|
| 1 | 4.138 | 21.779 | 21.779 |
| 2 | 2.499 | 13.152 | 34.931 |
| 3 | 2.030 | 10.683 | 45.614 |
| 4 | 1.653 | 8.702 | 54.316 |
| 5 | 1.348 | 7.096 | 61.413 |

由表3-3-7可知，按照默认选择因子的个数的准则MINEIGEN，取大于1的特征值，所以取5个公因子这时的贡献率达到61.413%，大于要求的60%。所以选择提取5个公因子非常适合，提取的5个因子概括了原变量61.413%的信息。

4. 因子命名。对SPSS给出的初始因子载荷阵施行方差最大正交旋转可知：

第一公因子上（第一列）高载荷的指标有X6、X9、X10、X11、X12、X19，指标均与个人禀赋、出身背景及命运有关。因此，将此因子代表的维度命名为"人生命运因子"。

第二公因子上（第二列）高载荷的指标有X20、X21、X22、X23、X24，指标均与社会冲突有关。因此，将此因子代表的维度命名为"社会冲突因子"。

第三公因子上（第三列）高载荷的指标有X25、X26、X27，指标均与对个人和藏区未来的发展有关。因此，将此因子代表的维度命名为"未来预期因子"。

第四公因子上（第四列）高载荷的指标有 X16、X17，指标均与个人的社会关系有关。因此，将此因子代表的维度命名为"社会关系因子"。

第五公因子上（第五列）高载荷的指标有 X13、X14、X15，指标均与自我对事业的追求和上进心有关。因此，将此因子代表的维度命名为"事业追求因子"。

表 3-3-8 因子命名和得分

| 因子名称 | 项目 | F1 | F2 | F3 | F4 | F5 | F6 | F7 |
|---|---|---|---|---|---|---|---|---|
| 人生命运因子 | X6. 家境富裕 | 0.803 | | | | | | |
| | X9. 年龄 | 0.550 | | | | | | |
| | X10. 天资与容貌 | 0.784 | | | | | | |
| | X11. 性别 | 0.825 | | | | | | |
| | X12. 出生地 | 0.726 | | | | | | |
| | X19. 命运 | 0.743 | | | | | | |
| 社会冲突因子 | X20. 穷人与富人之间的冲突 | | 0.571 | | | | | |
| | X21. 治理人员与工作人员之间的冲突 | | 0.550 | | | | | |
| | X22. 干部与群众之间的冲突 | | 0.614 | | | | | |
| | X23. 分裂势力与政府之间的冲突 | | 0.737 | | | | | |
| | X24. 政府和寺庙之间的冲突 | | 0.821 | | | | | |
| 未来预期因子 | X25. 对工作是否满意 | | | 0.728 | | | | |
| | X26. 对自己未来的前途感觉 | | | 0.750 | | | | |
| | X27. 对藏区未来的发展信心 | | | 0.712 | | | | |
| 社会关系因子 | X16. 社会关系多 | | | | 0.740 | | | |
| | X17. 认识有权的人 | | | | 0.750 | | | |
| 事业追求因子 | X13. 个人的聪明才智 | | | | | 0.760 | | |
| | X14. 有进取心/有事业心 | | | | | 0.597 | | |
| | X15. 努力工作 | | | | | 0.718 | | |

综上所述，量表的七个维度分别为：第一维度人生命运因子、第二维度社会冲突因子、第三维度未来预期因子、第四维度社会关系因子、第五维度事业追求因子。

对于正交旋转后的因子得分系数，我们用回归法得到因子得分的系数矩阵，由此可以写出 5 个因子得分函数：

$F_1 = 0.264X_6 + 0.190X_9 + 0.242X_{10} \cdots -0.061X_{27}$

$F_2 = -0.045X_6 + 0.050X_9 + 0.011X_{10} \cdots -0.003X_{27}$

$F_3 = 0.015X_6 + 0.022X_9 - 0.011X_{10} \cdots +0.355X_{27}$

$F_4 = 0.153X_6 + 0.022X_9 - 0.052X_{10} \cdots -0.096X_{27}$

$F_5 = 0.007X_6 + 0.235X_9 + 0.034X_{10} \cdots -0.082X_{27}$

我们将问卷观测值代入以上因子得分函数，即得各观测值的因子得分。

（二）信度和效度检验

1. 信度检验。常用的问卷内部一致性检验方法有：分半信度法、克朗巴哈（Cronbach）α 系数法等。考虑到分半信度法只在测验题目较多的时候才适用，本书只用克朗巴哈（Cronbach）α 系数法来测量信度。

对于可信度高低与 α 系数之间的关系，不同的研究者对信度系数的界限值有不同的看法，国内常用的一种划分标准如下表：

表 3-3-9  可信度高低与 Cronbach'α 系数

| Cronbach'α 系数 | 可信度 |
| --- | --- |
| α<0.5 | 不理想 |
| 0.5≤α<0.6 | 可以接受 |
| 0.6≤α<0.7 | 尚佳 |
| 0.7≤α<0.8 | 佳 |
| 0.8≤α<0.9 | 理想 |
| 0.9≤α | 非常理想 |

数据来源于吴明隆：《SPSS 操作与应用——问卷统计分析实务》，台中：五南图书出版公司 2008 年版。

总问卷的 α 系数为 0.683，从整体上看问卷的信度已经达到问卷编制的要求，见表 3-3-10。

表 3-3-10　问卷各因子及总问卷信度表

| 维度 | 内部一致性信度（α 系数） |
| --- | --- |
| F1 | 0.816 |
| F2 | 0.715 |
| F3 | 0.639 |
| F4 | 0.678 |
| F5 | 0.644 |
| Total | 0.683 |

2. 效度检验。在本研究的探索性因子分析中，研究用主成分分析法（PC）求出最终的因子负荷矩阵，抽取特征根大于 1 的因子 5 个，解释总变异的 61.413%，模型的拟合度较高，因此说明问卷具有较好的结构效度。

（三）二分类 Logistic 回归分析

为了具体考察四川省藏区群体性事件的影响因素，本书按照群体性事件的分类，对每一类群体性事件单独进行回归，如针对有组织无政治利益诉求的事件，则将该事件的发生设为"1"，将另外两种事件的发生设为"0"，其他类似。

以因子得分 F1、F2、F3、F4、F5 做自变量分别对有组织无政治利益诉求、无组织无政治利益诉求、无组织有政治利益诉求的事件进行回归，构造 3 个 Logistic 模型。利用 SPSS 得到的因子得分 F1、F2、F3、F4、F5 数据和响应变量数据，采用 Forward Stepwise (Conditional) 逐步回归法，分别对 3 个模型的参数和显著性进行估计。结果汇总如表 3-3-11、3-3-12、3-3-13。

1. 有组织无政治利益诉求群体事件的 Logistic 回归分析。

（1）拟合优度检验。对拟合优度的检验有多重方法，例如 -2 对数似然值（-2 Log likelihood）检验、判断准确率（Classification Table）检验、Nagelkerke $R^2$ 检验，以及 Hosmer-Lemeshow 统计量卡方检验等。在本书中采用 Hosmer-Lemeshow 统计量（HL 统计量）对模型的拟合优度进行检验。

HL 统计量的原假设 Ho 是预测值和观测值之间无显著差异，因此 HL 指标的显著性水平 P 的值越大，越不能拒绝原假设，即说明模型很好地拟合了数据。本书中设定显著性水平 P=0.05。由表 3-3-11 可知，卡方 $\chi_1^2=7.009$，自由度 $df_1$，P=0.536，模型的 P 值大于给定的显著性水平 0.05，不应拒绝原假设，认为预测值和观测值之间无显著差异，说明模型的拟合程度都是较好的。

表 3-3-11　Hosmer-Lemeshow 检验

| Chi-square | df | sig. |
| --- | --- | --- |
| 7.009 | 8 | 0.536 |

（2）回归系数检验。设定显著性水平为 0.15，如表 3-3-12，只有常数项、F1、F2 是显著的。

表 3-3-12　模型回归参数检验

|  | B | S.E. | Wald | df | Sig. | Exp（B） |
| --- | --- | --- | --- | --- | --- | --- |
| F1 | -0.520 | 0.357 | 2.489 | 1 | 0.120 | 0.570 |
| F2 | 0.815 | 0.404 | 3.992 | 1 | 0.046 | 2.241 |
| F3 | 0.207 | 0.404 | 0.262 | 1 | 0.608 | 1.230 |
| F4 | -0.136 | 0.326 | 0.175 | 1 | 0.676 | 0.872 |
| F5 | 0.496 | 0.424 | 1.368 | 1 | 0.242 | 1.643 |
| Constant | -2.379 | 0.449 | 30.521 | 1 | 0.000 | 0.084 |

由表 3-3-12 给的各种参数值，可以得到最终的回归模型：
$$\log it(p) = -2.379 - 0.520 F_1 + 0.815 F_2$$

（3）模型的分析。从检验的显著性来看（在显著水平 $\alpha=0.15$ 下），只有 F1、F2 是显著的。即针对有组织无政治利益诉求的群体事件，人生命运因子、社会冲突因子对其有显著影响，而意见传递因子、社会关系因子、事业追求因子则对有组织无政治利益诉求的群体事件无显著影响；另外，人生命运因子 F1 的系数为负，这说明在其他条件不变的情况下，F1 每增加一个单位时，发生机会比会相应减少，即个人的人生命运越糟糕，有组织无政治利益诉求的群体事件的发生可能性就越高；而社会冲突因子 F2 的系数为正，说明在其他条件不变的情况下,F2每增加一个单位时,发生机会比会相应增加,即社会冲突问题越严重,有组织无政治利益诉求的群体事件的发生可能性就越高。

2. 无组织无政治利益诉求群体事件的 Logistic 回归分析。

(1) 拟合优度检验。由表 3-3-13 可知,卡方 $\chi_1^2 = 3.544$,自由度 $df_1 = 8$,P = 0.896,模型的 P 值大于给定的显著性水平 0.05,不应拒绝原假设,认为预测值和观测值之间无显著差异,说明模型的拟合程度都是较好的。

表 3-3-13  Hosmer-Lemeshow 检验

| Chi-square | df | sig. |
| --- | --- | --- |
| 3.544 | 8 | 0.896 |

(2) 回归系数检验。设定显著性水平为 0.15,如表 3-3-14,只有常数项、F2、F5 是显著的。

表 3-3-14  模型回归参数检验

|  | B | S.E. | Wald | df | Sig. | Exp(B) |
| --- | --- | --- | --- | --- | --- | --- |
| F1 | -0.201 | 0.212 | 0.898 | 1 | 0.343 | 0.818 |
| F2 | 0.277 | 0.214 | 1.678 | 1 | 0.105 | 0.758 |
| F3 | -0.176 | 0.211 | 0.690 | 1 | 0.406 | 0.839 |
| F4 | 0.077 | 0.210 | 0.133 | 1 | 0.715 | 1.080 |
| F5 | -0.287 | 0.215 | 1.780 | 1 | 0.082 | 1.332 |
| Constant | -0.090 | 0.210 | 0.185 | 1 | 0.667 | 0.914 |

由表 3-3-14 给的各种参数值,可以得到最终的回归模型:
$$\mathrm{log}it(p) = -0.090 + 0.277F_2 - 0.287F_5$$

(3) 模型的分析。从检验的显著性来看(在显著水平 $\alpha = 0.15$ 下),只有 F2、F5 是显著的。即针对无组织无政治利益诉求的群体事件,社会冲突因子和事业追求因子对其有显著影响,而人生命运因子、未来预期因子、社会关系因子则对无组织无政治利益诉求的群体事件无显著影响;另外,社会冲突因子 F2 的系数为正，这说明在其他条件不变的情况下，F2 每增加一个单位时，发生机会比会相应增加，即社会冲突问题越严重，无组织无政治利益诉求的群体事件的发生可能性就越高；而事业追求因子 F5 的系数为负，说明在其他条件不变的情况下，F5 每增加一个单位时，发生机会比会相应减少，即个人对事业的追求越高，工作越努力，此类事件发生的可能性越小。

3. 无组织有政治利益诉求群体事件的 Logistic 回归分析。

（1）拟合优度检验。由表 3-3-15 可知，卡方 $\chi_1^2 = 9.5681$，自由度 $df_1 = 8$，$P = 0.297$，不应拒绝原假设，认为预测值和观测值之间无显著差异，说明模型的拟合程度是较好的。

表 3-3-15　Hosmer-Lemeshow 检验

| Chi-square | df | sig. |
| --- | --- | --- |
| 9.568 | 8 | 0.297 |

（2）回归系数检验。Logistic 回归模型中的系数检验通常使用 Wald 统计量，用于判断一个自变量的变化是否会对因变量的变化产生显著影响。对于 Logistic 回归，回归系数没有普通线性回归那样的解释，可以直接比较回归系数 Wald 统计量或者 P 值大小。在本研究中，采用 P 值来判断模型自变量的显著性。设定显著性水平设为 0.15，如表 3-3-16，只有常数项、F1、F3、F5 是显著的。

表 3-3-16　模型回归参数检验

| | B | S.E. | Wald | df | Sig. | Exp（B） |
| --- | --- | --- | --- | --- | --- | --- |
| F1 | −0.428 | 0.229 | 3.469 | 1 | 0.061 | 1.531 |
| F2 | 0.095 | 0.235 | 0.164 | 1 | 0.685 | 1.100 |
| F3 | −0.397 | 0.241 | 2.746 | 1 | 0.097 | 1.490 |
| F4 | −0.022 | 0.234 | 0.009 | 1 | 0.924 | 0.978 |
| F5 | −0.504 | 0.228 | 4.894 | 1 | 0.027 | 0.604 |
| Constant | −0.669 | 0.231 | 8.418 | 1 | 0.004 | 0.512 |

由表 3-3-16 给的各种参数值，可以得到最终的回归模型：

$\text{logit}(p) = -0.669 - 0.428F_1 - 0.397F_3 - 0.504F_5$

（3）模型的分析。从检验的显著性来看（在显著水平 α=0.15 下），只有 F1、F3、F5 是显著的。即针对无组织有政治利益诉求的群体事件，人生命运因子、未来预期因子和事业追求因子对其有显著影响，而社会冲突因子、社会关系因子则对无组织有政治利益诉求的群体事件无显著影响；另外，人生命运因子 F1、未来预期因子 F3 和事业追求因子 F5 的系数均为负，这说明在其他条件不变的情况下，F1、F3、F5 每增加一个单位时，发生机会比会相应减少，即个人的人生命运越糟糕，对未来发展预期越没有信心，对事业的追求越低，无组织有政治利益诉求的群体事件发生的可能性就越高。

## 第四节 藏区应急治理中社会公众博弈模型分析

党的十八大以来，中央对边疆治理做出了一系列重要的指示特别是在 2013 年 3 月习近平总书记提出的"治国必治边、治边先稳藏"的重要战略思想指导下，中央在西藏、新疆治理方面做出一系列重大战略性决策。2014 年 9 月 28 日至 29 日召开的第六届中央民族工作会议，在建设各民族共有精神家园的主题下，再次强调了民族区域自治制度是我国的一项基本政治制度，是中国特色解决民族问题的正确道路，要坚持统一和自治相结合、民族因素和区域因素相结合，把《宪法》和《民族区域自治法》的规定落实好，进而从各个方面部署了新时期的民族工作，进一步强调了要搞好民族团结、支持民族地区加快经济社会发展，加强基础设施、扶贫开发、城镇化和生态建设，开发好、利用好优势资源，推动产业结构上水平，加快发展服务业，推进基本公共服务均等化，物质方面的问题要解决好，精神方面的问题也要解决好，同时也要求调动广大干部群众的积极性，激发市场活力和全社会创新创造热情；发挥民族地区特殊优势，加大各方面支持力度，提高自我发展能力，不断释放民族地区发展潜力。[1]

---

[1] 黄微、周良艳："藏族群众行使参与权对创新藏区社会治理模式的作用和启示——以甘孜藏族自治州丹巴县几起事例为据"，载《民族学刊》2015 年第 4 期。

在这一现实和理论背景下,为了便于分析,我们对题目编号进行处理,首先筛选出适合做因子分析的题目,其余题目进行描述性统计分析。现将进行因子分析的题目及改编的变量号做表如下:

表 3-4-1　社会公众博弈模型因子分析题目及变量表

| 题号 | 变量名 | 题号 | 变量名 | 题号 | 变量名 | 题号 | 变量名 |
| --- | --- | --- | --- | --- | --- | --- | --- |
| B1 | X1 | B34 | X10 | B49-3 | X19 | B49-12 | X28 |
| B6 | X2 | B35 | X11 | B49-4 | X20 | B49-13 | X29 |
| B11-1 | X3 | B40 | X12 | B49-5 | X21 | B49-14 | X30 |
| B11-2 | X4 | B41 | X13 | B49-6 | X22 | B50-1 | X31 |
| B11-4 | X5 | B44 | X14 | B49-7 | X23 | B50-2 | X32 |
| B27 | X6 | B45 | X15 | B49-8 | X24 | B50-3 | X33 |
| B30 | X7 | B46 | X16 | B49-9 | X25 | B50-4 | X34 |
| B31 | X8 | B49-1 | X17 | B49-10 | X26 | B50-5 | X35 |
| B32 | X9 | B49-2 | X18 | B49-11 | X27 | B55 | X36 |

## 一、描述性统计分析

### (一)被访者的基本情况

表 3-4-2　社会公众基本信息统计

| 户口情况 | 比例(%) | 年龄(岁) | 比例(%) | 文化程度 | 比例(%) | 性别 | 比例(%) | 居住地类型 | 比例(%) |
| --- | --- | --- | --- | --- | --- | --- | --- | --- | --- |
| 本地非农 | 11.2 | 60以上 | 12 | 本科及以上 | 13.6 | | | 城市 | 2.4 |
| 本地农业 | 87.2 | 36~60 | 66.4 | 大专 | 4.0 | 男 | 77.6 | 集镇社区 | 7.2 |
| 外地非农 | 0.8 | 18~35 | 20.8 | 高中/中专/高职 | 4.8 | 女 | 22.4 | 郊区 | 7.2 |
| 外地农业 | 0.8 | 18以下 | 0.8 | 初中及以下 | 77.6 | | | 农村 | 83.2 |

表 3-4-3　社会公众基本信息统计

| 职业 | 比例(%) | 民族 | 比例(%) | 政治面貌 | 比例(%) | 党内职务 | 比例(%) | 配偶职业 | 比例(%) |
|---|---|---|---|---|---|---|---|---|---|
| 农村务农农牧民 | 61.6 | 藏族 | 98.4 | 共产党员 | 48.0 | 村支部书记 | 16.0 | 农村务农农牧民 | 72.0 |
| 进城务工农牧民 | 5.6 | 汉族 | 1.6 | 共青团员 | 8.0 | 村支部成员 | 22.4 | 进城务工农牧民 | 5.6 |
| 村居委干部及党政机关公务员 | 17.6 | 回族 | 0 | 民主党派 | 0 | 未担任任何职务 | 48.0 | 党政机关公务员 | 1.6 |
| 民营/私营/个体户/其他 | 15.2 | 其他 | 0 | 无党派 | 44.0 | 其他 | 13.6 | 村居委干部及其他 | 20.8 |

从上表中可以看出，针对广大群众，90%以上的人为藏族人；80%以上的人为本地农业户口，且居住地也为农村；70%以上的人为男性，学历在初中以下，且年龄多处于36~60岁之间。此外，60%以上的人为农村务工农牧民，且其配偶也为农村务工农牧民。

（二）社会公众眼中的突出问题

1. 就业、教育、贫富差距大成民众心声。从下图中可以看出，就业不足、收入来源少是民众眼中最严重的问题，高达67.2%的被调查者反映就业和收入问题。藏区经济不够发达，不能满足广大群众的就业需求，很多年壮的劳动力待业在家也给社会安定造成了极大的威胁。与此同时，教育水平偏低的问题严重也是亟待解决的民生问题。教育水平的偏低将导致藏区人民平均素质水平偏低，就业局限性比较大。此外，贫富差距这个常谈常新的话题也是藏区目前存在的比较严重的问题，贫富差距过大会极大地增加了社会不安定因素。

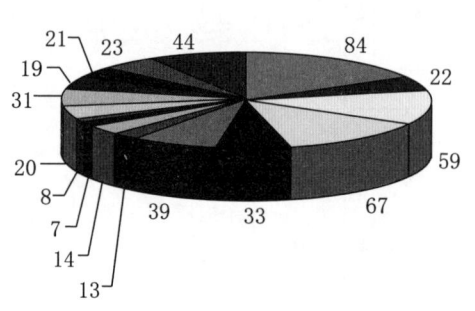

图 3-4-1　社会公众反映的问题

2. 经济发展问题成引发群体性事件的主要原因。从下图中可以看出，在广大人民群众看来，引发群体性事件的最主要原因一是经济发展落后，二是经济利益纠纷，三是贫富差距悬殊。48.8%的群众认为经济发展落后是引发群体性事件的最主要原因，40%的群众认为由经济利益纠纷引起，但这都离不开经济发展问题，因此藏区经济发展问题成为引发群体性事件的主要原因。而经济发展落后带来的贫富差距悬殊也是引发群体性事件的导火索。

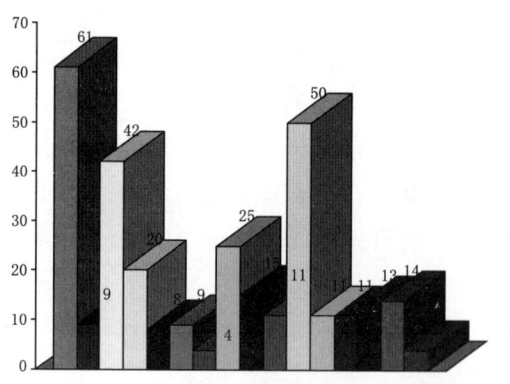

图 3-4-2　应急事件发生的主要原因

3. 物价水平成群众对党委、政府解决民生问题的最大质疑。从下图中可以看出，21%的群众对党委、政府在解决物价水平问题上提出很大质疑，群众对目前的物价水平表现出很大的不满;此外,13%的群众认为政府没有解决好收入问题。综合上文,藏区人民目前反映最多的问题还是经济发展落后、收入水平偏低、贫富差距严重、教育水平低和道路交通问题,而政府在调控物价及解决人民就业和收入问题上还有很长的路要走。

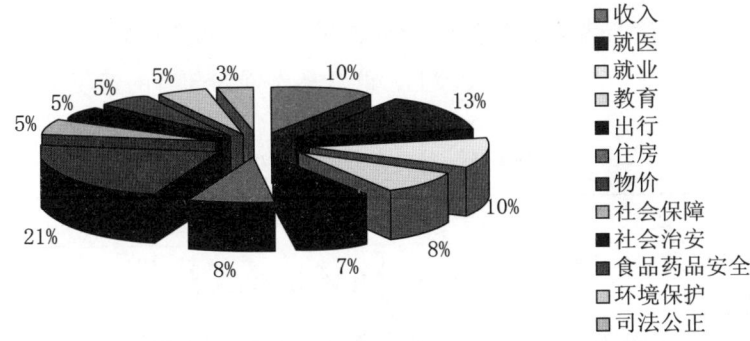

图 3-4-3 社会公众对党委、政府未解决好的民生问题

(三) 应急事件的针对对象

从下图中可以看出,群体性应急事件的主要针对对象为企业、厂商等经济组织,某项国家政策及某个私人,因此群体性事件的缘由多为经济纠纷和个人恩怨,少部分因为国家的某项政策干涉到个人利益,很少针对集体性的事业组织和非营利机构。

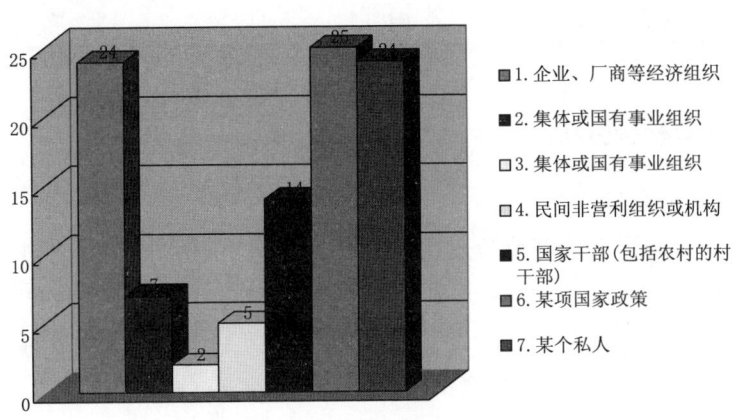

图 3-4-4 群体性事件的针对对象

## (四) 政策建议

与事件参与者对政府、党委的政策建议大致相仿，普通群众最强烈的建议也是改善教育环境，加大义务教育和学前教育力度，改善道路交通等基础设施建设，完善医疗保险制度、增加最低生活保障金，完善法律制度，抑制物价上涨等。而与事件参与者不同的是，群众希望加大对违法犯罪行为打击的力度，而事件参与者则希望加强干部作风建设，加大反腐倡廉力度。而在采取措施扩大就业，增加人民收入上，群众和事件参与者的建议又不谋而合。

表 3-4-3　社会公众的政策建议表

| 建议 | 人数 | 建议 | 人数 |
| --- | --- | --- | --- |
| 改善教育环境，加大义务教育和学前教育力度 | 82 | 保障司法公正 | 57 |
| 改善道路交通等基础设施建设 | 79 | 进一步加强食品、药品监管力度 | 57 |
| 完善社会养老保险制度 | 78 | 加强干部作风建设，加大反腐倡廉力度 | 57 |
| 完善医疗保险制度 | 77 | 加强环境治理，优化居住环境 | 56 |
| 完善民族地区法律法规 | 73 | 丰富群众精神文化生活 | 55 |
| 增加最低生活保障金 | 73 | 加强法制宣传教育 | 51 |
| 抑制物价上涨，落实价格补贴政策 | 72 | 加强宗教事务治理 | 44 |
| 加大对违法犯罪行为的打击力度 | 67 | 优化发展环境 | 43 |
| 采取措施扩大就业，增加人民收入 | 64 | | |

## 二、博弈模型分析

### （一）因子分析

1. 量表的取样适当度检验。在表 1-3 中 KMO 值为 0.676，根据统计学家 Kaiser 给出的标准，KMO 取值大于 0.6，适合做因子分析。巴特利特球度检验给出的相伴概率为 0.000，小于显著性水平 0.05，因此数据适合使用因子分析法。

2. 总样本的方差解释。运用 SPSS 对 36 个影响藏区群体性事件的打分量表进行因子分析。量表中各项目的特征值、贡献率以及累积贡献率解释见表3-4-4。

表 3-4-4 相关阵的特征值、贡献率、累积贡献率

| 序号 | 特征值 | 贡献率（%） | 累积贡献率（%） |
| --- | --- | --- | --- |
| 1 | 6.197 | 17.213 | 17.213 |
| 2 | 4.300 | 11.943 | 29.156 |
| 3 | 3.220 | 8.946 | 38.102 |
| 4 | 2.474 | 6.872 | 44.974 |
| 5 | 1.903 | 5.286 | 50.260 |
| 6 | 1.614 | 4.483 | 54.743 |
| 7 | 1.405 | 3.902 | 58.645 |
| 8 | 1.281 | 3.559 | 62.204 |
| 9 | 1.038 | 2.882 | 65.086 |

公因子 $F_j$ 的方差 $S_j = \sum_{j=1}^{p} a_{ij}^2$ 是公因子 $F_j$ 对各个变量所提供的方差贡献的总和，它可以衡量公因子的相对重要程度，可以证明 $S_j = \lambda_j$（$j = 1, 2 \cdots m$）。由方差解释表（表1-4）可知，这里特征值 $\lambda_1 = 6.197$，$\lambda_2 = 4.300 \cdots \cdots$ 相应的方差贡献的百分比分别为：第一公因子 $\lambda_1 / \sum \lambda = 17.213\%$，第二公因子 $\lambda_2 / \sum \lambda = 11.943\% \cdots \cdots$ 取前 7 个公因子时累积贡献率才达到 58.645%。由于要求累积贡献率至少为 60%，所以我们要对量表的题项进行筛选。

结果发现变量 X9、X12、X18、X19、X28、X29、X30 均在多个维度上有高负荷，变量与问卷的相关小于 0.2，因此将变量 X6、X9、X10、X12、X18、X19、X27、X28、X29、X30 删除，剩余其它变量均达到问卷编制的要求，所以初始问卷经过探索性因素分析后删除 10 个变量，剩余 26 个变量。

3. 第二次因子分析。由表 3-4-5 可知，巴特莱特球度检验 $\chi^2$ 值为 1300，自由度为 325，因为渐近的值很大，相应的显著性概率（Sig）小于 0.001 为高度显著，因此数据仍适合使用因子分析法。

运用 SPSS 软件计算得到相关系数矩阵的特征值及累积贡献率，整理得到

下表 3-4-5。

表 3-4-5　特征值及累积贡献率

| 序号 | 特征值 | 贡献率（%） | 累积贡献率（%） |
|---|---|---|---|
| 1 | 4.725 | 18.172 | 18.172 |
| 2 | 3.397 | 13.066 | 31.238 |
| 3 | 2.716 | 10.446 | 41.684 |
| 4 | 2.161 | 8.312 | 49.996 |
| 5 | 1.612 | 6.199 | 56.195 |
| 6 | 1.261 | 4.852 | 61.046 |
| 7 | 1.159 | 4.458 | 65.504 |

由表 3-4-5 可知，按照默认选择因子的个数的准则 MINEIGEN，取大于 1 的特征值，所以取 7 个公因子这时的贡献率达到 65.504%，大于要求的 60%。所以选择提取 7 个公因子非常适合，提取的 7 个因子概括了原变量 65.504% 的信息。

4. 因子命名。对 SPSS 给出的初始因子载荷阵施行方差最大正交旋转，由旋转后的正交因子载荷阵可知：

第一公因子上（第一列）高载荷的指标有 X17、X20、X21、X22、X23，指标均与个人禀赋、出身背景有关。因此，将此因子代表的维度命名为"人生命运因子"。

第二公因子上（第二列）高载荷的指标有 X31、X32、X33、X34、X35，指标均与社会冲突有关。因此，将此因子代表的维度命名为"社会冲突因子"。

第三公因子上（第三列）高载荷的指标有 X13、X14、X15、X16、X36，指标均与群众对国家、政府、上级机关在民生、社会扶持、经济社会发展等方面的成果评价有关。因此，将此因子代表的维度命名为"政府效率因子"。

第四公因子上（第四列）高载荷的指标有 X24、X25、X26，指标均与自我对事业的追求和上进心有关。因此，将此因子代表的维度命名为"事业追求因子"。

第五公因子上（第五列）高载荷的指标有 X7、X8、X11，指标均和少数民族与汉族之间的民族关系有关。因此，将此因子代表的维度命名为"民族关系因子"。

第六公因子上（第六列）高载荷的指标有 X3、X4、X5，指标均和个人目前的工作状态有关。因此，将此因子代表的维度命名为"工作状态因子"。

第七公因子上（第七列）高载荷的指标有 X7、X8、X11，指标均和个人现在的生活状态有关。因此，将此因子代表的维度命名为"生活状态因子"。

表 3-4-6  因子命名和得分

| 因子名称 | 项目 | F1 | F2 | F3 | F4 | F5 | F6 | F7 |
|---|---|---|---|---|---|---|---|---|
| 人生命运因子 | X17. 家境富裕 | 0.708 | | | | | | |
| | X20. 年龄 | 0.722 | | | | | | |
| | X21. 天资与容貌 | 0.860 | | | | | | |
| | X22. 性别 | 0.821 | | | | | | |
| | X23. 出生地 | 0.769 | | | | | | |
| 社会冲突因子 | X31. 穷人与富人之间的冲突 | | 0.659 | | | | | |
| | X32. 治理人员与工作人员的冲突 | | 0.763 | | | | | |
| | X33. 干部与群众之间的冲突 | | 0.862 | | | | | |
| | X34. 分裂势力与政府之间的冲突 | | 0.807 | | | | | |
| | X35. 政府和寺庙之间的冲突 | | 0.854 | | | | | |
| 政府效率因子 | X13. 政府解决民生问题是否满意 | | | 0.614 | | | | |
| | X14. 对上级的扶持帮助是否满意 | | | 0.766 | | | | |
| | X15. 国家对本地经济社会发展投入 | | | 0.590 | | | | |
| | X16. 本地或您身边的基层党组织 | | | 0.728 | | | | |
| | X36. 政府调处群体事件是否满意 | | | 0.601 | | | | |

续表

| 因子名称 | 项目 | F1 | F2 | F3 | F4 | F5 | F6 | F7 |
|---|---|---|---|---|---|---|---|---|
| 事业追求因子 | X24. 个人的聪明才智 | | | | 0.808 | | | |
| | X25. 有进取心/有事业心 | | | | 0.845 | | | |
| | X26. 努力工作 | | | | 0.818 | | | |
| 民族关系因子 | X7. 社会治安 | | | | | 0.550 | | |
| | X8. 所在地汉族与少数民族的关系 | | | | | 0.760 | | |
| | X11. 当地民族政策 | | | | | 0.747 | | |
| 工作状态因子 | X3. 长时间的工作 | | | | | | 0.809 | |
| | X4. 繁重的体力劳动 | | | | | | 0.669 | |
| | X5. 脑力劳动 | | | | | | 0.714 | |
| 生活状态因子 | X1. 生活状态 | | | | | | | 0.795 |
| | X2. 目前收入 | | | | | | | 0.687 |

综上所述，量表的七个维度分别为：第一维度是人生命运因子，第二维度是社会冲突因子，第三维度是政府效率因子，第四维度是事业追求因子，第五维度是民族关系因子，第六维度是工作状态因子，第七维度是生活状态因子。

对正交旋转后的因子得分系数，我们用回归法得到因子得分的系数矩阵，由此可以写出7个因子得分函数：

$F_1 = 0.050X_1 + 0.012X_2 + 0.011X_3 \cdots + 0.034X_{36}$

$F_2 = -0.033X_1 + 0.041X_2 + 0.001X_3 \cdots -0.048X_{36}$

$F_3 = -0.120X_1 + 0.078X_2 + 0.108X_3 \cdots + 0.185X_{36}$

$F_4 = 0.008X_1 + 0.009X_2 - 0.022X_3 \cdots + 0.040X_{36}$

$F_5 = 0.104X_1 - 0.137X_2 - 0.013X_3 \cdots + 0.154X_{36}$

$F_6 = 0.032X_1 - 0.051X_2 + 0.473X_3 \cdots -0.039X_{36}$

$F_7 = 0.488X_1 + 0.404X_2 - 0.137X_3 \cdots + 0.039X_{36}$

我们将问卷观测值代入以上因子得分函数，即得各观测值的因子得分。

(二) 信度和效度检验

1. 信度检验。考虑到分半信度法只在测验题目较多的时候才适用，本书只用克朗巴哈（Cronbach）α 系数法来测量信度。

对于可信度高低与 α 系数之间的关系，不同的研究者对信度系数的界限值有不同的看法，国内常用的一种划分标准如下表：

表 3-4-7　可信度高低与 Cronbach'α 系数

| Cronbach'α 系数 | 可信度 |
| --- | --- |
| α<0.5 | 不理想 |
| 0.5≤α<0.6 | 可以接受 |
| 0.6≤α<0.7 | 尚佳 |
| 0.7≤α<0.8 | 佳 |
| 0.8≤α<0.9 | 理想 |
| 0.9≤α | 非常理想 |

数据来源于吴明隆：《SPSS 操作与应用——问卷统计分析实务》，台中：五南图书出版有限公司 2008 年版。

本研究采用 Cronbach'α 系数进行信度检验发现各因子的 α 系数从 0.587 到 0.797，总问卷的 α 系数为 0.626，问卷中第七个因子的信度不是特别高，只有 0.587，仍属于可以接受的范畴，而且总问卷的信度较高，从整体上看，问卷的信度已经达到问卷编制的要求，见表 3-4-8。

表 3-4-8　问卷各因子及总问卷信度表

| 维度 | 内部一致性信度（α 系数） |
| --- | --- |
| F1 | 0.855 |
| F2 | 0.856 |
| F3 | 0.743 |
| F4 | 0.808 |
| F5 | 0.598 |

续表

| 维度 | 内部一致性信度（α 系数） |
|---|---|
| F6 | 0.616 |
| F7 | 0.658 |
| Total | 0.689 |

2. 效度检验。在本研究的探索性因子分析中，研究用主成分分析法（PC）求出最终的因子负荷矩阵，抽取特征根大于1的因子7个，解释总变异的65.504%，模型的拟合度较高，因此说明问卷具有较好的结构效度。

（三）二分类 Logistic 回归分析

为了具体考察藏区群众参与群体性事件的影响因素，本书按照群体性事件的分类，对每一类群体性事件单独进行回归，如针对有组织无政治利益诉求的事件，则将该事件的发生设为"1"，另外两种事件的发生设为"0"，其他类似。

以因子得分 F1、F2、F3、F4、F5、F6、F7 做自变量分别对有组织无政治利益诉求、无组织无政治利益诉求、无组织有政治利益诉求的事件进行回归，构造3个 Logistic 模型。利用 SPSS 得到的因子得分 F1、F2、F3、F4、F5、F6、F7 数据和响应变量数据，采用 Forward Stepwise（Conditional）逐步回归法，分别对3个模型的参数和显著性进行估计。

1. 有组织无政治利益诉求群体事件的 Logistic 回归分析。

（1）拟合优度检验。对拟合优度的检验有多重方法，例如，-2 对数似然值（-2 Log likelihood）检验、判断准确率（Classification Table）检验、Nagelkerke R2 检验，以及 Hosmer-Lemeshow 统计量卡方检验等。在本书中，采用判断准确率（Classification Table）和 Hosmer-Lemeshow 统计量（HL 统计量）两种方法对2个模型的拟合优度进行检验。

HL 统计量的原假设 Ho 是预测值和观测值之间无显著差异，因此，HL 指标的显著性水平 P 的值越大，越不能拒绝原假设，即说明模型很好地拟合了数据。本章中设定显著性水平 P=0.05，由表3-4-9可知，卡方 $\chi_1^2$ =9.405，自由度 $df_1$ =8，P=0.309，模型的 P 值大于给定的显著性水平0.05，不应拒绝原假设，认为预测值和观测值之间无显著差异，说明模型的拟合程度都是较好的。

## 第三章 依法治藏博弈论：藏区应急治理主体模型

表 3-4-9  Hosmer-Lemeshow 检验

| Chi-square | df | sig. |
|---|---|---|
| 9.405 | 8 | 0.309 |

（2）回归系数检验。设定显著性水平为 0.15，如表 3-4-10，有常数项、F1、F3、F5、F6、F7 是显著的。

表 3-4-10  模型回归参数检验

|  | B | S.E. | Wald | df | Sig. | Exp（B） |
|---|---|---|---|---|---|---|
| F1 | -0.499 | 0.222 | 5.539 | 1 | 0.023 | 0.594 |
| F2 | -0.044 | 0.210 | 0.043 | 1 | 0.835 | 0.957 |
| F3 | -0.575 | 0.248 | 5.588 | 1 | 0.020 | 1.795 |
| F4 | 0.222 | 0.213 | 1.089 | 1 | 0.297 | 1.249 |
| F5 | 0.444 | 0.248 | 3.150 | 1 | 0.074 | 1.553 |
| F6 | -0.370 | 0.220 | 2.750 | 1 | 0.092 | 1.441 |
| F7 | -0.516 | 0.237 | 5.324 | 1 | 0.026 | 1.727 |
| Constant | -1.199 | 0.246 | 23.749 | 1 | 0.000 | 0.301 |

由表 3-4-10 给的各种参数值，可以得到最终的回归模型：

$$\text{logit}(p) = -1.199 - 0.499 F_1 - 0.575 F_3 + 0.444 F_5 - 0.370 F_6 - 0.516 F_7$$

（3）模型的分析。从检验的显著性来看（在显著水平 $\alpha=0.15$ 下），只有 F1、F3、F5、F6、F7 是显著的。即针对有组织无政治利益诉求的群体事件，人生命运因子、政府效率因子、民族关系因子、工作状态因子、生活状态因子对其有显著影响，而社会冲突因子、事业追求因子则对有组织无政治利益诉求的群体事件无显著影响；另外，F1、F3、F6、F7 的系数均为负，这说明在其他条件不变的情况下，F1、F3、F6、F7 每增加一个单位时，发生机会比会相应减少，即个人的人生命运越糟糕、政府效率越低下、工作状态和生活状态越差，有组织无政治利益诉求的群体事件的发生可能性就越高；而 F5 的系数为正，说明在其他条件不变的情况下，F5 每增加一个单位时，发生机会比会相应增加，即民族关系越紧张，有组织无政治利益诉求的群体事件的发生可能性就越高。

2. 无组织无政治利益诉求群体事件的 Logistic 回归分析。

（1）拟合优度检验。由表 3-4-11 可知，卡方 $\chi_1^2 = 11.734$，自由度 $df_1 = 8$，$P = 0.163$，模型的 P 值大于给定的显著性水平 0.05，不应拒绝原假设，认为预测值和观测值之间无显著差异，说明模型的拟合程度都是较好的。

表 3-4-11　Hosmer-Lemeshow 检验

| Chi-square | df | sig. |
|---|---|---|
| 11.734 | 8 | 0.163 |

（2）回归系数检验。设定显著性水平为 0.15，如表 3-4-12，只有常数项、F1、F2、F3、F6、F7 是显著的。

表 3-4-12　模型回归参数检验

|  | B | S.E. | Wald | df | Sig. | Exp（B） |
|---|---|---|---|---|---|---|
| F1 | -0.719 | 0.221 | 10.486 | 1 | 0.001 | 2.046 |
| F2 | 0.451 | 0.221 | 4.187 | 1 | 0.040 | 1.572 |
| F3 | -0.357 | 0.214 | 2.879 | 1 | 0.092 | 0.696 |
| F4 | -0.063 | 0.215 | 0.086 | 1 | 0.769 | 0.939 |
| F5 | 0.137 | 0.201 | 0.466 | 1 | 0.495 | 1.147 |
| F6 | -0.313 | 0.204 | 2.372 | 1 | 0.125 | 0.730 |
| F7 | -0.291 | 0.203 | 2.070 | 1 | 0.149 | 0.747 |
| Constant | -0.377 | 0.202 | 3.445 | 1 | 0.062 | 0.687 |

由表 3-4-12 给的各种参数值，可以得到最终的回归模型：

$logit(p) = -0.377 - 0.719F_1 + 0.451F_2 - 0.357F_3 - 0.313F_6 - 0.291F_7$

（3）模型的分析。从检验的显著性来看（在显著水平 $\alpha = 0.15$ 的情况下），只有 F1、F2、F3、F6、F7 是显著的，即针对无组织无政治利益诉求的群体事件，人生命运因子、社会冲突因子、政府效率因子、工作状态因子和生活状态因子对其有显著影响，而事业追求因子和民族关系因子则对无组织无政治利益诉求的群体事件无显著影响；另外，F1、F3、F6、F7 的系数均为负，这说明在其他条件不变的情况下，F1、F3、F6、F7 每增加一个单位时，发生机会比会相应减少，即个人的人生命运越糟糕、政府效率越低下、工作状态和生活状态越差，无组织无政治利益诉求的群体事件的发生可能性就越高；而社会冲突因子的系数为正，说明在其他条件不变的情况下，F2 每增加一个单位时，发生机会比会相应减少，即社会冲突越严重，此类事件发生的可能性越大。

3. 无组织有政治利益诉求群体事件的 Logistic 回归分析。

（1）拟合优度检验。由表 3-4-13 可知，卡方 $\chi_1^2 = 6.092$，自由度 $df_1 = 8$，P = 0.637，不应拒绝原假设，认为预测值和观测值之间无显著差异，说明模型的拟合程度是较好的。

表 3-4-13　Hosmer-Lemeshow 检验

| Chi-square | df | sig. |
| --- | --- | --- |
| 6.092 | 8 | 0.637 |

（2）回归系数检验。设定显著性水平设为 0.15，如表 3-4-14，只有常数项、F1、F2、F5 是显著的。

表 3-4-14　模型回归参数检验

| | B | S.E. | Wald | df | Sig. | Exp（B） |
| --- | --- | --- | --- | --- | --- | --- |
| F1 | −0.332 | 0.204 | 2.636 | 1 | 0.103 | 0.718 |
| F2 | −0.363 | 0.201 | 3.414 | 1 | 0.068 | 0.690 |
| F3 | −0.085 | 0.210 | 0.163 | 1 | 0.686 | 0.919 |
| F4 | −0.092 | 0.198 | 0.216 | 1 | 0.642 | 0.912 |
| F5 | −0.455 | 0.204 | 4.926 | 1 | 0.026 | 0.636 |
| F6 | 0.081 | 0.205 | 0.157 | 1 | 0.692 | 1.085 |
| F7 | −0.146 | 0.208 | 0.491 | 1 | 0.483 | 0.865 |
| Constant | −0.949 | 0.211 | 20.252 | 1 | 0.000 | 0.387 |

由表 3-4-14 给的各种参数值，可以得到最终的回归模型：

log$it$ $(p) = -0.949-0.332F_1-0.363F_2-0.455F_5$

（3）模型的分析。从检验的显著性来看（在显著水平 $\alpha=0.15$ 下），只有 $F_1$、$F_2$、$F_5$ 是显著的，即针对无组织有政治利益诉求的群体事件，人生命运因子、社会冲突因子和民族关系因子对其有显著影响，而政府效率因子、工作状态因子和生活状态因子则对无组织有政治利益诉求的群体事件无显著影响；另外，人生命运因子、社会冲突因子和民族关系因子的系数均为负，这说明在其他条件不变的情况下，$F_1$、$F_2$、$F_5$ 每增加一个单位时，发生机会比会相应减少，即个人的人生命运越糟糕，社会冲突越严重，民族关系越紧张，无组织有政治利益诉求的群体事件的发生可能性就越高。

## 第五节 小结：依法治藏主体博弈的各因素影响之结果

本章在依法治藏的背景下，通过对藏区群体性应急突发事件的实证分析，从事件参与者、领导干部以及社会公众等主体因素入手，来构建藏区应急突发事件的主体理论模型，并进一步分析三大类主体在群体性应急突发事件过程中的各类影响因素，从而找到相应规律，为下一步处理相关事件治理提供理论支撑。

从藏区群体性突发事件参与者方面来说，主要分析了有组织无政治利益诉求的群体性突发事件、无组织无政治利益诉求的群体性突发事件和无组织有政治利益诉求的群体性突发事件，并认为：第一，针对有组织无政治利益诉求的群体事件，事业追求因子、生活状态因子、工作状态因子是突出的影响因素；第二，针对无组织无政治利益诉求的群体事件，生活状态因子、工作状态因子对事件的发生起着决定性的作用；第三，针对无组织有政治利益诉求的群体事件，有重要影响的因素有社会冲突因子、事业追求因子、教育背景因子。

从事件发生过程的领导干部方面，主要分析了有组织无政治利益诉求的群体事件、无组织有政治利益诉求的群体事件和无组织有政治利益诉求的群体事件。本章认为：第一，针对有组织无政治利益诉求的群体事件，有显著影响因素的是人生命运因子和社会冲突因子，即社会冲突问题越严重，有组织无政治利益诉求的群体事件的发生可能性就越高;第二,针对无组织无政治利益诉求的群体事件,社会冲突因子和事业追求因子对其有显著影响,即个人对事业的追求越高,工作越努力,此类事件发生的可能性越小;第三,针对无组织有政治利益诉求的群体事件来说,人生命运因子、未来预期因子和事业追求因子对其起着重要的作用,即个人的人生命运越糟糕,对未来发展预期越没有信心,对事业的追求越低,无组织有政治利益诉求的群体事件的发生可能性就越高。

从事件所涉及的社会公众方面来看,主要为有组织无政治利益诉求的群体事件、无组织无政治利益诉求的群体事件、无组织有政治利益诉求的群体事件,并认为:第一,针对有组织无政治利益诉求的群体事件,人生命运因子、政府效率因子、民族关系因子、工作状态因子、生活状态因子对其有突出的影响;第二,针对无组织无政治利益诉求的群体事件,起着决定作用的因素是人生命运因子、社会冲突因子、政府效率因子、工作状态因子和生活状态因子;第三,针对无组织无政治利益诉求的群体事件,主要的影响因素有人生命运因子、社会冲突因子、政府效率因子、工作状态因子和生活状态因子;第四,针对无组织有政治利益诉求的群体事件,人生命运因子、社会冲突因子和民族关系因子对其有显著影响,即个人的人生命运越糟糕,社会冲突越严重,民族关系越紧张,无组织有政治利益诉求的群体事件的发生可能性就越高。

# 第四章

# 依法治藏实践论：藏区应急治理案例分析

如前文所述，以组织和政治利益这两个藏区突出表现出来的特征来进行的分类，既考虑到了突发性事件的表面特征——规模，又考虑到了其实质特征——政治性；既考虑到了藏区突发性事件的发展变化规律，又考虑到了与其他地方突发性事件的不同之处。因而，这种类型划分与选择基本上能够涵盖藏区发生的所有突发性事件，包括有组织有政治利益诉求的突发性事件、无组织有政治利益诉求的突发性事件、无组织无政治利益诉求的突发性事件和有组织无政治利益诉求的突发性事件。

本章将在笔者数次调研和田野调查的基础上，对收集和整理的"凤全事件""普雄事件""乡城事件""盐井事件""大白事件""班辕事件""雅属事件""3·14"事件等突发应急事件进行全景式案件治理分析，提出并总结依法治藏中应急治理的法治原则、人权保障原则、人人平等原则、综合整治原则和区别防治原则。笔者将从事件发生的原因和处理的经验两个方面进行总结提炼，以期为以后相类似事件的治理以及依法治藏提供有益的经验支持。

## 第一节 依法治藏与藏区应急治理案例

### 一、问题的提出

根据矛盾的不同性质，笔者将群体性应急事件划分为"人民内部矛盾"与"敌我矛盾"两类。"人民内部矛盾"是因经济利益、宗教信仰、家族矛盾等引起的突发性事件。"敌我矛盾"这一词语虽然现在很少使用，但仍可以把除了由经济利益、宗教信仰、家族矛盾等原因引发的突发性事件称为"敌我矛盾"，即有政治利益诉求的突发性事件。因此，藏区的应急突发事件可以被划分为有政治利益诉求的突发性事件和无政治利益诉求的突发性事件。藏区发生的突发性事件：一般为群体性事件，参与的人较多，社会影响比较大。依据突发事件的发生特征和参与人数，可以把藏区突发应急事件划分为有组织的突发事件和无组织的突发事件。有组织的突发性事件一般涉及有领导、有分工、有角色分配的突发性事件，一般包括策划、预谋、实施、断后等阶段，各个阶段准备较为完备，社会危害性大；而无组织的突发性事件是指没有领导、没有组织、没有分工的突发性事件，一般是临时起意或者由突然事件引发的，社会危害性较前者小。

从突发性事件的行动取向表现来看，也就是前述的"是否有政治利益诉求""是否有组织"两个核心要素，我们可以把藏区的应急突发事件分为四种类型：有组织、有政治利益诉求的突发性事件，无组织、有政治利益诉求的突发性事件，无组织、无政治利益诉求的突发性事件和有组织、无政治利益诉求的突发性事件。具体请参见下表4-1-1：藏区应急突发性事件的分类框架。

表4-1-1　藏区应急突发性事件的分类框架

| 群体组织化程度 | 行动取向表现 ||
|---|---|---|
| | 类型1：<br>有组织—有政治利益诉求 | 类型2：<br>无组织—有政治利益诉求 |
| | 类型2：<br>无组织—无政治利益诉求 | 类型2：<br>有组织—无政治利益诉求 |

这是以组织和政治利益这两个藏区突出表现出来的特征来进行的分类，这种类型划分与选择基本上能够涵盖藏区发生的所有突发性事件，从下面突发性事件的案例中可以突出地体现出来。

## 二、藏区应急治理案例的类型分析

### （一）"有组织—有政治利益诉求"的应急事件

该类型事件是事先经过组织和策划，有政治利益诉求的突发性事件。典型的案例是发生在清朝的"凤全事件"和发生在民国时期的"普雄事件"。

1. 凤全事件。

第一，该应急治理案例的性质。凤全被杀事件是清代历史上自乾隆十五年西藏珠尔墨特之乱杀害驻藏大臣傅清、拉卜敦之后，第二次发生的驻藏大臣被杀事件。这起事件实质上是巴塘宗教上层和土司为维护自身利益，反对清政府新政，在西藏宗教势力和驻瞻藏官的支持下，利用民众仇洋情绪和文化冲突而煽起的一场动乱。

第二，该应急案例的治理经过及其表现。1904年，凤全奉命出任帮办驻藏大臣，行至巴塘时因恋及巴塘遂留在巴塘，计划从四川移民开垦，并建议四川总督限制寺庙权力和寺庙规模，因而触动了当地土司贵族的和喇嘛贵族的切实利益。寺庙堪布与大喇嘛以"开垦触犯神山必将招来灾祸"为由，煽动垦区七村沟群众进行阻止。七村沟群众派出代表向凤全请愿，凤全不但不予抚慰，反而加以责答，终激起民变，造成凤全及其卫队50余人，外加陪同的两名法国传教士被杀。

第三，该应急案例的具体处置措施及结果。巴塘事变发生后，川藏震动，清政府立即令提督马维骐率提标兵五营进剿，又命建昌道赵尔丰为善后督办率两营续进，同时命驻藏大臣有泰审度事机，妥为安抚，晓谕藏番毋听谣煽。巴塘事变使清政府进一步认识到经营川边，必须改土归流，建立行省。光绪三十二年秋，清政府任命赵尔丰为川滇边务大臣，将土司地方一并改流，兴办屯垦、教育、开矿、招商、练兵等新政，筹建西康省。自此，赵尔丰以巴塘为基础，开始了在康区全面改土归流、筹备建省的行动。

2. 普雄事件。

第一，"普雄事件"的起因。为给刘文辉制造麻烦，1945年至1947年，蒋介石授意西昌行辕主任张笃伦和后来的西昌警备司令贺国光蓄意先后两次"征剿"凉山彝族，史称"普雄事件"。张笃伦和贺国光亲自策划指挥，对凉山彝族进行大肆屠杀，歼灭了一部分二十四军的部队，震惊了整个凉山地区。

第二，该应急治理案例的处理经过。1940年，普雄彝族人民爆发了以果基、阿侯、俄利3个家支为主的反对国民党压迫的斗争。从1945年到1947年，凉山彝族人民进行了3次反抗国民党军队进剿的斗争。1945年4月，国民党军队围剿普雄、越西，彝族人民奋起自卫，建立了人民群众联盟，提出了"赶走国民党"的口号，歼灭国民党兵1000余人，第一次围剿以失败告终。1946年4月，国民党派遣1万余军队第二次进剿普雄，遭到彝族人民的迎头痛击，国民党又增派大量援军，对反抗群众进行残酷报复，大批彝族人民惨遭杀害，激起了彝族人民对国民党更深的仇恨，因而爆发了10万人的大起义，使国民党军队陷入了困境。1947年春天，国民党又派了7个团的军队第三次进剿普雄，彝族人民组织了5000人的武装队伍迎击国民党军队，取得了多次胜利。国民党最后采取分化收买的政策将起义镇压了下去，扰攘了两年多时间，震惊大小凉山的普雄事件至此告终。

（二）"有组织—无政治利益诉求"的应急事件

该类型事件是事先经过组织和策划，瞬间爆发，没有政治利益诉求的事件，也就是有政治利益诉求之外的突发性事件。这些事件主要包括因经济利益、宗教及家族矛盾等引发的突发性应急事件，例如发生在四川理塘的"乡城事件"、发生在藏滇川交界地的"盐井事件"、发生在西康甘孜县的"大白事件"、发生在四川藏区的"班辕事件"以及"雅属事件"等。

1. 乡城事件。

第一，该案例的起因。凤全事件发生后，理塘土司四郎占堆拒绝与清军合作后，谋杀狱卒，逃至乡城桑披寺，被掌管桑披寺的普仲乍娃收留。

第二，该案例的处理经过。1905年底，赵尔丰率兵进逼乡城，围攻桑披寺长达数月，桑披寺背后有道长流不断的清泉直入寺内，在赵尔丰围困桑披寺前，寺内的人已将引筒埋在地下，暗引清泉入内。这条维系桑披寺命脉的暗线被赵尔丰发现，清军立刻断了桑披寺的水源。在围困长达半年之久后，桑披寺告破。普仲乍娃自杀，四郎占堆侥幸逃脱，隐匿西藏。乡城始有县治，是赵尔丰"改土归流"的结果。

2. 盐井事件。

第一，该案例的起因。盐井地处藏滇川交界地，腊翁寺是盐井地区最大的藏传佛教格鲁派寺院，光绪三十二年（1906年）发生了震惊朝野的腊翁寺事件，史称"腊翁寺之乱"，或称"盐井事件"，惊动了西藏地方政府和清朝中央政府。纵观历史，藏滇川划界不明与腊翁寺的特殊地理方位，以及设立盐厘局与"该寺不应"是发生腊翁寺事件的起因之一，而天主教传入盐井、招收信徒、修建教堂、强占土地是发生这一事件的根本原因。

第二，该案例的治理经过。光绪三十二（1906年）年十一月二十一日夜，守卡勇丁拿获（腊翁寺）私盐一驮，连马送局充公。二十二日夜，守卡勇丁阻止运私盐者经过，并与之发生冲突，三名守卡勇丁受伤，一名运私盐者被当场击毙。腊翁寺喇嘛即以此为借口，纠合逆众，声言劫盐局、打教堂。二十六日，腊翁寺聚集2000余僧俗反复围攻盐厘局和天主教堂，双方互有伤亡。

第三，该案例的治理处置结果。最终，清政府派兵平息了盐井之乱。

3. 大白事件。

第一，该案例的起因。1930年，西康甘孜县境内发生了大金寺与白利土司之间的土地差民争端。

第二，该案例的治理经过。大白事件发生后，西康军政当局、西藏方面以及当时在内地活动的九世班禅等有关各方先后介入其中，并在该事件的演变过程中表现出了各自的动机与目的。在这过程中，大金寺求救于西藏地方政府，十三世达赖致电蒙藏委员会请求南京国民政府速电西康撤兵。康军亦由刘文辉转电呈南京国民政府说明事由。南京国民政府闻报迭令双方停火，其不希望战争加剧的目的反而给了大金寺以喘息之机。英帝国主义见有机可乘，遂秘密向藏军提供大批军火并唆使藏军卷入大金寺事件。藏军袒护大金寺一方介入事件，导致藏军、康军发生直接军事冲突，从而使大白事件扩大化为第三次康藏纠纷。

第三，该案例的处置结果。针对该事件，国民党政府进行了长达十年之久的调解。

4. 班辕事件。

第一，该案例的起因。1939年1月1日，西康省政府正式成立后再次要求班禅行辕移灵康定,班禅行辕以"佛体亟待实施宗教上之防腐手术,坚请准予停驻甘孜,不赴康定"予以拒绝,并提出于藏历四月启程回藏。之前,班禅行辕与甘孜地方当局已经产生了不小的矛盾。当时,甘孜县政府和刘文辉的廿四军官兵串通一气,经常给班禅行辕的工作人员故意制造麻烦,甚至无理搜查国民党政府专供行辕运入甘孜的物资;县政府还下令禁止向行辕出售粮食、油料等食品,终于激化了矛盾,发生了班辕事件。

第二,该案例的治理经过。1939年12月7日,班禅行辕卫队围攻甘孜县府暨驻军,当日午刻县府被占,官寨亦于14日晚被攻破,章镇中团长身死。班禅行辕占领甘孜县府之后,撤销原任县长,任命自己的亲信拉敏为甘孜县长、刘家驹为保安司令、德钦汪母为副司令。班禅行辕随后以"康人治康"为号召,"假中央之名义",联络周围地区各土司,扩大势力范围,北进邓柯、德格,南进瞻化并占领县城,东攻炉霍县城而据之,并向道孚进发,形成了一定的声势。同时,班禅行辕委任了新占领的炉霍、瞻化两地县长。该事件又被称为"甘孜事件"。

第三,该案例的治理结果。1941年5月,行政院通过班禅行辕善后办法,其主要内容为:裁撤班禅行辕;班禅行辕的卫队及武器由军事委员会派员接收。取消班禅大师"护国宣化广慧大师"的封号,班禅行辕机构改称"颂经堂",每月支薪俸5000元。其中留守人员90多名、步枪百余支由国民党第八司令朱绍良派人接收,带到兰州集训后处理。而流落至青海境内之甘孜、瞻对的头人民众,经蒙藏委员会与西康省府协商,准予回康安居,并发给各部僧俗民众遣散安置费2万元,"以示中央怀柔边民之至意"。只有孔撒土司德钦汪母"不便即行回康",仍留住青海。

5. 雅属事件。

第一,该案例的起因。雅属事件由雅属的鸦片烟祸引起。

第二,该案例的治理经过。1945年11月13日,西康省发生荥经事件,继而事件蔓延到芦山、天全,直至1947年3月1日召开"雅属行政检讨会议"为止,共经历了19个月的武装冲突,当政者称之为"匪乱",省外舆论称为"民变",当事者则自称是"抗暴起义",因事件发生在雅属地区,故后来统称"雅属事件"。

第三，该案例的治理结果。通过武力平息。

（三）"无组织—有政治利益诉求"的应急事件

该类型事件是事先没有经过组织和策划，有政治利益诉求的突发性事件，例如笔者在藏区调研时收集的A乡和B乡群众集体械斗事件。

第一，该应急事件发生的背景和起因。A乡与B乡接壤，因虫草、草场、松茸等资源利用矛盾，两乡群众积怨较深。某日，A乡群众与前往县城的B乡群众发生冲突，并有鸣枪行为。县工作组了解事态后，全力疏导，事态未扩大升级，但双方情绪激动。为此，县委、县政府主要领导带队分头做两乡群众的工作。第二日10时许，A乡群众100余人试图以赌咒的发誓方式动员本乡群众集体阻止即将从县城返家的B乡群众。县工作组通过努力，制止了赌咒发誓行为，并于14时召开了村组以上干部和群众代表会议。但是，就在会议进行期间，聚集在该乡另一村的部分群众避开了工作组强行赶往县城。该县级政府立即组织政法干警和县级机关干部分组分段拦截。与此同时，此前经县工作组劝解情绪已经缓解的A乡群众得知B乡群众已赶到县城时，情绪再次激动，也冲向城北大桥。双方群众在县城相遇，发生了群众集体械斗事件。

第二，该案例的治理经过。事件发生后，工作组重点开展了七个方面的工作：一是全力救治伤员。最终，所有伤员均得到及时救治，未发生一人死亡。二是深入推进群众工作。事发后，及时疏散隔离了现场群众，避免了再次械斗。工作组负责人先后两次听取30余名群众代表意见，理顺了情绪，有效制止了群众抬尸到县委机关予以示威等行为，尸体全部得以尸检，并按民间习俗予以了安葬。同时，工作组前往死者家中看望慰问死者亲属。三是全面开展案侦工作。取证、追逃、重点部位保卫工作顺利推进，目前已有数人投案自首。四是启动民事赔偿前置调解工作。针对此次事件的特殊性，在妥善处理死者善后和伤者医疗费用等问题的基础上，采取前置调解方式力促两乡群众进行民事调解谈判。五是加强情报信息收集、分析和研判，密切关注事态发展动向，进一步加强对重点人群的监控，防止串联和报复行为发生。

该应急治理事件是一起因资源利用纠纷引发的群众集体械斗事件，事发地段的草场、虫草、松茸、薪炭柴等资源地处A乡和B乡交界处，为争夺资源，两乡群众历来争执不断。遇到虫草收获季节，两乡群众又先后发生数次摩擦。经当地政府多次疏导和教育，防止了矛盾激化和事态扩大，但历史积怨未能根本消除，双方群众互存对抗心理。因此，该事件的发生与发展，利益矛盾是根本原因；部分干部作风不实，导致矛盾纠纷的苗头问题看不清、萌芽问题抓不早、解决矛盾纠纷不断根是直接原因；部分干部处置突发事件特别是结合本县、本乡特殊的实际开展有效处置的办法不多、能力不强是重要原因。

事件发生后，当地政府高度重视，对全力做好死者善后处理、伤员救治、局势稳控和案侦工作等提出了明确要求，并派出工作组，于事发当日星夜赶赴事发当地开展处置工作，全力救治伤员，做好死者家属安抚工作，疏导情绪，确保社会秩序稳定。由于领导得力，措施果断，历经十余天的艰辛努力，及时抓获了数名犯罪嫌疑人，收缴若干枪支，妥善处理了死伤人员善后事宜，使事态得到及时有效地控制。为了稳定群众情绪，维护正常的生产生活秩序，当地政府多措并举，用心安抚群众，耐心引导群众，尽心帮助群众，尽力感化群众：一是做好群众工作，组织多个工作组分别深入两乡进村入户安抚、稳定、引导、教育群众，并邀请了部分高僧大德参与调解工作；二是解决群众实际困难，率先在两乡启动了富民安康工程项目，并开展城乡统筹发展项目规划论证工作，选派了10名机关干部分别进驻两乡各村蹲点工作两年，帮助村上解决发展稳定的难题。为解决A乡群众的生活困难问题，工作组多次派专车为该乡群众送去生产生活物资。

第三，该案例的治理结果。为了确保和谈工作取得实效，工作组讲究方法和策略，提出"选择适宜谈判地点""据实界定边界、共享资源利益、合理民事赔偿（刑事案件民事前置）"等原则，以解决边界纠纷、边界草场、虫草、松茸资源共享和群众民事赔偿问题。根据工作组的安排，当地政府组织了一部分工作组，带领双方群众代表赴县城进行异地和谈。工作组先后组织双方群众代表集体会谈6次，部分群众代表会谈20余次，工作组分别与双方群众代表会谈50余次，工作组领导与双方群众代表个别会谈80余人（次）。同时，完成了45名受伤人员的伤残鉴定工作。经过耐心细致地做工作，几经反复地艰苦协商，最终两乡群众就争议草场界线、资源使用、民事赔偿等相关事宜达成一致意见。

### （四）"无组织—无政治利益诉求"的应急事件

该类型事件是事先没有经过组织和策划，瞬间爆发，没有政治利益诉求，也就是有政治利益诉求之外的突发性事件。这些事件主要有经济利益、宗教及家族矛盾等引发的突发性事件，例如历史上著名的"泰宁事件"。

第一，泰宁事件的发生背景。泰宁又作泰凝，在今四川省道孚县协德乡一带。清雍正六年，因西藏不靖，清廷将七世达赖喇嘛移住于此，建惠远寺供其驻锡，并划附近71户人民归寺属，用以供养该寺。雍正十二年达赖喇嘛返拉萨后，此寺住持仍照例由拉萨三大寺委派，属民逐渐发展到近百户。河垭分为上、中、下三河垭，为泰宁寺属之地，在雅砻江一支流岸，沿河多有金砂。清代以来，川边金夫多有买通僧人私往淘采的，凡淘得者均须向寺庙缴纳税金。光绪年间金苗甚旺，寺庙收入颇为丰厚。

第二，该案例的治理经过。1904年10月，有商人向川省矿务局申请在河垭开金厂，由于金厂的开办直接伤害了寺庙、僧人的利益，故刚一开办，便遭到泰宁寺僧人率当地人民阻拒，双方发生冲突，金厂被毁，金夫数人被杀。刘廷恕派都司卢名扬率绿营兵一哨前往震慑，又遭到当地人的偷袭，全部被杀。瞻对藏官亦暗助泰宁寺为乱，派出马队至道孚界上示威。

第三，该案例的处置结果。川督锡良闻讯后，于光绪三十一年二月二十日奏派四川提督马维骐率兵五营进驻打箭炉，相度事机，再行进发。马维骐三月中旬抵达打箭炉后，即逗留不前。三月十七日，锡良得知巴塘事变后，责命马维骐迅速进军解决泰宁问题，以便回军征剿巴塘。四月十三日，马维骐分军三路进攻泰宁，喇嘛即弃寺而逃。

## 三、藏区应急治理的基本原则

藏区地方应急治理原则，主要是指行政主体在应急管理和治理过程中所必须遵守的行为规范的总和。其中，一方面要契合当地的现实情况，只有这样，才能够达到实效；另一方面，也要和国家、其他地方的应急原则相适宜，不能突破法律、法规和政策的统一适用范围。

### （一）法治原则

法治最初指的是古希腊梭伦改革所建立的治理模式。亚里士多德在《政治学》中说:"法律受到普遍的服从,而大家服从的法律又是制定得良好的法律。"现代社会结构的基础是独立自由平等的个体,而这样的个体自然有独立的个人意志。当个体之间发生冲突的时候,这些独立的个体应当听命于什么?由于人们相互平等,所以任何一个人都无法天然服从另外一个人。如果不是因为暴力所造成的恐惧,还有什么更好的理由让本来平等的一个人服从另外一个人?但靠暴力维持的服从关系无法持久,原因有二:首先,人们不喜欢生活在恐惧之中;其次,暴力统治维持成本过高,难以为继。与此同时,无政府状态也不适合现代社会,因为复杂的现代社会如果没有政府,必将陷入严重的混乱,人们同样会生活在恐惧之中。无论如何,现代的治理模式必须能够使平等的人群按照某种方式组织起来以避免无谓的相互损耗。法治在这种情形下成为一种与现代社会相适应的治理模式,因为法律不是哪一个人的意志,而是大家意志的结合。平等个人唯一能够正当服从的就是自己,如果不能够将大家的共同意志集中起来,那么社会就会进入无政府状态。为了避免这种困境,作为共同意志的法律是最佳的选择。现代社会的主要矛盾也只有法治才能化解。主权国家是现代最主要的政治共同体。从理论上讲,国家由人民缔结而成,但在现实生活中,国家的功能必须由政府机构以及具体公务人员完成。虽然公民个人确实可以将自己的部分意志通过自己的代表以立法的形式表现出来,但是在立法之后,他在现实生活中成为主权国家制定的法律的遵守者。[1]

　　创新社会管理的法制化,是一个时代的主题,也是一个新主题。其宗旨是,通过转变理念、增强法制观念、加快立法等法制化举措的保障,推进社会管理创新。在社会管理中出现的大量问题,最终要靠法制化来解决。创新社会管理中的成功做法和经验,也要通过制度化、规范化、法律化来实现常态和长效。党的十八大报告指出:"要加强和创新社会管理,提高社会管理科学化水平,必须加强社会管理法律、体制机制、能力、人才队伍和信息化建设。"因此,创新社会管理的法制化是落实依法治国方略,体现党的领导、人民当家作主、依法治国有机统一的重要举措;也是贯彻科学发展观,推进社

---

〔1〕 陆幸福:《迈向法治主义》,法律出版社2014年版,第14~15页。

会管理科学发展的时代要求。[1]我国是文明法治的国家,作为民族自治地方的藏区也应当注重法治的精神和关怀。在涉及应急突发事件时,更要注重法治,因为事件的爆发、处理、结果等都会影响到每个公民的切身利益。作为一个负责任的政府,在处理各类突发性事件时,藏区地方政府更有必要贯彻法治的理念,用法治作为武器维护当地的稳定和人民的安居乐业。法治原则是在藏区突发性事件处理过程中首先要明确的基本原则之一。

(二) 人权保障原则

正如康德所言,真正至高无上的独立个体的本质,普遍存在于每一个个体的身心之中。良知良能,天赋而自修。因此,个体自决是唯一真正的德行,甚至是一种政治至善。不妨说,自主性是一种善德存在的个体特征。毕竟,共同的人性和人类理性,并不隶属于、更不会屈服于族性或者文化特征,虽然它们必然会借助后者来展现自身,后者作为一种经验资料,"献身于"对于普遍人性的证真,如果确实存在这种普遍抽象的人性的话。正是在此,具有反抗精神的孤独的个体意志,冲决了集体意志的桎梏,在将个体自决与集体自治区分开来之际,实现了独立个体的政治意志。同时,它为国家理性和公民理性的良性互动、相互启明找到了一个具有实践性的契合点,而证真了国家的伦理共同体属性总是蕴含于每一个个体的自我伦理实践过程之中。[2]

从群体性事件发生发展的过程来看,它大致遵循如下逻辑:冲突源——导致主体利益受损——主体挫折感产生(主体心理不满意感产生)——否定性言语产生(牢骚、怪话、气话)——否定性行为产生(对其他个体、群体或政府的反抗)。在正常的维权活动中,行为者的诉求是寻求体制性的解决渠道,如双方对话和谈判、寻求司法和行政调解、上访等。如果这些方式都不能解决其问题,他们可能集体上访、游行示威、破坏公共秩序,直至暴力对抗。在整个过程中,心理对行为的影响是贯穿始终的。在制度化的表达渠道内,他们获得的不仅是关于自己问题的各种公正或不公正的待遇,而且更重要的是加深了对整个政治体系的认识。当行为上遭受挫折后,心理上的不满、

---

[1] 陈俊:"创新社会管理法制化的几点思考",载《上海师范大学学报(哲学社会科学版)》2012年第6期。

[2] 许章润:"公民模式的后民族主义国家命题",载《中国法律评论》2015年第2期。

怨恨、暴躁、抵触情绪就更容易导致行为具有攻击性，并在合适的场合寻找借口发泄出来。这种受心理影响的行为并不只是个体的，它会在特定的社会群体中聚集起一定的能量，从而为泄愤冲突埋下种子。[1]在藏区地方政府处理应急突发性事件过程中，必然会与当地每个公民发生联系。因此，不管是在处理过程中的行政行为还是处理后的修复，都要贯彻公民的人权保障原则。因为我国宪法和法律制定颁布的根本目的就是为了保护人民的利益，而政府存在的宗旨则是为人民服务。这些都要求藏区的地方政府在处理突发性事件的时候，不能仅考虑维稳的需要、社会秩序的需要，更要考虑人民群众的需要、每个公民的需要。

（三）人人平等原则

上述的人权保障原则体现着一种受到法律保护、在一定范围内不受侵犯的选择自由：积极意义上指能成就一定目标，类似于机会；消极意义上指能免于一定干涉，类似于豁免。权利作为一种可行能力，并不是指权利越多越好，而是意在两个方面：权利的平等和权利的保障。权利的平等是指权利和义务在一般意义上不加区分地、公平地赋予所有公民，即使存在区分也应秉承合理的区分标准，如城乡户籍制度的划分就是权利不平等的体现。权利平等还包括实质的机会平等或者说制度性权利的平等，如就业平等、高等教育入学考试及录取资格的分配平等。权利的保障主要是指对法定权利不加区别地同等保护，使其在法律制度的框架内都能实现，受到侵害都能得到救济，不因权利主体的社会地位、经济状况、民族宗教等方面的不同有所区别，不选择性执法、司法。[2]因此，在藏区地方政府处理各类应急突发事件时，要有一颗平常心，对藏民要一视同仁，不能因为民族或者宗教信仰的区别而有所差别。每个公民在法律面前一律平等，在应急治理面前也应当一律平等，受到相同的对待，不允许有超越法律、超越政策、超越其他人的特权。

（四）综合整治原则

在现代社会，行政分工日趋专业化。专业化的行政部门可谓是行政资源

---

[1] 于建嵘："当前我国群体性事件的主要类型及其基本特征"，载《中国政法大学学报》2009年第6期。

[2] 王若磊："基于人权发展观的指标体系：理论基础与指标建构"，载《中国法律评论》2015年第2期。

的集散地、公共政策的发动引擎，有着相对专业化的行政官员、技术支撑机构、信息网络及行政管理经验。但它的缺点在于：专业行政部门不仅积累了知识和经验，还可能形成了若干思维定式，更注重分工而不注重整合。因此需要各级人民政府在部门协调中发挥更为重要的作用。行政部门需要分工，行政部门亦需跨部门合作。跨部门合作被界定为"两个或两个以上机构从事的任何共同活动，通过一起工作而非独立行事去增加公共价值"。但不同部门的任务不同、观念不同、专业知识不同、信息来源不同、话语体系不同，协调起来殊为不易。根据《宪法》第89条的规定，国务院有权"规定各部和各部委的任务和职责，统一领导各部和各委员会的工作，并且领导不属于各部和各委员会的全国性的行政工作"。根据《宪法》第108条的规定，"县级以上的地方各级人民政府领导所属的各工作部门和下级人民政府的工作"，国务院及地方各级人民政府有法定职权，去发挥"掌舵"的作用，去协调不同行政组织之间的冲突。[1]

突发事件应急治理的一个主要难点在于：应急管理在某个时刻后的后续任务是随着前一阶段的任务完成后的效果和所处环境的变化而变化的。以SARS疫情的应对为例，是否需要继续建设、建设多大规模、在哪里建设像小汤山这样的SARS隔离病房，这些都是根据已经采取的一些措施所产生的效果以及疫情的蔓延趋势所提出的后续应对策略。[2]政府治理机制不健全是群体性事件高发的重要因素。从各级政府处理群体性事件的现状不难看出，我国政府利益调处机制不完善、利益救济渠道不畅通、社会矛盾排查机制不健全、社会预警机制不灵敏、民众维权机制弹性不足等，使群体性事件不断扩大。[3]藏区的应急突发性群体事件，一般涉及面较广、影响范围大，更可能会涉及政治利益诉求或者国家根本利益，因此，当地政府必须慎重对待。最好的规范措施是在当地结成一张社会综合整治的大网，使得一小部分分裂分子无处藏身。这张综合整治大网的铺设，离不开政府的协调、公民的参与、

---

[1] 宋华琳："构建政府部门协调的行政法理"，载《中国法律评论》2015年第2期。

[2] 姚杰、计雷、池宏："突发事件应急管理中的动态博弈分析"，载《管理评论》2005年第3期。

[3] 孔凡河、梁星："群体性事件中的政府对策探微"，载《上海党史与党建》2012年第8期。

社会组织的投入以及政策、法律的支撑等。

（五）区别防治原则

新中国成立后，中国共产党一直高度重视群众工作，在社会治安工作中提倡专群结合的方针，构建群防群治网络成为维护社会政治稳定的核心技术。面对维稳困境，除了破除不正确的稳定观外，关键是推进社会治理模式的改革和创新，变革行政权主导的一元化治理模式，积极培育非政府组织，实现国家—市场—社会三者之间的合作治理，形成多中心治理模式。政府清晰界定其职能边界，向社会适度放权。同时，大力发展现代公民社会，合理分摊市、区、街道和社区的公共安全治理成本，加大对社会自治组织和社区的政策与资金的扶持力度，不断提高基层社会自我管理和化解矛盾冲突的能力，巩固和强化中国政治稳定的社会基础。科学合理地配置基层警力，并向基层社区适度倾斜。推进基层民主治理，提高基层社会的组织化与制度化水平，加强社会自治组织建设，尤其是加强治安保卫委员会、人民调解委员会的力量。大力推进城乡接合部社区的物业化管理，让保安服务公司和物业管理公司承担更多的公共安全管理责任。充分发挥社会组织和市场组织的作用，加大社区建设与社会管理创新的力度，建设一个充满友爱、公平正义、民主法治的现代和谐社区，逐步构建国家—市场—社会有机协作的多中心治理和合作治理模式。切实创新社会管理体制，建立健全"党委领导、政府负责、社会协同、公众参与"的社会管理格局，是中国走出治理困境，实现社会和谐和政治稳定的重大举措。[1]

另外，应急救灾治理过程中可能存在道德风险问题，指出由于地方政府和灾民之间的相互不信任造成的应急救灾效率的损失，即双方都存在机会主义行为，都不会主动地增加各自的投入或努力水平，即便这能够使得博弈各方的效率都得到提升。为了减轻道德风险造成的效率损失，可以考虑改变中央政府对地方政府的威胁力度或者提高信息的透明程度以及信息在各方之间

---

〔1〕 唐皇凤："'中国式'维稳：困境与超越"，载《武汉大学学报（哲学社会科学版）》2012年第5期。

传递的准确度和效率。[1]藏区突发性事件的发生和发展、变化,有着不同的特点、不同的类型,应当区别对待、区别防治。针对四种类型的突发性事件,应当采取不同的方式和方法。对于有组织的突发性事件,应当采取分立孤立的方法来进行处置;对于有政治利益诉求的突发性事件,应当采用重点打击、重点修复的原则;对于有经济利益诉求的突发性事件,应当主要采用修复创伤而非打击的政策。

## 第二节 依法治藏典型案件应急治理分析

### 一、凤全事件的全景治理分析

1905年发生在巴塘的驻藏帮办大臣凤全被戕事变,是康藏近代史上影响深远的一次重大事件。关于巴塘事变的起因、性质,过去多被认为是反洋教、反封建压迫。然而,巴塘事变实际上有着十分复杂的背景与原因。笔者试图从事变发生的时代背景、社会背景探讨巴塘事变的起因,解析事变的始末和实质,并对凤全其人在事变中的作为进行历史的客观评价。

清代末年,在英俄交相窥藏,西藏分裂势力开始出现、藏区岌岌可危的情况下,清政府制定了经营川边以固川保藏的战略,在川边(康区)试行屯垦、练兵、招商、开矿等新政,作为西藏后援,并任命新任驻藏帮办大臣凤全就近妥筹经边各事。凤全在巴塘强力推行新政,却遭到了寺庙、土司和驻瞻对藏官的反对。光绪三十一年(1905年)三月一日,凤全及随员50余人在巴塘被杀,造成了近代康藏史上震惊中外的巴塘事变。

(一)巴塘事变的发生背景

巴塘是康区南部重镇,地处四川西部川、滇、藏三省区交界地,为川藏大道的咽喉,元代以来为土司统治的地方,明代一度为丽江木土府所辖。明末青海蒙古和硕特部固始汗入据康区,派第巴(又称营官)驻巴塘、里塘,并征收赋税。康熙五十八年(1719年),清廷派三路大军入藏驱逐祸乱西藏的准噶尔部族,四川永宁协副将岳钟琪率兵2000为先行,擒斩里塘第巴达哇

---

[1] 张昊宇、陈安:"应急救灾三方博弈模型研究",载《电子科技大学学报(社科版)》2011年第3期。

第四章　依法治藏实践论：藏区应急治理案例分析

兰占巴等，巴塘第巴喀木布投降，和硕特蒙古势力退出康区。清政府在巴塘设立粮台（又称军粮府），以县级官员充粮务委员（简称粮员或粮务）负责输藏的粮饷转运，兼理地方土司、政务；又设驻防都司、专汛千总各1员，专司台站文报；设外委1员，负责稽查金沙江渡口；以流官例，从当地土头中任命宣抚使司1员、副宣抚使司1员（即所谓巴塘正副土司）管理地方，其下辖六品土百户7员。

雍正四年（1726年），清政府勘定川、滇、藏边界，巴塘正式归属四川省。至改流前，巴塘地方包括现今巴塘县全境和西藏芒康县的盐井地区以及今得荣县北部、白玉县南部的部分地区。巴塘地处金沙江河谷，海拔较低，气候温和，土地肥沃，是康区主要产粮区，素有"高原江南"之称。因此，清政府在川边兴办垦务时，首先选中巴塘作为试办垦务之地。

光绪二十九年（1903年），清廷因有人奏：川藏危急，请简员督办川边，因垦设屯，因商开矿，谕令四川总督锡良查看情形，妥筹具奏。锡良认为惟巴塘土性沃衍，宜于种植。拟在该处先兴垦务，需以时日，或期底绩。至因垦为屯之议，未敢先事铺张。商、矿两端，目下更难大举。清廷同意锡良所奏。于是，锡良命巴塘粮员吴锡珍、都司吴以忠，以奉旨开办，毋稍观望，责成巴塘正土司罗进宝、副土司郭宗札保和丁林寺堪布傲拉扎巴将拟交开垦之土地划出指实，并勘定界址，供垦务专用。当时巴塘正副土司均遵命具结，并无异言，只丁林寺以所管土地除牧场外，并无可垦之荒山荒地，予以抵拒。吴锡珍等认为巴塘三曲宗已有其二赞成，不患无其一，尽可次第办理，便开始招募垦夫在巴塘试办垦务。

与此同时，新任驻藏帮办大臣桂霖条陈藏事三端，提议在川边地区招募土勇3000人，加以训练，派往西藏分起扼要，轮流换防，并将驻藏帮办大臣移驻于察木多（昌都），居中策应。清廷认为其所陈办法，不为无见，命锡良与驻藏大臣有泰和桂霖等会商妥筹，奏明办理。于是在川边开始了招募土勇的练兵工作。

光绪三十年（1904年）六月，英国远征军在荣赫鹏率领下侵入拉萨，逼迫西藏地方政府官员签订了《拉萨条约》。达赖喇嘛逃到库伦（乌兰巴托），欲求俄援。针对英帝国主义在西藏进行的侵略活动，清政府一方面坚决不承认《拉萨条约》，派唐绍仪为专使赴印交涉；另一方面也感到经营川边以固川保藏的必要，遂采纳经营四川各土司并及时将三瞻收回内属以为藏援的意见，决定将驻藏帮办大臣移驻于察木多，并命新任驻藏帮办大臣凤全于入藏沿途就近妥筹经边各事。由于川边地方系川属之地，为了方便凤全进行管理，光绪三十年（1904年）八月，清廷又颁布上谕："西藏为我朝二百余年藩属，该处地大物博，久为外人垂涎。近日英兵入藏，迫胁番众立约，情形叵测，亟应思患预防救补，筹维端在开垦实边，练兵讲武，期挽利权而资抵御，方足以自固藩篱。前有旨命凤全移驻察木多。西宁办事大臣昨已简放延祉。所有西藏各边，东南至四川、云南界一带，着凤全认真经理；北至青海一带，着延祉认真经理。各将所属蒙番设法安抚，并将有利可兴之地，切实查勘，举办屯垦畜牧，寓兵于农，勤加训练；酌量招工开矿，以裕饷源。目前所需经费，着会商崧蕃、锡良妥筹具奏。该大臣等均经朝廷特简，才足有为，务即尽心筹划，不避艰难，竭力经营，慎重边围，用裨大局，庶付委任。功多厚赏，其共勉之。"

按照这一谕旨，清政府明确赋予了凤全经理川滇的职责。所谓的经理，即推行屯垦、练兵与招商、开矿等新政。因此，一些关于巴塘事变的论著中认为凤全因贪图巴塘气候温和而滞留不入藏，这其实是一种误解。凤全在巴塘练兵、开垦等，实际是在履行清廷给予的职责。

光绪三十年（1904年）八月，根据锡良奏请，清政府仿照懋功五屯成案，废除章谷土司，设立炉霍屯，以州县官充任屯务委员，兼管朱窝、麻书、孔撒、白利及东谷等土司，隶于打箭炉厅。将土司原领铜印、号纸并即同缴销，形成改土归流和以流制土的管理体制。此举虽由锡良奏准，但实系出自凤全之意。凤全认为筹办川藏事宜，屯练实为急务，而炉霍适当川藏之冲。欲保前藏来路，当自经营达木、三十九族始；欲保川疆后路，当自经营新设炉霍屯始。他还准备将炉霍屯作为屯练的主要基地。并将德尔格特（即德格）留土职，设汉官，并令沿途土司均受约束，联为一气。这一举措虽然为后来康北改土归流打下了一定基础，但也使当时川边各土司心生不安，担心失去其固有的权势。

瞻对（今新龙县）地处康区中部，界于川藏南北两条大道之间，清代历为边患。同治四年（1865年），瞻对土司工布郎结侵扰大道，清廷命川藏两地派兵合剿。叛乱平定后，清廷将该地赏给达赖喇嘛管理，命其派堪布建庙化导当地人民。但瞻对人民不奉黄教，西藏地方政府派代本一人，率兵驻扎瞻对。之后，随着清朝日渐衰落，西藏上层统治集团开始以瞻对为跳板，企图侵占川边各土司地方，引起川边社会动荡不安。光绪二十年（1894年），四川总督鹿传霖提出将瞻对收归川管，次第经营各土司的建议。清政府最初积极支持鹿传霖的收瞻举动，一度将瞻对收归川属。但后来因达赖喇嘛的请求和驻藏大臣文海、成都将军恭寿的联合反对，清廷又罢黜了鹿传霖，将瞻对仍赏藏。

光绪三十年（1904年）英军侵入拉萨，达赖喇嘛外逃后，清廷为经营川边，再一次提出收瞻问题，命锡良与有泰、凤全会商收瞻归川问题。有泰因惧引起藏中动荡，坚决反对收瞻。凤全为经营川边计，则力主及时收回瞻对。川督锡良心无主宰，托诸空言。清廷决定由凤全于赴藏途中就近办理收瞻之事。凤全檄令打箭炉文武，告谕三瞻，觇视向背。驻瞻藏官则以必俟藏中檄调，始肯离瞻相拒。西藏地方政府闻讯后，一面密谕瞻番，修备兵戎，严防碉隘，防川师之潜袭；一面向清政府递交阖藏公禀，要求瞻对继续归藏管理。而关外土司喇嘛等，因瞻事风谣煽布，蠢起抗争，里塘僧土竟敢要挟文武，逼释盗匪，扬言瞻酋派队围犯里塘。在此情况下，清廷对收瞻问题又犹豫不决起来。清政府的这些举措都直接或间接促使了巴塘事件的发生。此外，在巴塘事变发生前，川边爆发的泰宁事件也对巴塘事变的产生有着一定影响。

泰宁又作泰凝，在今四川道孚县协德乡一带。清雍正六年（1728年），因西藏不靖，清廷将七世达赖喇嘛移住于此，建惠远寺供其驻锡，划附近71户人民归寺属，用以供养该寺。雍正十二年（1734年）达赖喇嘛返拉萨后，此寺住持仍照例由拉萨三大寺委派，属民逐渐发展到近百户。河垭分为上、中、下三河垭，为泰宁寺属之地，在雅砻江一支流岸，沿河多有金砂。清代以来，川边金夫多有买通僧人私往淘采的，凡淘得者均须向寺庙缴纳税金。光绪年间金苗甚旺，寺庙收入颇为丰厚。光绪三十年（1904年）十月，有商人向川省矿务局申请在河垭开金厂。凤全和锡良想增加边地税收，便督促打箭炉厅准令商人开办，并派官弁前往弹压。由于金厂的开办直接伤害了寺庙、僧人的利益，故刚一开办，便遭到泰宁寺僧人率当地人民阻拒，双方发生冲突，金厂被毁，金夫数人被杀。刘廷恕派都司卢名扬率绿营兵一哨前往震慑，又遭到当地人的偷袭，全部被杀。瞻对藏官亦暗助泰凝寺为乱，派出马队至道孚界上示威。

泰宁事件虽与巴塘事变无直接联系，但由于此前打箭炉厅的驻军均集中于应付泰宁之乱，忽视了巴塘方面亟待增添军力的问题，以致巴塘兵力不足，凤全被困后待援不至。同时，泰宁开矿，政府与寺庙争利的情况传到巴塘，对丁林寺等也必然会产生负面影响，进一步加剧了它们对巴塘开垦、练兵的反抗。

（二）巴塘事变的发生经过

凤全，字弗堂，满洲镶黄旗人。以举人出身，同治十二年（1873年）捐官入四川。先后署理过开县、成都、绵竹、蒲江等县和崇庆州、邛州、资州、泸州及嘉定府、成都府。光绪二十二年（1896年），川督鹿传霖疏奏：凤全性情劲直，办事勤能，治盗安民，立志向上。光绪二十九年（1903年），川督岑春煊以明决廉能，胸有经纬奏请以道员留川补用，权成绵龙茂道。光绪三十年（1909年）四月，清廷免去因眼疾一直逗留成都的桂霖之驻藏帮办大臣职务，任命凤全为驻藏帮办大臣，赏给副都统衔。凤全在川既久，对边藏危急情况早有风闻，尤其对鹿传霖收回瞻对问题深有感慨。一经被任驻藏要员，亟思有所建树。加之清廷对驻藏帮办大臣权限的提升，更使凤全感到朝廷对自己的倚重，故自蒙简擢，感怀时局，激发忠诚，即有奋不顾身之慨，急于建功立业，所有边外屯矿练兵事宜，无不殚心规划，于是不免产生操切之心。然而，凤全虽然干练，又勇于任事，但他为官的经历都在四川内地，对川边藏区了解甚少，对藏族社会文化、宗教十分陌生，却又想下车伊始即刻对其改革，这就必然只能收到南辕北辙的效果，注定了其悲剧的命运。

凤全被任命为驻藏帮办大臣后，清政府令将打箭炉的阜和协的续备新军右营归其统帅，作为行辕本标之兵，并批准他另募土勇1000名训练后带领入察木多驻防。当时，右营管带（营长）张鸿声率部正驻防清溪（今汉源县）。凤全入康时，该营因接防部队迟迟未到，而未能随行。凤全只带着经过警察学堂培训的100名警察兵，于光绪三十年（1904年）八月由成都起程。抵打箭炉后，停留约一个多月，一面与刘廷恕策划收瞻之事，一面招募土勇进行训练，准备带入西藏。但最终只募到土勇200名，且素质很低，短期难胜军事。十一月初，在清廷的催促下，凤全只好令50名随行的警察兵留下做教练，自带50名为护卫，经雅江、里塘、巴塘一路向察木多赴任，命张鸿声率两哨随后赶来里塘驻防，保障川藏大道安全。凤全行至里塘后，又在当地招募土勇50名。十一月十八日，凤全抵巴塘，见巴塘气候良好，土地广沃，且为川边垦务首创之地，粮员吴锡珍等试办垦务已一年，进展较顺利，已初见成效。凤全遂在巴塘住了下来，经营勘办屯垦、练兵和饬收三瞻内属等事，并向清廷提出"勘办巴塘屯垦，远驻察台，恐难兼顾，变通留驻巴塘半年，炉厅半年，以期办事应手"的申请。虽然清廷不准所请，命他仍驻察木多，但他却一直在巴塘住了三个多月。驻藏的钦差滞留在巴塘久久不走，难免引起当地人的猜疑，而凤全在巴塘期间所推行的一系列新政，更影响到寺庙、土司及驻瞻藏官的利益。

一是扩大巴塘垦务的面积，招工开垦。凤全到达巴塘后见巴塘土地膏腴，即欲广开垦地。他看中了巴楚河谷七村沟茨梨陇一带地方，于是招汉人开垦。丁林寺感到利益被侵，指其地为神山不可动，煽惑七村沟民众请求凤全停止开垦。但凤全不听，强行将该处划作垦场。

二是在当地招募兵勇，实施训练，作长久驻扎的准备。凤全到巴塘后，又招募了100名兵勇，命所带警察兵带领训练，并准备半年后与打箭炉所练新兵合练。巴塘土司头人和寺庙上层，对这么多兵丁驻扎在此，必然心存疑虑，担心其会威胁到自己对地方的统治。

三是限制寺院的僧人数目，令丁林寺将超编僧人清理出寺。光绪三十一年（1905年）正月，凤全以"关外寺庙僧人太多，寺庙阴庇夹坝，肇乱地方，排斥洋教"为由，奏请申明旧制："凡土司地方，大寺喇嘛不得逾三百名；以二十年为期，暂停剃度。嗣后限以披单定额，不准私度一僧。其年在十三岁以内喇嘛，饬家属领回还俗。"在清廷尚在妥议之时，他便迫不及待地严饬土司、堪布，令大寺喇嘛各归部落，另建小寺散住梵修，声言要限定巴塘丁林寺僧侣人数。凤全直接打压宗教势力，从而激起寺庙僧侣地强烈反对。

其实凤全要求清廷申明的旧制，是指雍正二年（1724年）川陕总督抚远大将军年羹尧条奏青海善后事宜十条中提出的请嗣后定例，寺庙之房不得过二百间，喇嘛多者二百人，少者十数人，仍每年稽查二次，令首领喇嘛出具甘结存档等措施。该措施是因为雍正元年（1723年）青海蒙古罗布藏丹津叛乱时，青海、甘南等地僧侣多有参与叛乱，西宁各庙喇嘛多者二三千，少者五六百，遂成藏垢纳污之地，年羹尧为稳固平叛成果，防止寺庙势力发展，因而提出限制寺庙僧侣人数之议。清廷当时虽曾批准此事，但实际上藏区各寺庙并未严格执行。不久，年羹尧被处死，此事更成流案。其实藏区黄教大寺实际人数多在千人以上，大大超过此规定。凤全昧于边情翻出这一并未兑现的旧制来做依据，希望按照如此办法，二十年后，喇嘛日少，百姓日增，何至比户流离，缁徒坐食，有土有人之效，可立睹也。凤全虽然用心良苦，谋划长远，但却不切合当时川边藏区实际，孟浪行动，难免酿成祸端。

丁林寺坐落巴塘城中，是著名的黄教大寺，在宗教上为拉萨三大寺的子寺，时有僧侣1500余人，辖有四乡小寺16座，在巴塘拥有很大影响力。早在凤全到巴之前，该寺僧侣就因反对开办垦务与巴塘官员发生过冲突。凤全到巴后，发现丁林寺气焰嚣张，当地政令常因其寺阻挠而难行，因而想采取压抑其寺气焰、削弱其寺势力的办法来巩固政府的权威，为推行垦务等新政扫清障碍。恰好当时发生了一起巴塘法国传教士蒲德元被劫案。虽然劫案发生在里塘地界，但凤全风闻劫匪与丁林寺有关，遂责令巴塘文武悬赏购线协拿，期于获盗，究出（丁林）喇嘛寺勾通情罪，一并重惩。此事虽未究出结果，但却引起丁林寺对凤全的怨愤。此时，凤全又提出限制该寺僧侣人数的主张，使丁林寺对凤全更加仇恨。凤全由于不了解民众的宗教感情和当地信仰习惯，在清政府尚未批准其限制寺庙人数奏议，也没有充分地实施准备的情况下，却时常当堂对众言道，每寺只许住喇嘛三百名，余则一千二百余名即行还俗，如不遵允，定行诛戮。这就更加激化了矛盾。丁林寺僧侣利用凤全的卫兵均着新式陆军短装，戴大盖帽，佩带洋枪，与以往清军着装迥异的情况，造谣说凤全非大皇帝所派钦差，是洋人所派，将收我土地畜牧财产，傀送洋人。

其实早在二月中旬，已发生巴塘人民袭击垦场的情况，但凤全并未警惕，不但不耐心做群众说服工作，反而一味只知弹压。二月二十日，凤全给锡良发电称："巴塘番匪出而掳掠，并声称阻止练兵、开垦等事，扰及近台。凤全派勇追拿，道经喇嘛寺，诅敢施放枪炮，击伤勇丁；始知番匪滋事，均由喇

第四章　依法治藏实践论：藏区应急治理案例分析

嘛主使。速调在炉营哨前往巴、里。"二月二十一、二十二日，七村沟群众在丁林寺僧侣的煽动下，焚烧茨梨陇垦场，驱杀汉族垦夫。二十八日，一些人冲入法国天主教堂，赶杀教民，焚烧教堂。法司铎牧守仁与助手逃至副土司官寨避难。骚乱群众聚集城内达三四千人，并断驻军水源、柴薪。二十八日傍晚，吴锡珍赴行辕禀告情形吃紧，早为筹备，凤全才命都司吴以忠，带领新练士兵80名，驻扎辕外巡防，以助卫队所不逮。正土司罗进宝、副土司郭宗札保各带士兵数十名，均扎辕内保卫。吴锡珍带领汉民，巡警街道，兼探消息。都司吴以忠带弁兵数人在行辕弹压时，被众人指为勾结洋人的汉奸，当场打死。凤全这时才感到惊恐失措。凤全的钦差行辕原来设在巴塘粮台衙门，其地名喇嘛城。凤全感到其地不安全，于二十九日凌晨将钦差行辕转移到正土司罗进宝的官寨中。此时凤全所募土勇大都逃散，只有警察兵保卫。不过，土司官寨墙高壁厚，又有卫兵持新式快枪把守，正副土司也同住寨中，外面的僧人、群众虽然围住，放枪示威，并未进攻。从凤全当天发给刘廷恕的求援函来看，他只是要求即刻选派熟练夷务能事哨弁，将全留炉卫队勇丁50人率领，驰赴巴塘，以壮声威而资镇慑。这说明凤全当时对事态的严重性并没有足够的认识，只准备调50名卫队来威慑。但巴塘宣抚司罗进宝与副土司郭宗札保预谋乱，久欲逐凤全。遂力劝凤全亟返炉关，兴兵重来剿逆定乱。又恐吓凤全：不亟出巴塘，番众喇嘛必至扼险守隘，焚烧汉民，延及土寨，我辈受殃，大臣愈危矣！凤全惊惧之中，无奈只得听从两土司意见，决定三月一日动身返回打箭炉。粮员吴锡珍此时住在头人阿登之家，闻讯急忙赶来劝阻，请求凤全留下来坚守，以待援兵。但凤全不听，执意要走。当凤全一行50余人行至离巴塘二里的鹦哥嘴红亭子地方时，被早已埋伏在此的僧人和民众冲出袭击，凤全及其随行人员全部被杀。此前，匿于副土司官寨的法司铎牧守仁等二人，见土司不可信，乘夜翻墙逃走，途中被杀。吴锡珍因临行时被马踢伤，没有随凤全回炉，具由于其在巴多年，与当地上层关系较好，故留在城中，并未受到伤害。三月初二，吴锡珍闻知凤全被杀消息后，赶紧请房主业巴阿登转请正副土司传集头人，设法遣散群众，将凤全尸骸运回城内，赶做棺木装殓，暂停昭忠祠内；都司吴以忠、委员秦宗藩等尸身，抬至城隍庙内，招雇木工陆续做棺装殓；其卫队戈什哈五十余人，分埋数处。当日午后，巴塘各乡村民众代表等向吴锡珍递交了四份公禀，请他转禀打箭炉厅刘大人和大皇帝。公禀上盖了正副土司印信及各乡村头人图章。公禀除控诉凤全一切为洋人，全不顾百姓外，竟然宣称："此番原为国除害，实出无奈，求乞恩宥善办，无生兵衅。如再有差派官兵勇丁进来，则众百姓发咒立盟，定将东至里塘，西至南墩十余站差事撤站，公文折报一切阻挡。甘愿先将地方人民尽行诛灭，鸡犬寸草不留，誓愿尽除根株，亦无所憾也。"在递交公禀的同时，土司与丁林寺堪布等已联络一气，派人将各处险要隘口及山径小路均扼塞不通，从而使打箭炉厅在事变发生后近半个月才知晓。

（三）造成巴塘事变的复杂因素

凤全被杀是清代历史上自乾隆十五年西藏珠尔墨特之乱杀害驻藏大臣傅清、拉卜敦之后，第二次发生的杀害驻藏大臣事件。究其原因，主要有以下几个方面：

一是，清政府经营川边藏区，推行一系列政策措施，必然会对藏区传统的社会制度、人文环境造成一定的冲击，直接或间接地损害到寺庙上层、土司的利益，难免引起冲突。当时康藏社会中的统治者是三大领主，即土司、头人、寺庙（即三曲宗）。三曲宗之间虽是分立，但维系着相辅相成、利益相连的关系，一损俱损，一荣俱荣。当他们任何一方的权利受到侵犯时，都会联合起来反抗。丁林寺在巴塘一带拥有巨大的势力，寺庙不仅有大量所属的田地农奴，而且干预社会事务，掌控当地经济。巴塘正副土司虽名为流官，实为世袭，其势力在当地盘根错节甚为深厚。土司要借助丁林寺的宗教影响来维持统治，而丁林寺则需要土司政治力量的扶持。凤全力主将霍尔章古土司改流，已经使川边各土司感到危机，而其在巴塘推行新政，压制丁林寺势力的行动，更使寺庙与土司都感到自身利益受损，从而促使巴塘三股势力勾结起来进行对抗。同时，凤全欲强迫寺庙接受规定人数、逼部分僧人还俗的举措，也伤害了当地人民的信仰权利和宗教感情，容易激起僧人与信教群众的不满，为三大领主利用和煽动群众的反抗情绪提供了机会。

二是，史实证明丁林寺上层是这一事变的主要发动者，而瞻对藏官是事变的背后推动者。丁林寺在宗教上隶属于达赖喇嘛和拉萨三大寺，其行动往往受西藏宗教上层的影响。达赖喇嘛虽然逃亡库伦，却仍一直遥控藏事，指

## 第四章 依法治藏实践论：藏区应急治理案例分析

示噶厦反对清政府收瞻。在川藏官员中，凤全是收瞻的积极倡议者和力行者，早为驻瞻对藏官所仇恨。巴塘事变前后，驻瞻藏官曾扬言派马队围犯里塘，拒断官军来援，显然是为巴塘肇乱者打气，让他们感到有恃无恐。几乎在巴塘事变发生的同时，阿敦子、乡城、贡嘎岭、盐井等地喇嘛寺均相继发生叛乱，都说明巴塘事变的背后有西藏上层统治集团的操控。据《英国侵略西藏史》记载，英驻腾越领事李顿在搜集巴塘事变情报时从某法国教士处得知，两年以来，四川政府不断致力于巴塘一带改土归流之工作，而各喇嘛寺则强烈反对之。巴塘事变前，拉萨各大寺首领已密令巴塘及各地喇嘛尽杀藏边汉人及欧人，可见巴塘事变的发生绝非偶然，丁林寺和土司实早有预谋，并受到西藏宗教上层和驻瞻藏官的支持或挑唆。

三是，变乱主谋者利用了当时仇洋的情绪。英军侵藏和传教士凭借不平等条约的保护深入巴塘等地传教，在藏区人民心中激起普遍的仇洋情绪。巴塘地方建有三处天主教堂。光绪六年（1880年），法国神父路过项达村，被愤怒的群众打死。此后，又多次发生袭击传教士的事件。尤其是法国司铎牧守仁来巴后，这种情绪更增。牧守仁原在泸定教堂任司铎时就有恶名，到巴后大肆发展教民，扩大教产，深受当地人忌恨。凤全所带警察兵全为新式警装，与边地习见清军装束完全不同。其装备又都是洋枪洋号洋鼓，均当地所未见过。于是丁林寺与土司利用群众的无知，造谣说凤全是洋人所派的假钦差，来巴的目的是要将巴塘尽归与洋人管辖。由于巴塘久为内属之地，人民对大皇帝十分忠顺，要想令老百姓起来公然反抗，甚至杀死大皇帝所派的钦差大臣，是十分困难的。何况凤全所作之事，对广大群众尚无大的伤害。至于限制僧人人数一事，也还只在口头上说说，实际上还未执行。因而对于普通百姓来说，仅凭此是绝不敢起来造反杀钦差的。只有造谣说凤全是洋人所派假钦差，才足以激起人们的仇恨，使群众敢于围攻行辕，杀毙凤全。关于这点我们在巴塘土司和丁林寺炮制的巴塘番夷公禀中可以清楚地看到。该公禀中称："凤大人随带兵勇人等到台，随即吩谕教习洋操，学洋话，行洋礼做作，又私开汉夷百姓老幼男女人丁户口名册。凤大人与吴统领商办，将巴塘汉夷百姓僧俗尽归与洋人管辖是实。百姓看透此情，故耳不揣有罪，一时错乱，已将汉官二员及洋人一并诛戮。"

从这一公禀的内容和口气，可以看出巴塘事变的主使者是丁林寺与土司，他们将发生事变的原因归咎于凤全将巴塘汉夷百姓僧俗尽归与洋人管辖，显然是荒谬不经的谎言，但却道出了当时能煽动起这场变乱的借口。奉命经边的钦差大人将当地人丁户口造册，被说成是私开，更不能成立。因此，巴塘事件表面上虽带有民众反洋教的色彩，但实质上却是巴塘三大领主为维护自身利益反对清政府新政的一次事件，大多数参与其中的民众不过是被反洋教的借口蒙蔽了。

四是，巴塘为川藏咽喉，战略地位十分重要，但自乾隆以来200年间，其地承平已久，军力弛废，连兵营也卖给了喇嘛寺作僧房。乾隆以前，巴塘都司所领骑步兵298人、土著骑兵60人，均系由川省绿营遣派。乾隆以后，大量裁减绿营戍兵数量，仅留随营差遣马步兵83名，由内地操营拣派，3年更换。其余全为当地招募的士兵。士兵中还有40名归正副土司直辖，这些兵除充卫兵外，主要负责台站文报的转送和竹巴笼金沙江渡口的稽查。凤全到巴所带的兵只50名警察兵可用，其余150名土勇均为新募的当地人，遇乱即散，因此巴塘变乱发生时，可用之兵不过百余人，根本无法应付偌大巴塘各处的骚乱。另外，凤全等人不顾力量单薄，企图仅凭现有武力弹压变乱，到形势危及时才慌忙向打箭炉请求调兵救援。清代自打箭炉至里塘8站，计程685里。自里塘至巴塘6站，计程545里。打箭炉至巴塘共14站，计程1230里，中途还要乘船过雅砻江，翻越4座海拔4500米以上的高山，即使以最快速度，也要十来天，故待张鸿声营准备出发相援时，凤全等早已被杀。据查骞等熟知当时情形人的记述，骚乱发生时，当地人并未敢直接攻击钦差行辕，只是聚众要求凤全离开巴塘。后来，骚乱者看到凤全接连派快马去调兵，却久未见有援兵到来，于是更信凤全是假钦差，故才敢将其杀死。

五是，凤全个人的思想、性格、作风也促成了巴塘事变的爆发。凤全在晚清被称为干员，其在川为官20年，以治盗能，驭下猛而闻名。凤全为人执傲，刚愎自用，不善听取他人意见，即使同僚、上司亦常顶撞，动辄便称你把凤老子怎样！加之凤全久住内地，初到藏区，对藏族风俗文化缺乏了解，又有严重的大民族主义观念，欲凭借官威武力在藏区人民中树立威信，平时谩骂成性，接见夷目，率肆口无状，或以吸淡巴菰（香烟）铜斗击夷目首曰：

好戴尔颅头！凤老子早晚杀尔蛮狗！声色俱厉。土司头人怨愤难当，而他却毫不警惕，亦不设策预防。凤全的个人思想作风，引起了巴塘人民对他的疏远与反感，造成了民族关系紧张，从而对土司寺庙煽动民变起到了推波助澜的作用。

凤全经边虽然以悲剧告终，但从当时川藏全局的角度来看，他不惧艰难，勤于任事，筹划经营，不遗余力，在晚清时代官员中是很难得的。他所极力推行的开垦、收瞻、练兵及改土归流、限制寺庙势力等举措，是立足于固川保藏，反对帝国主义侵略，维护国家统一的需要，是贯彻清政府经营川边，以为西藏后援这一正确战略决策的必然要求。从国家和民族的根本利益层面上看，这些举措具有积极意义。只不过凤全昧于边情，对三大领主的反对估计不足，过于操切行事，才使其成为悲剧人物。因此，过去多将巴塘事变说成是反洋教运动和巴塘人民的起义，值得商榷。如果历史地、辩证地来看，这一事件实质上是巴塘宗教上层和土司为维护自身利益，反对清政府新政，在西藏宗教势力和驻瞻藏官支持下，利用民众仇洋情绪和文化冲突而煽起的一场动乱。

（四）巴塘事变的治理及其结果

巴塘事变发生后，川藏震动，清政府立即令提督马维骐率提标兵五营进剿，又命建昌道赵尔丰为善后督办率两营续进。同时命驻藏大臣有泰审度事机，妥为安抚，晓谕藏番毋听谣煽。马维骐于四月平定泰宁后，当即率部向巴塘进发。抵巴境后，侦知前数日有巴塘派来喇嘛头人于此调聚百姓，垒卡防守，暨见大兵前来，皆不愿应战，于前夜自行解散。并未像所具公禀那样甘愿先将地方人民尽行诛灭，鸡犬寸草不留。因此马军沿途只遭遇几次轻微抵抗。六月二十六日，马军顺利地进入巴塘城，擒两土司而诛之。以八阁堪布为首的倡乱僧人据守丁林寺。马军攻不进，以炮轰击，大殿中弹起火，全寺焚毁。八阁喇嘛等被擒，余众逃往七村沟。马派军分剿七村，斩馘亦不少。赵尔丰于八月初到达巴塘时，马维骐已火焚丁林，马踏七村。赵驻巴后，麻多哇等七村以愚悍听番僧驱使，继续顽抗。赵派兵三路进剿，血洗七村沟。巴塘事变始平。之后，赵开始清户口，查地亩，规定粮税，废除土司，委吴锡珍代理地方一切事宜；委候补知县王会同为盐井委员，前往招安兼征盐税。

巴塘事变使清政府进一步认识到经营川边，必须改土归流、建立行省的必要性和迫切性。故光绪三十二年（1906年）秋，清政府任命赵尔丰为川滇边务大臣,将土司地方一并改流,兴办屯垦、教育、开矿、招商、练兵等新政,筹建西康省。自此,赵尔丰以巴塘为基础,开始了在康区全面改土归流、筹备建省的行动。

## 二、拉萨"3·14"事件的应急治理分析

### (一)拉萨"3·14"事件的发生背景

20世纪50年代初,美国就开始暗中给达赖各种帮助,美国人迈林达于1999年8月16日在美国《新闻周刊》上发表的文章中指出:"美国中央情报局策划了1959年3月的西藏武装叛乱和达赖的出逃,并对藏人进行了武装训练,实际上在西藏策划的秘密战争开始于1956年"。1957年,第一批在美国受训的武装分子被空投到西藏。1958年,美国中央情报局又为达赖在科罗拉多州哈尔基地训练了约300人的叛乱分子。与此同时,美国中情局还经常给达赖集团空投各类军需物资、装备。据有关资料介绍,在达赖叛逃后的最初几年中,每年都能得到美国50万美元的"资助";20世纪60年代,美国每年为达赖集团提供资金170万美元,18万美元是给达赖个人的;1989年至1994年六年中,仅美国政府就为达赖集团提供了475万美元;2001年以来,美、英、德、日每年提供给达赖集团的经费近1亿美元。此外,美国还为达赖集团提供先进的武器装备,并向达赖集团叛乱武装派遣军事教官,为其进行军事技术指导和帮助其训练武装力量等。[1]

"达赖流亡印度以后,在各个方面都继续进行分裂破坏活动。首先,他们组织了一个所谓的军队,是'四水六岗卫教军'[2],这大概是上世纪60年代到

---

[1] 牛治富:"文化及'3·14'事件背后的文化冲突及其实质(二)",载《西藏发展论坛》2009年第2期。

[2] "四水六岗卫教军"历史上曾经达到3000多人,它在尼泊尔的木斯塘对西藏边境进行过十多年的武装袭扰,给我们西藏边境的居民造成非常重大的生命财产损失。1974年,尼泊尔政府就把这支卫教军给剿灭了,目前卫教军成了一个民间团体。但是另外还有一支部队叫作"印藏特种边境部队",这个部队是1963年3月10日成立的,最多的时候曾经达到1.4万人到1.6万人,目前来看可能只有8000人左右。它归印度22军,平时归印度内政部保安局领导,它有一个恰克拉塔野外训练中心,也叫第22训练指挥中心,有A、B、C、D、E五个防区,主要部署在中印边境一线,平时主要是刺探西藏的情报,达赖集团认为它是培育军事人才的一个基地、一个摇篮。具体请参见中国藏学研究中心编:《透视"3·14"——中国藏学研究中心学者深度分析拉萨"3·14"暴力事件》,中国藏学出版社2008年版,第474页。

第四章　依法治藏实践论：藏区应急治理案例分析

70 年代，一直在印度和尼泊尔从事武装袭击活动，对境内藏区实行渗透和破坏。在另外一些方面，比方说在勾结境内一些分裂分子组织破坏方面，他们也给予了一些支持，包括经费上的支持、装备上的支持以及精神上的支持。在文化方面，他们一再强调西藏文化是完全独特的，是有别于中国内地汉地文化和其他文化的一个独特的文化，这个文化应该理所当然地成为那么一个'独立'的国家。另外一个是，达赖集团在国际上也从事各种活动，和一些西方国家、支持他们的国家进行勾结，对境内的活动进行破坏。在一些国家，他们还从事一些游行示威，甚至是暴力威胁，冲击中国使馆，袭击中国驻外人员，这些都是他们的所作所为。"[1]

美国中央情报局是肯尼迪政府以"西藏问题"为由，实施对华遏制孤立政策最为卖力的政府机构。早在肯尼迪担任参议员期间，中央情报局就一直积极配合肯尼迪鼓吹西藏脱离中国的观点，并于 1958 年为西藏分裂势力提供了大批武器。中央情报局的活动直接促成并引发了 1959 年 3 月 10 日西藏地方政府以及上层反动集团公开撕毁和平解放西藏的"十七条协议"，发动全面的武装叛乱。在叛乱失败后，达赖集团于 3 月 17 日出逃。"一路上，曾在中央情报局受训的报务员紧紧相随，把达赖的行程随时报告给华盛顿"。中央情报局设在达卡的基地与达赖一行保持密切联系，并准备好一种适合在西藏稀薄空气中航行的C-130型运输机，随时向其空投所需物资。在接受过中央情报局训练的西藏叛乱分子帮助下，达赖集团经过两周时间终于逃到印度。[2]

事实上，从西藏和平解放，到成功实现民主改革，以毛泽东为核心的党的第一代中央领导集体从实际出发，实事求是，在实践中开创了一条"中国特色、西藏特点"的革命路子。从开始考虑西藏的和平解放，到后来的民主改革，毛泽东同志和党中央对西藏特殊的历史、地理、宗教、政治环境给予了高度重视，对有关问题进行了全面调查、深入分析和系统研究，没有简单地将西藏的情况等同于内地各省、自治区同样对待，而是根据西藏特殊情况，

---

[1]　中国藏学研究中心编：《透视"3·14"——中国藏学研究中心学者深度分析拉萨"3·14"暴力事件》，中国藏学出版社 2008 年版，第 366~367 页。

[2]　温强："'西藏问题'与肯尼迪政府对华遏制孤立政策考察"，载《中国边疆史地研究》2006 年第 2 期。

一切从实际出发，实事求是，争取抓主要矛盾，解决主要问题，从一般中寻找特殊、从共性中寻找个性。毛泽东同志很重视西藏在国家安全体系中"稳边固本"的重要作用，清楚地认识到帝国主义争取部分上层分裂分子、策划西藏独立、企图控制西藏的阴谋。基于此，他通过各种方式同西藏广大爱国上层保持联系，亲切交谈，多次接见和慰问西藏代表，听取他们的意见，让他们真正感受到党和国家的关心和温暖。同时，毛泽东主张大力发展经济，只有西藏社会稳定、民族团结、经济繁荣，才能取得反分裂斗争的最后胜利。[1]在这一时期，和平解放，暂维原状是中国共产党解决西藏问题的一个伟大创举。暂时保留原有的社会制度不变，达赖喇嘛的地位不予变更，各级官员照常供职，以求得西藏的政治解决、和平解放，这一重要的方针基本成型于中共中央西南局"四条"和"十条"的核心思想，在党中央的领导下，《关于和平解放西藏办法的协议》最终成为谋求西藏和平解放，暂维原状的硕果。[2]

进入21世纪之后，随着国际国内形势的变化，达赖集团及其支持者国际反华势力的活动出现了一些新的动向和特点：达赖的"西方情结"与西方的"藏独情结"互动，一方面，"西藏问题"国际化的趋势逐渐加剧；另一方面，西方反华势力加快了利用"西藏问题"干涉中国内政的步伐。可以说，以组织比较严密的社会团体尤其是以所谓的宗教组织为依托，以一个民族相对聚居的地区为突破口，进行颠覆和破坏，这是西方敌对势力搞乱搞垮他们反对和仇视的国家的重要政治伎俩。20世纪80年代中后期以来，随着苏联解体和东欧剧变，国际上的反华势力把中国视为潜在的对手，加紧实施西化、分化中国的政治战略，民族、宗教问题成为他们对我国进行渗透、颠覆活动的重要手段。近年来，美国等西方国家加大对达赖集团的支持力度，出台了30多个涉藏反华决议，恢复对达赖集团的经济援助，不断压迫我们与达赖进行"谈判"。国际上各类所谓"援藏"组织也四处活动。美国当局加紧介入

---

[1] 李荟芹："论毛泽东对成功实现西藏民主改革的重大历史贡献"，载《西藏民族学院学报（哲学社会科学版）》2015年第2期。
[2] 王小彬："中国共产党解决西藏问题的'和平解放，暂维原状'方针的历史由来"，载《西藏民族学院学报（哲学社会科学版）》2003年第2期。

第四章　依法治藏实践论：藏区应急治理案例分析

西藏事务，加强与西方其他国家的协调，在国际上加大支持达赖集团的力度，以增加对付中国的政治筹码。中央一再要求全党充分认识做好西藏工作的极端重要性，指出西藏工作有它的特殊性，最突出的就是它不可避免地要同复杂的历史背景和国际形势相联系。强调当前和今后一个时期，我们对达赖集团的斗争要旗帜鲜明，针锋相对，主动治理，强基固本。[1]据《纽约时报》报道，美国在北京成功申办2008年奥运会后就决意让西藏问题成为国际社会关注的焦点，随即展开一系列针对中国奥运的公关训练，包括怎么宣传自己的主张，怎么和媒体谈话，甚至连怎么攀爬像旧金山金门大桥那样的建筑来挂横幅，都有专门培训。2008年3月10日，从拉萨到甘南，从印度的达赖流亡政府所在地到希腊奥林匹克遗址，从达赖在印度发表讲话到"藏青会"的"挺进西藏"运动，如此多的事件几乎同时发生，绝非巧合。可以说，今天的"西藏问题"是历史上西方国家妄图分裂中国阴谋的延续。[2]

2008年3月14日，拉萨市发生了打砸抢烧严重暴力犯罪事件。"3·14"事件绝不是什么"和平示威""和平抗议"，而完全是严重的暴力犯罪事件。它是达赖集团有组织、有预谋、精心策划煽动的，是境内外藏独分裂势力相互勾结制造的。其险恶用心就是要制造动乱，干扰、破坏以和平为主题的2008年北京奥运会，破坏我国安定团结的大好局面，以达到分裂祖国的罪恶目的。暴徒的残忍行径激起了西藏各族人民的强烈愤慨，遭到了全国人民的强烈谴责。[3]

（二）拉萨"3·14"事件的发生经过

3月14日，拉萨市发生了打砸抢烧严重暴力犯罪事件。当日上午11时许，30余名不法僧人在小昭寺用石头突然攻击执勤民警。随后，这些僧人纠集一些不法分子，开始在八廓街聚集，呼喊分裂国家的口号，潜伏在城区各处的不法分子也迅速出动，开始用棍棒、石块、匕首暴力攻击执勤民警和过

---

[1] 杜永彬："中央第三代领导集体的治藏方略"，载《中国民族报》2009年3月20日，第6版。

[2] 赵志："对'3·14事件'以来'西藏问题'的回顾与反思"，载《阴山学刊》2009年第2期。

[3] 西藏日报："拉萨市'3·14'打砸抢烧严重暴力犯罪事件真相"，载《中国刑事警察》2008年第2期。

往的群众。[1]当日14时30分,其美拉宗、边吉等三名犯罪嫌疑人来到位于拉萨市北京中路,以纯服装专卖店。当时该店的卷帘门已被其他犯罪分子砸开,店内的大部分财物已经被洗劫一空。其美拉宗、边吉等三名犯罪嫌疑人用打火机先后三次点燃了被抛弃在店内的牛仔裤,并将商店内未被抢走的其他衣物、衣架等易燃物投入火中,导致在很短时间内形成巨大火势。犯罪嫌疑人见火势已经形成,随即离开了现场。[2]3月15日22时许,犯罪嫌疑人洛亚参与拉萨市达孜县德庆镇的聚集闹事,对商店和执勤民警进行打砸。此后,其又用石头对民和商店进行打砸,并伙同他人纵火烧毁该商店。随后,洛亚又跑到摩托车专卖店,伙同另一犯罪嫌疑人刚组,将该店的卷帘门强行砸开,并点火焚烧该店。店面被点燃后,洛亚又跑到隔壁馒头店内,将两个液化气罐扔到摩托车专卖店内,导致躲在店内二楼的5名受害人死亡。5名受害人分别是:梁智伟(男,汉族,33岁,河南省人),吴红霞(女,汉族,31岁,河南省人),他们8个月大的儿子以及店内的2名修理工。[3]

2008年3月17日,英国BBC的图片说明写道"在拉萨有很多军队",似乎完全没有看到救护车上醒目的"急救"二字。同一天,美国一家电视新闻网刊登了一张图片,画面上有一辆军车和两名奔跑者,虽然说明写的是"藏人向军车投掷石块",可图中却看不见类似场景。原来这张最先由法新社发表的照片,画面中军车另一侧正有10余名暴徒正向军车投掷石头,只是这家网站在转载时将暴徒用石头猛砸军车的图像剪掉了。更让人不可思议的是,有的媒体还移花接木。3月18日,德国《柏林晨报》网站将一张西藏公安武警解救被袭平民的照片硬说成是在抓捕藏族人。德国NTV电视台还将尼泊尔的事件图片和录像说成是"发生在西藏的新事件"。在西方某些媒体的报道当中,还充斥着"军事镇压""武力管制""藏人被杀数百人"等话语和字眼。[4]

---

[1] 薛文献:"血与火、生与死的考验——新华社记者亲历拉萨'3·14'事件",载《中国记者》2008年第4期。

[2] 张弘:"'3·14'事件完全是严重暴力犯罪事件",载《人民公安报》2008年3月25日,第1版。

[3] 石国胜:"拉萨'3·14'事件中两起纵火案告破",载《人民日报》2008年3月25日,第4版。

[4] 周志琴:"简论对外传播与国家形象——兼论某些西方媒体对拉萨'3·14'事件的报道",载《西藏研究》2010年第3期。

第四章　依法治藏实践论：藏区应急治理案例分析

从政治上看，达赖集团要搞分裂主义，就要策划阴谋活动。这些活动包括了践踏西藏人权的各种分裂主义活动和暴力事件。在暴乱中，不法分子进行打砸抢烧，杀人放火，严重侵犯人权，手段残酷，令人发指。据报道，在这次事件中，18 名无辜群众被残害致死、382 名群众受伤、120 间民房被烧毁、908 家商铺遭焚毁砸抢、7 所学校和 5 家医院被砸被烧。拉萨"3·14"分裂主义暴乱清楚地揭示了达赖集团是如何践踏人权，如何假"人权"之名，行分裂主义之实的本来面目。[1]

（三）拉萨"3·14"事件的复杂影响因素

"3·14"事件是达赖集团有预谋、有计划、精心策划的事件。他们的暴行严重危害了人民生命财产的安全，破坏了西藏地区的稳定与发展，破坏了民族团结。西方媒体密切关注此次事件的进展。有些西方新闻媒体本着新闻从业人员的道德准则，如实客观地报道发生在拉萨的一切。但也有部分西方媒体通过各种方式歪曲事实，刊播虚假、失实报道，完全违背了新闻的客观公正原则。这不仅引起了全球华人的强烈不满，也在全世界引起了对他们所标榜的"客观公正"的质疑。[2]

更让人震惊的是，美国有线电视新闻网（CNN）发表的一张图片原本反映的是暴徒投掷石块攻击军车，而 CNN 有意将暴徒投掷石块的部分裁剪掉，而仅显示出军车在路上行驶，前面则有人在奔跑。不仅如此，CNN 主持人卡弗蒂在某节目中公然发表攻击中国的言论，称"中国的产品是垃圾"，"在过去 50 年里中国人基本上一直是一帮暴民和匪徒"。卡弗蒂辱华的言论一出，迅速激起了华人的极大愤慨。许多网友自发反击外媒炮制的不实报道，身居海外的华人更是齐心协力，一纸诉状将 CNN 告上了法庭，要求卡弗蒂就其辱华言论向中国人道歉。在中国外交部的强烈要求下，卡弗蒂最终发布了一封"道歉信"。这封仅有 101 个字的所谓"技术性"道歉信打破了华人的忍耐底线。4 月 21 日，在美国有线电视新闻网（CNN）纽约分部大楼前，百余名华侨、华人集会抗议卡弗蒂公开发表辱华言论，并对其毫无诚意的道歉信予以

---

[1] 李世安："假'自由''人权'之名，行分裂主义之实——评达赖集团策划的严重侵犯人权的拉萨'3·14'打砸抢烧暴力事件"，载《人民日报》2008 年 3 月 29 日，第 4 版。

[2] 李永红："从拉萨事件报道看西方媒体的'客观公正'"，载《东南传播》2008 年第 5 期。

严厉谴责。[1]

西方媒体所普遍采用的歪曲事实报道的立场,需要从两个方面来看:首先是从新闻学的角度看,所有这些歪曲事实的报道都属于技术性的处理,游走在经典新闻学的灰色地带。其次,若以国际关系学来解释这一现象,就可发现西方媒体暴露出其完全服务于西方国家的国家利益这一本质。准确地说,西方新闻媒体在国际报道中始终处于无监督状态。拉萨"3·14"事件以来的中西舆论纷争本质上是国家主体之间的公关战,因此以"客观""真实"为诠释框架的新闻理论,以道德义愤为核心诉求的传播批判思想,不足以全面理解和把握这场权力博弈和利益较量。[2]

而在国内相关报道中,并未交代议题中包含的具体的"先前事件"和"主要事件"。从《人民日报》3月17日的相关报道中可以了解到"3·14"事件的"先前事件"为从3月10日开始的"藏青会"等组织举行的从印度到西藏拉萨的所谓"挺进西藏运动"。"主要事件"则包括"以纯服装专卖店纵火案""达孜县摩托车专卖店纵火案"等四起重大纵火案以及吉崩岗小学教师保护学生和救助受损商户等等。事实上,自1959年3月10日都达赖集团在拉萨发动武装叛乱后,每年的3月10日被定为所谓"起义日"。达赖集团在每年的这一天都要举行破坏活动纪念所谓"西藏起义日"。"3·14"事件的发生正是基于这样的历史背景。[3]而从根本意义上看,拉萨"3·14"事件引发了中国与西方国家之间持续的舆论冲突。这种冲突根源于文明的误解、意识形态的对立和历史观的差异,并被国家利益分歧和西方新闻媒体的炒作激化,以新闻舆论和社会舆论交锋的多种途径和渠道释放出来。现阶段,要深刻认识到国际舆论冲突的长期性、复杂性和艰巨性,明确国内、国际舆论在西藏问题上的建设性和牵制性,并为随时化解国际舆论危机做好思想准备。[4]

---

[1] 刘派:"浅析西方媒体的偏见以及失实报道——从CNN对拉萨3·14事件的失实报道说起",载《东南传播》2008年第7期。

[2] 沈正赋:"突发事件报道方法与传播效果解析——2008年我国突发事件报道研究综述",载《当代传播》2009年第2期。

[3] 吴摘鸣:"'3·14'和'7·5'事件报道电视新闻话语分析——以《新闻联播》相关报道为例",载《中国广播电视学刊》2010年第1期。

[4] 阚道远:"国际舆论冲突的政治学分析:根源·动力·途径——拉萨'3·14'事件引发的思考",载《中国成都市委党校学报》2008年第5期。

## 第四章　依法治藏实践论：藏区应急治理案例分析

### （四）拉萨"3·14"事件的治理及其结果

拉萨"3·14"打砸抢烧严重暴力犯罪事件发生以来，在自治区党委、政府的高度重视和果断处置下，在党和政府政策的攻势下，在法律的威慑下，在政法机关的精心部署和广大公安干警的积极努力下，拉萨市公安机关侦破"3·14"打砸抢烧严重暴力犯罪事件案件工作取得重大进展。据拉萨市公安局副局长江再平介绍，截至3月31日，已抓获犯罪嫌疑人414人；成功破获了达孜县"3·15纵火杀人案""以纯专卖店纵火杀人案""宏宇裤业服装店纵火杀人案""花花公子服装店纵火杀人案"，主要犯罪嫌疑人已抓获归案，四起纵火杀人案件全部告破。"3·14"打砸抢烧严重暴力犯罪事件发生后，自治区党委、政府高度重视，迅速采取措施平息事态，使拉萨生产生活秩序逐步恢复正常。为彻底打击不法分子的嚣张气焰，3月15日，自治区高级人民法院、自治区人民检察院、自治区公安厅联合发布通告，敦促组织、策划、参与"3·14"打砸抢烧的犯罪分子停止一切犯罪活动，投案自首，鼓励广大人民群众积极检举揭发犯罪分子。与此同时，公安机关充分利用网络及报纸、电视等新闻媒体通缉、威慑和感化犯罪分子。[1]

时任自治区党委书记、西藏军区党委第一书记张庆黎强调："自治区党委、政府认真贯彻中央重要指示精神，高度重视、果断决策、连续作战、妥善处置，紧紧依靠群众，采取有力措施，进行坚决斗争，基本平息了事态，拉萨市社会秩序正在逐步恢复正常。这个成绩来之不易，我们一定要倍加珍惜。面对开始好转的形势，我们必须清醒地看到，达赖集团贼心不死、垂死挣扎，反分裂斗争的形势依然非常严峻。当前，我们一定要以巩固和发展拉萨市当前局势为重点，全力抓好其它地区稳定工作，同时在确保社会稳定的前提下，尽快恢复正常生产生活秩序。要进一步深化爱国主义教育，切实加强基层政权建设，把综合治理的各项措施落到实处，充分发挥好基层党组织的战斗堡垒和职能作用。要牢牢把握正确的舆论导向，让各族群众尽快了解事实真相，揭露和批判敌对势力的罪恶行径，揭穿达赖集团分裂祖国、破坏北京奥运会的图谋，把达赖集团的丑恶嘴脸暴露在光天化日

---

[1] 杨正林："拉萨市公安机关侦破'3·14'打砸抢烧严重暴力犯罪事件案件工作取得重大进展"，载《西藏日报》2008年3月31日，第1版。

之下。"[1]

时任拉萨市公安局副局长江再平在3月18日上午举行的新闻发布会上介绍，已有365名参与"3·14"打砸抢烧事件犯罪嫌疑人投案自首；另外，对有证据证明参与"3·14"打砸抢烧事件的170名犯罪嫌疑人进行了通缉，在被通缉犯罪嫌疑人中已归案82名，其中11名被通缉犯罪嫌疑人投案自首。[2]在3月14日拉萨打砸抢烧暴力事件中，不法分子共纵火30余处，砸毁金融网点10个，24处建筑物被烧成废墟，84辆汽车被焚毁。18名无辜群众受害死亡，受伤群众382人。公安民警和武警官兵伤241人，牺牲1人；直接经济损失达24 468.789万元。[3]3月10日和14日，西藏哲蚌寺和色拉寺两寺极少数僧人受达赖集团和境内外敌对势力的挑唆和煽动，参与了拉萨"3·14"打砸抢烧严重暴力犯罪事件，不仅遭到了社会各界的强烈谴责，同时也引起了寺庙内部的极大不满，广大僧众纷纷谴责极少数僧人是不务正业的佛门败类，既践踏了法律，又亵渎了佛法，给人民群众生命财产造成极大损失。而令人感动的是，在事件发生时，色拉寺75岁的高僧洛桑群培苦苦劝导僧众不要参与破坏活动，后终因体力不支而晕倒，他用崇高的精神力量阻止了那些受到挑唆的僧人参与暴力犯罪活动。[4]

"3·14"事件中，由于种种原因，西藏自治区政府在事件发生之时不仅没有及时公布暴乱的真相，反而驱赶境外记者。与此同时，中国的主流媒体集体"失声"，结果给了达赖喇嘛这一流亡"奴隶主"之流以可乘之机，引来众多不明真相的西方媒体抢在中国媒体前报道了这起事件。一时间，各种不公正、不客观的报道蜂拥而至，一些居心叵测的西方媒体和政客不顾事实，颠倒黑白，混淆是非，张冠李戴，肆无忌惮地诽谤中国。尽管中国政府在几天后试图澄清事实真相，公布了暴乱发生的时间、地点以及相关图片，但因

---

[1] 高玉洁："万众一心众志成城 打一场反对分裂维护稳定的人民战争"，载《西藏日报》2008年3月19日，第1版。

[2] 颜园园、逯寒清："拉萨'3·14'事件：已有365嫌犯自首"，载《新华每日电讯》2008年4月19日，第2版。

[3] 薛文献、颜园园："侦破拉萨'3·14'纵火杀人案"，载《瞭望》2008年第14期。

[4] 高玉洁："一定要深刻认识拉萨'3·14'事件性质 努力成为爱国爱教、护国利民的好僧尼"，载《西藏日报》2008年4月19日，第1期。

第四章　依法治藏实践论：藏区应急治理案例分析

为"首先进入人们记忆的信息具有先导性和稳定性"，这些事后的解释显得苍白无力，如亡羊补牢难以取信于西方社会。中国媒体彻底丧失了事件报道的主动权，我国国家形象因西方媒体铺天盖地的不公正、不客观报道而蒙受伤害。[1]"3·14"事件反映出我们对外传播工作中的若干不足：突发事件报道时效落后于人；只有官方独家报道，缺少非官方渠道的多家报道；注重事实输出，缺少意义输出；对外传播中 NGO 缺失；不善于利用外国媒体发出自己的声音；舆论危机应急机制还不完善。[2]拉萨"3·14"事件引发了中国与西方国家之间持续的舆论冲突。这种冲突根源于文明的误解、意识形态的对立和历史观的差异，并被国家利益分歧和西方新闻媒体的炒作所激化，以新闻舆论和社会舆论交锋的多种途径和渠道释放出来。现阶段，要深刻认识到西方媒体对华歪曲报道的长期性、复杂性和艰巨性，明确西方国际新闻舆论在西藏问题上的危害性和牵制性。[3]

"3·14"事件从反面提供了一个很好的教材，它告诉我们：利用民族和宗教问题大做文章，是当今世界西方大国最善于利用并每每得手的一张王牌。对于反华势力利用西藏、新疆等问题，妄图遏制中国、分化中国的战略意图，我们应当始终保持清醒的头脑，要有忧患意识。也要认清我们同达赖集体的斗争不是民族矛盾、不是宗教问题，而是包括西藏广大干部群众在内的全国各族人民同达赖分裂主义集团及其支持者进行的一场维护国家主权、反对分裂的斗争。当前，我们要把大家的注意力和情绪引导到维护国家统一、增进民族团结、落实依法治藏上来，引导到各民族共同团结奋斗、共同繁荣发展上来，同心协力，共同奋斗，争夺反分裂斗争的新胜利。[4]

---

[1] 欧阳炜："重大事件报道的快速透明有利于塑造国家形象——以'3·14拉萨事件'和'5·12汶川大地震'为例"，载《新闻知识》2009年第5期。

[2] 张斌："从拉萨'3·14'事件检视对外传播的缺失"，载《中国广播》2009年第7期。

[3] 卜建华、杜善勇："西方媒体歪曲西藏问题的根源、本质及应对措施——拉萨'3·14'事件引发的思考"，载《山东省青年管理干部学院学报》2009年第6期。

[4] 拉巴平措："所谓'西藏问题'的历史由来和现状"，载中国藏学研究中心编：《透视"3·14"——中国藏学研究中心学者深度分析拉萨"3·14"暴力事件》，中国藏学出版社2008年版，第34页。

## 第三节 藏区应急治理过程与依法治藏经验提炼

本章内容主要从笔者所收集的四大类、十余个典型案件入手,全面地描述了藏区应急群体性突发事件的背景、原因、过程以及结果等。同时也回应上一章的模型构建,使得理论与实践能够充分反映藏区应急群体性突发事件的全貌。本部分从事件发生的原因和处理的经验两个方面进行总结提炼,以期能够为以后相类似事件的处理提供经验支持。

从藏区群体性应急突发事件的发生原因来看,主要有以下几个方面的内容:

第一,利益调节失衡是引发系列事件的根本原因。正如有的学者所指出的,自改革开放后,国家经济有了很大的发展。但由于在社会分配公平方面缺乏必要的关注,分配体制中重国家轻民生,教育、医疗、养老等民生问题上国家投入过少,体制内外的差距日益扩大;未能实现国民的平等权利和待遇,以城乡二元分割为代表的(但并不仅限于此)体制性不公平,造成不同"身份"公民的机会不平等;土地所有权等基本财产制度与市场经济存在根本矛盾,使得各地征地纠纷高发;社会底层民众包括一些无法就业的大学生生存仍然存在许多困难,等等。这些问题的存在,是诱发群体性事件的主要原因。[1]

第二,基层政权薄弱,干群关系有待进一步融洽。"气"是中国人追求承认和尊严、抗拒蔑视和羞辱的情感驱动,而草根行动者是"气"在整个行动过程中释放、升发和调控的主导因素。由结构性利益失衡造成、弥散在事发地区的"气",失衡与弥散是这层"气"的基本特征。在一个牵连广泛、影响深远、关系复杂的社会大转型中,出现较为普遍的利益失衡问题,这本不足为奇,但问题的关键在于中国社会目前在市场转型中并没有建立起足够充分的利益诉求机制,同时也缺乏建设"安全阀"制度的敏感性。许多基层政府习惯于用高压手段来处理利益纷争,利益受到损失或威胁的一些底层群体不仅实际利益问题长期得不到解决,而且心中的怨气还无从发泄,造成心理严重失衡,官民对立的情绪较为普遍。威权体制这种结构性因素决定了利益冲突和心理对抗常常难以通过制度化、理性化的方式来化解。很多情况下,

---

[1] 于建嵘:"期待建立制度性的社会减压方式",载《人民论坛》2009年第8期。

第四章　依法治藏实践论：藏区应急治理案例分析

底层的不满一方面在高压下遭到压制，另一方面却又正是在高压下得到积累、强化和扩散，并寻求着以非制度化、非理性的方式释放的时机。[1]

第三，广大农牧民群众法治意识淡薄，文化水平较低。在拉萨"3·14"打砸抢烧事件中，有一些人是"藏独"分子花钱雇来的，还有一些人是不明真相、法治意识淡薄而随大流起哄的，对这些人应该宽大处理。要团结最大多数的藏族群众，而对绝大多数爱国的藏族干部和群众，应该更加关心和尊重他们。不要因为少数"藏独"分子的不法行为，让广大的藏族干部和群众背上沉重的心理包袱。[2]

第四，寺庙人员复杂，宗教裹胁，极易受境外敌对势力和达赖集团的操控。藏传佛教最基本的教义就是要多做善事、普度众生，真正的佛教徒绝不会容忍打砸抢烧这样残暴的行为。维护祖国统一和民族团结是每一个公民应尽的义务，藏传佛教广大僧尼更应该为广大信众做出表率。僧众应当决心大力弘扬爱国爱教的光荣传统，遵守宪法和法律，坚决反对分裂，维护祖国统一和民族团结，竭尽全力做好寺庙各项工作，维护正常的宗教秩序，使我们的社会更加和谐、人民更加幸福。[3]

第五，维稳工作目标发生偏差，个别干部工作不力、不实，是引发系列事件的直接原因。正是因为对维稳的刻意强调和片面理解，使当前不少地方维稳工作挣扎在政府维稳与民众维权的博弈之中：政府在多重压力之下大力维护以"零非访"等为指标的"稳定"，而民众在权利救济极度困难时不得不以种种非常规方式"冲出重围"。面对这种博弈，一些地方政府往往缺乏耐心，大多采用应急式处理方式，不稳定因素并没有真正地化解，很大程度上是采取了治标不治本的权宜之策。这种维稳思维和处置方式，往往会随着社会的发展和各种矛盾的汇集激发，最终会使社会付出更大的代价。[4]

---

[1] 应星："'气场'与群体性事件的发生机制——两个个案的比较"，载《社会学研究》2009年第6期。

[2] 王奎正："拉萨'3·14'事件后的思考"，载《学习月刊》2008年第5期。

[3] 高玉洁："一定要深刻认识拉萨'3·14'事件性质 努力成为爱国爱教、护国利民的好僧尼"，载《西藏日报》2008年4月19日，第1版。

[4] 人民论坛问卷调查中心："借'维稳'名义不作为乱作为'较严重'"，载《人民论坛》2010年第9期（下）。

藏区群体性应急突发事件的处置和治理可以为"依法治藏"总结如下一些有益经验：

第一，利用经济、政治等手段搞好利益调节，既维护社会的稳定，又保障公民的切身利益。维权成本与维稳成本之间存在如下关系：体制内维权成本上升，维稳成本需相应增加才能维系稳定；体制内维权成本下降，才有可能在保持社会稳定的情形下降低维稳成本。要走出高成本维稳困局，需采取以下有效措施：一方面，改善政府治理，降低体制内维权成本，引导民众以体制内方式维权；另一方面，依法严惩违法抗争，增加体制外抗争成本，抑制民众的体制外抗争倾向。通过上述对维权成本的干预和控制，减少群体性事件，进而在保持社会基本稳定的情况下逐步降低维稳成本。需指出的是，这些措施必须与政府稳定观、权利观的调整、重建社会公正相配套，方可真正走出维权维稳的高成本困境，实现藏区社会长治久安。[1]

第二，加强基层政权组织建设，发扬基层民主，加大各种国家权力在农村中的下沉，将正式权力的作用完全贯彻到农村的每一个角落。从政治学的角度来讲，就是应该优化地方治理结构，减少垂直管理条线，下放规划权、审批权、人事权等行政权力，强化基层特别是乡镇街道的管理权限，使之与管理责任相对应。合理划分不同层级政府的财力和事权，规范优化转移支付，通过基本公共服务投入责任上移，为基层形成稳定而持续的公共服务筹资机制，提高基层政府的公共服务能力和决策能力。在提高基层政府治理权力和能力的同时，还要相应地规范各级政府决策、执行、监督的机制和程序，加强各类政务信息公开，强化人大、政协、社会舆论、社会组织对同级政府的横向监督，防止地方政府"乱作为"和"不作为"，提高基层政府对基层民意的敏感度，走出"一收就死，一放就乱"的怪圈和困境。"强能化"与"规范化"两个方面要相辅相成、并道而行，才能真正优化地方政治系统和政治过程，保持地方政治系统的鲜活性和有效性。[2]

---

[1] 张荆红："'维权'与'维稳'的高成本困局——对中国维稳现状的审视与建议"，载《理论与改革》2011年第3期。

[2] 容志、陈奇星："'稳定政治'：中国维稳困境的政治学思考"，载《政治学研究》2011年第5期。

第四章　依法治藏实践论：藏区应急治理案例分析

第三，运用行政手段实施规范治理、严格执法。严格执法是全面推进依法治藏的关键，就是要使各级政府坚持在党的领导下、在法治轨道上开展工作，大力推进简政放权，全面履行政府职能，健全依法决策机制，深化行政执法体制改革，强化对行政权力的监督制约，全面推进政务公开，加快建设职能科学、权责法定、执法严明、公开公正、廉洁高效、守法诚信的法治政府。[1]

第四，开展农牧区群众工作，严防外来人员的串联、煽动，确保重点寺庙的稳控工作。各级执法机关严格执行国家宪法法律，旗帜鲜明地进行反分裂斗争，依法严厉打击分裂祖国行径，教育信众爱国爱教，引导藏传佛教与社会主义社会相适应；依法强化新兴媒体管控，严格执行手机、互联网用户真实身份登记制度，净化网络环境，切实开展意识形态领域的反渗透斗争；健全社会综合治理体系，完善治安检查网点，加强执法力量，规范流动人员的服务管理。[2]

第五，公安机关、检察院、法院等政法部门提高依法办案的能力特别需要进一步强化情报信息工作，以维护藏区的社会稳定与和谐。

第六，加强理想信念教育，整顿干部队伍中的不良风气。党的十八大报告提出："深入开展法治宣传教育，提高领导干部运用法治思维和法治方式深化改革、推动发展、化解矛盾、维护稳定能力。"提高各级领导干部运用法治思维的能力，是全面贯彻落实依法治藏方略的客观需要。全区各级领导干部通过专题教育和自学等方式，逐渐树立起法治理念，运用法治思维，带头遵守宪法法律，为其他社会群体树立法治榜样。[3]

第七，要加强法制教育和宣传，划分一般参与与违法犯罪的界限，严密防范事件向宗教问题转化。据时任拉萨市公安局副局长江再平介绍，在365名主动投案自首的犯罪嫌疑人中，有的是打砸抢烧暴力犯罪事件的组织、策

---

[1] 都红岩、罗小胜、刘德川："高扬法治旗帜　落实依法治藏——认真学习贯彻党的十八届四中全会精神"，载《西藏日报（汉）》2015年1月6日，第1版。

[2] 靳海波等："不断开创依法治藏新局面——论在西藏协调推进'四个全面'之三"，载《西藏日报（汉）》2015年4月4日，第3版。

[3] 靳海波等："不断开创依法治藏新局面——论在西藏协调推进'四个全面'之三"，载《西藏日报（汉）》2015年4月4日，第3版。

划者，有的是主要犯罪行为的实施者，但绝大部分是受蒙蔽、欺骗和被胁迫而参与的群众。[1]因此，应当严格区分犯罪与非犯罪的界限，加强法制宣传与教育，并注意藏区应急治理事件向宗教问题的渗透和转化等问题。

第八，注重基础设施的建设，提高藏民的文化水平、法律意识，丰富藏民的精神生活。人民群众是真正的铜墙铁壁。各级党政组织和人民团体、社会各界要最大限度地把各族群众发动、组织起来，形成打击敌人、保护人民的天罗地网，打一场反对分裂、维护稳定的人民战争。全体共产党员和共青团员要坚决听从党的召唤，在反对分裂、维护稳定的斗争中要旗帜鲜明，勇敢地站出来冲锋陷阵，处处发挥先锋模范作用，团结带领广大群众共同对敌。广大群众一定要响应党委和政府的号召，提高警惕，擦亮眼睛，明辨是非，团结一致，充分认识今天的幸福生活来之不易，自觉地维护祖国统一、反对分裂，挺身而出同极少数敌对分子作坚决的斗争，为稳定局势和推动西藏发展进步做出积极的贡献，保卫来之不易的改革开放和现代化建设成果。[2]

---

[1] 颜园园、逯寒清："拉萨'3·14'事件：已有365嫌犯自首——绝大部分是受蒙蔽、欺骗和被胁迫而参与的"，载《新华每日电讯》2008年4月19日，第2版。

[2] 高玉洁："万众一心众志成城 打一场反对分裂维护稳定的人民战争"，载《西藏日报》2008年3月19日，第1版。

# 第五章

## 依法治藏体系论：藏区应急治理法治体系

在藏区，通过实证调研，我们可以得出静态的法制和动态的法治更具有操作意义的结论。在藏传佛教影响深厚的藏区的法律实践，明显地体现出治理的常规性和稳定性特征，体现出宗教的权威而非法律权威，体现出主体权利意识而非权力行使。法治化，就是强调一种法律建构的过程，用法作为社会治理手段，避免随意性；将法作为一个预设目标，促进实现；用法来衡量行为实践，确立标准。

本章将在这一理论背景下，探讨依法治藏的体系和制度构建问题。藏区应急治理需要综合的法治系统，具体来说主要包括以下三大机制，即依法治藏应急治理权力法律约束机制、依法治藏应急治理全民法治参与实践机制以及依法治藏应急治理程序法治机制。具体的制度构建包括：明确应急权力的范围，充分调动有权主体的积极性；促使应急权力下沉，明确基层政府及其派出机构的责任和角色；平衡应急权力与公民权利，发挥教育和宣传的作用；明确应急自由裁量权的范围，防止其负面效应；明确应急权力的监督机制，体现政府与人民群众良好互动关系；理顺应急权力与自治权的关系。赋予藏民权利主体地位，是全民法治参与机制的前提；提高藏民的权利参与意识，扩大权利和义务的认识范围；重视藏民的宗教信仰和心理需求，规范藏民的参与行为；合理规制宗教组织等第三部门的参与等，可以起到事半功倍的效果。克服藏区地方政府信息能力缺陷，由压力型行政转变为服务型行政；克服应急治理与程序规范的偏差，建立信息档案与移转程序制度；明确藏区应急治理的信息权与信息授权，完善信息程序法律制度；引入程序法治理念，对应急治理进行程序规制。综上，笔者从一般意义上构建了一种适用于藏区的综合的法治治理系统。

## 第一节 藏区应急治理法治化论纲

古代先哲亚里士多德曾经说过："已经颁布的法律必须被普遍的遵守，而大家所遵守的法律首先必须是制定的良好的法律。"这是人们普遍认为的关于"法治"的最佳表述。时至今日，更多学者强调的"法治"，就是强调法律的动态实施、强调法律的良法性质、强调法律体系的内在协调等。不可否认，当前我国已全面进入小康社会，社会主义法律体系已确立和完善，基本上社会生活的方方面面都会有法律对其进行调整，法律已经成为常规性的社会治理手段。但是，在我国藏区，情况可能并不是那么理想。而"从世界范围内来看，应急管理在经历了一个从没有或无须法律到逐步法治化的过程，法律的作用及法治化趋势逐渐增强"。[1]这种发展趋势，由四个核心要素构成：其一，越来越强调法制手段；其二，强调权力的法律约束；其三，日益重视人权保障；其四，强调社会组织的参与。笔者认为，在藏区应急治理过程中，法治化的构建至少包括以下内容：

第一，应急权力是一种国家公权力，必须在法律、法规规定的范围内行使，藏区地方政府的应急治理权力不能违背宪法的规定，也不能违背行政法等法律规范。一方面，强调藏区应急治理事件的法制化处理，保持制度的稳定性，合理行使国家公权力；另一方面，在具体事件的处理过程中，也必须强调法律的约束机制，包括地方政府应急权力行使的正当性问题、行使限度问题以及应急权力的法律监督等问题。更进一步，藏区属于民族自治区域，较高级别的地方政府和权力部门可以制定和颁布自治条例和单行条例，因而藏区的应急治理法律制度比较复杂，宪法、法律及地方行政法规的实施必须有明确完善的规范设置。

第二，尊重和保障公民权利，是法治的核心精神，是藏区应急治理法治

---

[1] 赵颖："突发事件应对法治研究"，中国政法大学2006年博士学位论文。

化的核心要素。藏民基本权利的保障是地方政府依法行政的基本要求,不能以国家统一、国家稳定以及社会公共利益为"幌子"滥用应急管理权力。应急权力行使的终极目标即是保障和尊重公民的基本权利、人格尊严、人身自由等。以人为本是科学发展观的核心,也是现代政治文明的基本要求。任何事关西藏方针、政策的制定和实施都要从西藏各族人民的根本利益出发,都要以西藏各族人民的根本利益为重。照顾西藏各族人民的利益,尊重西藏各族人民的感情,响应西藏各族人民的诉求,应该是今后一切治藏方略的根本出发点。历史已经证明,只有照顾到了西藏各界的利益,治藏方略才能得以实施。西藏之所以在元代归入祖国版图,主要是因为当时西藏的各派势力无力满足人民统一的要求。以后历代中央政府施政,都重视和照顾西藏各方的利益。特别是党和政府解放了西藏的百万农奴,这是西藏历史上从未有过的壮举,真正体现了以人为本。尽管有分裂势力的叛乱,但党和政府得到了西藏人民的真心拥戴。这是党和政府在西藏施政的民意基础,也是最值得保持和发扬的光荣传统。人本治藏要特别重视让西藏各族、各阶层人民都得到实惠。在历史上,元明清三代统治者都注重以利益拉拢西藏上层。当今时代,人们的民主意识、权利意识日益觉醒,西藏也不例外。当年,党和政府以解放百万农奴赢得了拥护,今后要更加重视对西藏普通民众的优惠政策,让每个人都真切体会到民族区域自治制度的优越性。[1]

第三,藏区社会组织以及公民的参与是应急治理法治化构建的动力源泉。藏民的充分参与,可以实现治理过程的透明化,避免应急治理的神秘感从而引发二次冲突。藏区爱国、爱教的宗教社会组织,可以充分发挥其积极作用,行使自治权和纠纷调处权,显示了重要的补充力量,是第三方参与处理、化解矛盾的主体。习近平总书记曾指出,实现西藏和四省藏区长治久安,必须常抓不懈、久久为功,谋长久之策,行固本之举。要把基础性工作做深做实做细,坚持依法治理、主动治理、综合治理、源头治理相结合,紧紧依靠各族干部群众。要大力加强民族团结,促进各民族群众相互了解、相互帮助、相互欣赏、相互学习。要大力培育中华民族共同体意识,广泛开展民族团结

---

[1] 黄伟:"历代中央政府治藏方略的演变传承",载《国家行政学院学报》2012年第4期。

进步宣传教育和创建活动。要大力做好藏传佛教工作，发扬藏传佛教界爱国爱教传统，推进寺庙管理长效机制建设，支持藏传佛教按照与社会主义社会相适应的要求进行教规教义阐释。要坚持不懈开展马克思主义祖国观、民族观、宗教观、文化观等宣传教育活动，凝聚中国特色社会主义思想共识。要落实依法治藏要求，对一切分裂祖国、破坏社会稳定的行为都要依法打击。[1]

第四，藏区应急治理的法治化过程中，更应当强调程序法治。通过程序的规范性操作，避免信息差异、变异，确保不滥用应急权力而损害公民权利。行政法律程序的过程和意义不言而喻。程序的意义在于过程，过程的完美无瑕是保证实体公平、公正的前提和基础。法律程序的设置就在于防止专断、肆意和暴力。因此，一套严格的、规范的应急管理法律程序，以及行政主体的严格遵守，是实现应急治理法制化的基本保障。另外，从司法程序的视角来说，公正是法治的生命线，司法是维护社会公平正义的最后一道防线，促进社会公平正义是司法工作的核心价值追求。人民法院作为推进社会主义法治建设的重要力量，在推进依法治国和依法治藏进程中的作用无可替代。习近平总书记曾提出要"努力让人民群众在每一个司法案件中感受到公平正义"，为人民法院工作指明了方向和道路。人民法院作为国家的审判机关，担负着打击犯罪、调处各种矛盾纠纷、维护社会稳定和经济发展的重要职责，司法不公对整个社会公正的破坏作用是致命的。英国哲学家培根曾经说过："一次不公正的审判，其恶果甚至超过十次犯罪。因为犯罪虽是无视法律——好比污染了水流，而不公正的审判则毁坏法律——好比污染了水源。"这其中的道理是深刻的。法院一次不公正的审判，对于打官司的个体而言，可能一生仅此一次，但是带来的负面影响却不可估量。司法公正很可能会因为这一次的不公而遭受普遍质疑，法律的神圣和权威将受到严重削弱。由此可见，维护司法公正在践行依法治国方略和依法治藏中是何等重要。法院是依法治国的建设者，肩负着建设社会主义法治社会的神圣职责。法院通过推进天平工程、审判体系、审判能力现代化建设，促进法律规范体系、法治实

---

[1] 具体请参见习近平："依法治藏富民兴藏长期建藏 加快西藏全面建成小康社会步伐"，载《人民日报》2015年8月26日，第1版。

施体系、法治监督体系和法治保障体系建设。通过积极参与科学立法、民主立法,推动完善藏区各项职能体现权利公平、机会公平和规则公平的法律制度。作为依法治国的建设者的人民法院必须锐意进取,砥砺奋进,积极参与建设中国特色社会主义法治体系,全身心地投身到司法体制改革伟大洪流之中。[1]

## 第二节 依法治藏应急治理权力的法律约束机制

作为行政权力的应急权力,具有行政法意义上的国家公权力属性。任何公权力的行使必须有其制约机制,否则会产生难以弥补的损害,应急权力也不例外。因此,应当把"权力放在制度的牢笼之中",藏区地方政府应急治理的法律约束机制之构建十分重要。

### 一、藏区应急权力法律约束机制的法理

(一)藏区应急权力的控权思想

一般认为,控权理论发端于英美法系。龚祥瑞先生的《比较宪法与行政法》一书向我们介绍了英美法中的控权论思想。其后,张树义在《行政法学新论》中进一步完善了控权思想,孙笑侠则提出了所谓的"综合控权论",即注重控制权力行使的多种方法、路径和机制。可以说,"控权论是我国行政法起步之后一直影响至深的主流学说,这与'西学东渐'有关,也是行政法的基本功能决定的"。[2]传统的控权思想是以英美法系国家的经济背景、行政权力行使、自由主义浪潮、法律判例传统等为背景提出来的。中国学者提出的"控权"理论,更多的是与中国的行政法律实践相结合的所谓的"新控权"理论。那么,从地方行政机关的行政权行使角度来看,对于突发事件的应急治理权力,也要注重权力的控制;藏区应急治理权力的行使,控权的思想更应当深入人心,应急治理权力的行使应当有一个限度。

---

[1] 马方:"充分发挥人民法院和法官在依法治藏中的作用",载《西藏日报(汉)》2015年8月15日,第3版。
[2] 余凌云:《行政法讲义》,清华大学出版社2010年版,第35页。

我国政府控权机制发挥作用的场合和范围较小，一般会影响到县、区一级，这也是我们通常所说的国家权力下沉或者权力下放。一般认为，社会活动有两个主要的目的："一方面，安全和公正需要集中的政府控制，这种控制要想有效的话，就必须扩展至建立起一个世界政府。另一方面，需要为与社会秩序相容的个人主动性提供最大的空间。"〔1〕"尽可能保证实现这两个目的的方法是权力下放。在与防止战争无关的一切事情上，世界政府必须给国家政府留以自由；国家政府必须给地方权力机构留下尽可能多的空间。"〔2〕笔者在调查走访过程中了解到，应急治理直接处理的领导人员，一般都为当地乡镇一级的党政领导；发现突发事件的一线主体，一般为村委会主任、书记等；县一级的领导人员直接发现和处置的较少，一般都为指挥者或拍板者。这说明，在藏区，国家权力的下沉现象更加明显，一般会下沉到村、部落一级。

为什么会出现这样的现象？其一，藏区的政治环境不同于内地，在政府权力运作过程中更加强调国家的意识形态、国家政策的实施。国家权力的行使在藏区凸显出更大的价值和影响力，藏民对于当地党和政府的依赖性更加明显。其二，藏民对权威的认识存在差别，习惯权威更具有实践操作意义与现实影响力。与习惯权威相对应的是法律权威。英国著名学者罗素认为："在谈到一个人因为良心的原因而背离他所属的社会认为是正确的事情时，我们必须在习惯的权威和法律的权威之间做出区分。"〔3〕在藏区的熟人社会结构中，村委会主任、书记以及首领等更具有习惯权威，对于突发事件的处理更具有"亲和力"，"自己人"或者"熟人"处理自己的突发事件，避免"他者"形象的出现，更具有现实合理性和可操作性。其三，政府权力的控制，有一定的延展性。在涉及国家根本目的和利益的"安全"议题时，权力控制体现为首要价值考量，而非"公正"或者"保护"等。这是因为，"没有控制，会出现无政府状态"。国家控制在一定范围和程度上体现出来，在一些事情上可以体现国家控制，而在另一些事情上则不可取。关键之处就在于社会

---

〔1〕［英］伯特兰·罗素：《权威与个人》，储智勇译，商务印书馆2010年版，第86页。
〔2〕［英］伯特兰·罗素：《权威与个人》，储智勇译，商务印书馆2010年版，第86页。
〔3〕［英］伯特兰·罗素：《权威与个人》，储智勇译，商务印书馆2010年版，第87~88页。

需要以及价值判断。因此,在藏区涉及突发应急事件的治理时,"安全>公正>保护"这一价值排序公式,导致国家控制主导一切,权力下沉或者权力下放实属必然。

据调研资料显示,当地发生矛盾纠纷之后,通过"向党和政府求助"的方式来解决生活中矛盾纠纷的,占到总访谈对象的68.5%;"向所在单位(乡镇、村)求助"的占到35.2%(因为单位的特殊性质,这种途径在一定程度上也可以划归到国家权力的行使),具体请参见下图5-2-1:解决生活中矛盾纠纷采取的处理方式。在访谈中,当问到"对本地或身边干部的评价情况"时,有59.3%的事件参与者认为他们"对待办事群众态度热情";有53.7%的参与者认为他们"能及时解决群众诉求";有77.8%的参与者认为他们"非常关心群众疾苦"。

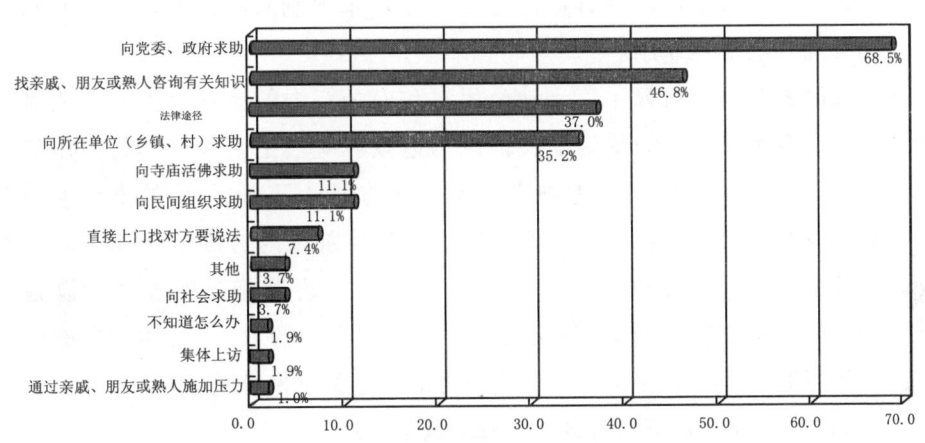

图 5-2-1　解决生活中矛盾纠纷采取的处理方式

(二) 藏区应急权力平衡论

平衡论,一般是围绕行政机关与行政相对人的关系来展开的,克服了过去"命令—服从"的行政模式,强调行政法律关系中的主体作用。"平衡论者是紧紧围绕现代行政法的基本矛盾——行政机关与相对人之间的法律关系展开论说的。"[1]所谓平衡,是指"行政机关与相对人之间的权力义务关系的

---

[1] 余凌云:《行政法讲义》,清华大学出版社2010年版,第35页。

平衡","行政权既要受到控制，也要受到保障；公民权既要受到保护，也要受到约束；行政权与公民权之间也应既相互制约，又相互平衡。"[1]西方学者威廉·韦德（Willian Wade）强调："整个行政法其实可以看作是宪法的分支。因为它直接产生于法治、议会主权、司法独立等宪法原则，它对决定国家与公民之间的权力平衡贡献殊多。"[2]

现代法律理念，要求国家公权力不得独立于宪法法律之外。在应急治理过程中，更多地表现为应急治理权力的适用，其背后则是国家理性、政府形象的体现。以应急权力、紧急权力为代表的国家权力应当体现现代"有限政府"的思想，保障公民权利。在政府行使应急权力的状态下，公民的权利保障可能被忽略或限制。因此，应急治理过程中，地方政府行使国家权力应当受到制约，与公民的权利保障达到平衡。"尤其要强调的是，应急管理过程中广泛存在的自由裁量权需要程序的客观中立性来限制其肆意和滥用，并同时保存和发挥其功能与作用。"[3]

在藏区的调研资料显示，当地公民对政府公权力的运作范围有着明显的问题意识，有半成以上的受访居民强调当地政府应当把公权力的行使用到民生等基本领域，而不是"沦为剥夺公民权利的工具"。在受访的事件参与者中，有59.3%的受访居民认为党委、政府未来应加强这方面的工作，即"改善教育环境、加大义务教育和学前教育"和"改善道路交通等基础设施建设"；有55.6%的受访居民认为应当"加强法制宣传教育"；有48.1%的受访居民认为当地党委、政府应"抑制物价上涨，落实价格补贴政策"。

（三）自治权背景下的藏区应急权力

藏区发生的应急治理事件，有绝大部分都涉及藏区民族政策。藏区地方政府尤其是县级以上的地方行政机关在我国政治体制中扮演着重要的角色。我国宪法中明确规定，我国是一个统一的多民族国家，在民族聚居的地方实

---

[1] 罗豪才、袁曙宏、李文栋："现代行政法的理论基础——论行政机关与相对一方的权利义务平衡"，载《中国法学》1993年第1期。

[2] Cf. H. W. R. Wade & C. F. Forsyth, *AdministrativeLaw*, Clarendon Press, 1994, p.6. 转引自余凌云：《行政法讲义》，清华大学出版社2010年版，第38页。

[3] 马怀德主编：《法治背景下的社会预警机制和应急管理体系研究》，法律出版社2010年版，第77页。

行民族区域自治制度，以体现国家对于民族地方的重视和政策倾斜。藏区作为一个藏族聚居的地方，县级以上地方政府具有自治权，实行区域自治制度。一般认为，该项制度是在中国长期的历史发展中逐步形成的，是目前我们国家在民族地方进行治理的根本制度。在这样一种背景下，藏区作为我们国家的一个重要自治地方，当然具有一定意义上的自治权。自治权的行使，必须契合当地居民的生产、生活情况，否则会导致民族认同与民族治理的危机。

在藏区突发事件的应急治理过程中，我们必须强调民族自治对于应急权力或多或少的影响和制约；要强调藏区各民族的民族认同感和主体意识，使其成为制度的受益者而非受害者。否则，应急权力的行使就会仅仅成为社会强制与控制的工具，与自治的要求相去甚远，甚至会激化矛盾或者引发新的冲突。"如果不尊重少数民族的文化和习俗，完全按照主流社会的想法由上至下、由外到内地抬高或贬低某一族群的位置，很可能粗暴地改变当地的族群关系，造成矛盾和冲突。"[1]

### 二、藏区应急权力法律约束的制度完善

（一）明确应急权力的范围，充分调动有权主体的积极性

藏区地方政府的应急治理权力，首先必须在宪法、法律法规的范围内，由有权主体来实施。这是强调藏区地方政府应急权力的法律正当性问题。而且，从实证调研的案例来看，有权主体能够在法律范围内积极运用应急权力调处突发事件的，一般事件都得到了较为妥当的处理，产生了良好的效果。从笔者对藏区的调研数据来看，在藏区，应急管理的权力主体一般为政府官员，而且82.4%的官员能够积极地调处纠纷、处理突发应急管理事件；"没有及时处理"的仅占访问总数的7.2%；"推脱扯皮"的仅占2.4%。

（二）促使应急权力下沉，明确基层政府及其派出机构的责任和作用

对于藏区应急治理权力的控权机制，也应当和公权力下沉一样，下沉到适当的村、部落一级的位置，以适应中国情形尤其是民族地方的本地资源。改进的具体措施可以有以下两个方面的内容：一方面，在规范层面，完善藏

---

〔1〕 王晖：《东西之间的"西藏问题"（外二篇）》，生活·读书·知新三联书店2011年版，第97页。

区的应急预案体系，建立村镇一级的预案体系，使得预案能够真正在当地发挥作用，而不是办公室里的书面文件。例如，在四川藏区，基本上每个县级行政机关都有相关的应急预案，但是实施情况令人担忧。因此，在村镇一级，不仅要制定和完善当地应急预案，而且更重要的是如何实施的问题。另一方面，在操作层面，必要时可以在村一级原有的"调解室"基础上增加职能，赋予其"处置应急管理事件的权力，并受到村委的领导和制约"。在乡镇一级，使得原有的"调解中心"充分发挥其纠纷解决职能，并由乡镇直接领导和控权。

（三）平衡应急权力与公民权利，发挥教育和宣传的作用

关于藏区地方政府行政权力的平衡，要保证藏区基本的生产和生活条件，这是藏区行政权力包括应急权力行使的应有之义。应急权力行使最终的目的是为了藏区的稳定和发展，与包括应急权力在内的藏区地方政府行政权力之终极目标是一致的。"我们各种较为无序的冲动只有在被拒绝或者在被误解的时候，才是危险的。如果我们能够避免这种错误，使它们适应一个良好社会体制的问题就可以借助于才智和善意来解决。"[1]危险的是，当地藏民也许并不了解地方政府行使行政权力、应急权力对社会控制、社会稳定与社会和谐的意义。"一步跨千年"的社会剧变，藏民也许并没有足够的时间和能力，来适应"传统"的"专制"与"现代"的"社会控制"之间的转化与提升。这就更需要我们当地政府以及官员，尤其在应急权力行使时，更加注意教育的意义和宣传的作用。社会的进步也许更容易实现，而人们内心的道德与思维的变化提升需要更长的时间。在这一过程中，藏区地方政府及其官员更需要罗素所说的"才智"和"善意"，通过藏区的社会发展、应急权力的正当行使、处理过程的智慧以及根本的善意来实现。

（四）明确应急自由裁量权的限度，防止其负面效应

对于藏区应急权力行使，应注重自由裁量权的限制范围。鉴于应急突发事件的突然性、紧迫性、复杂性等特征，上述的相关主体必须在第一时间直接处理案件，这更加突出了自由裁量权的重要性；如果自由裁量权行使不好

---

[1] [英]伯特兰·罗素：《权威与个人》，储智勇译，商务印书馆2010年版，第37页。

第五章　依法治藏体系论：藏区应急治理法治体系

的话，就会打破国家权力与公民权利的平衡，侵害公民的利益。正如杨建顺先生指出的，自由裁量权"又是容易被滥用的一种权力，现代民主国家总是力图将其束缚在一定的原则和框架之中"[1]。对于藏区地方政府应急权力的自由裁量限制，由于我国行政体制的现状，使得大部分直接处理人员认为上级领导的命令重要，体现了我国行政体系中的"科层体制"。藏区的调研资料也显示了同样的结论。在笔者调查走访的藏区处理应急管理事件的领导中，有96.9%的领导干部认为服从上级领导的命令更为重要。

"科层制"背景下，藏区地方政府应急权力的自由裁量在一定程度上受到限制，上级领导的命令至关重要，甚至直接影响直接处理人员的行为实践，最终对突发事件的处理产生影响。科层制可以说是一种行政官僚体系的体现，而且具有高度形式化的特征，具体可以从组织性、上下级关系的确定性、行政行为的理性化等方面体现出来。而这种体系，在藏区体现得更为明显。官员个人的升迁以及政治命运，被严格地限定在体系性制度中，内在的动力和目标促使官员采取科层式行为。当藏区的社会稳定等国家利益受到威胁时，具有高效组织性的科层体系便派上用场，而且成为官员应急权力的正常化行使理由。

藏区地方政府的应急权力限制体现在权力行使的范围和程度上。在应急管理权力自由裁量方面，一般应当明确其权力来源范围。美国学者理查德·B.斯图尔特认为，行政自由裁量权必须在权力来源的明确领域内，自由行使并承担完全责任；而如果指令或者领域模棱两可，那么行政机关就会具有选择权，而选择权的行使没有明确约束。[2]在藏区突发事件的治理过程中，直接处理人员不可避免地会行使自由裁量权，因为立法不能做到事无巨细和确定不移。"现代社会的发展使得突发事件变得越来越多样化，对我国构成威胁的危险要素早已不限于传统上的战争和内乱，现在已经纳入立法的危险因素包括：破坏性地震、洪涝灾害、环境灾害、地质灾害、海洋灾害……反恐怖、群体性治安事件、民族或宗教因素引起的事件……因此，应急治理是否能够取

---

[1] 杨建顺：“行政裁量的运作及其监督”，载《法学研究》2004年第1期。
[2] [美]理查德·B.斯图尔特：《美国行政法的重构》，沈岿译，商务印书馆2002年版，第12页。

得成功,某种程度上正是依靠政府的应急应变能力,实质上是否能够合理利用自由裁量权。在此,自由裁量权被看作是双刃剑,用得好能够确保公共利益和社会秩序在危机中得以保存,而一旦滥用,对公民造成的侵害也将是不可想象的。因此,问题的关键就在于,如何控制应急管理中的自由裁量权,使其在合理的限度内运转。"[1]

调研资料显示,在藏区突发事件的治理过程中,直接责任人员(包括领导)首先想到的是尽快平息、积极处理,这在访谈的当地领导干部中占到了99%的比例。在问到"您在处理群体性事件时是否得到领导授权"的问题时,有72.9%的受访者认为得到过授权,其中授权的方式主要为电话授权和书面授权,电话授权的占到62.5%,书面授权的占到10.4%。这说明,在藏区突发事件治理过程中,直接责任人员的自由裁量权较大,一般体现在应急管理事件发生的当时,这是由突发事件的特殊性质所决定的,领导干部也不愿意事态扩大。这一自由裁量权也不是不受限制的,一般表现为通过上级领导的授权来实现正当性,授权的机制也是对直接处理人员自由裁量的一种限制。这是藏区地方政府对于应急管理事件处理的一般表述和操作。

(五) 完善应急权力的监督机制,体现政府与人民群众良好互动关系

我国著名宪法学家鲍明钤早在20世纪20年代中期就曾提出地方政府权力的监督问题,并指出:"是以无论依何制,不问其宪法为成文或不成文,地方政府决无固有的或自主的权力,仅有委托的或附与的权力而已,且又须服从上级的主权之掌管与监督也。质言之,地方政府之权力,出自上级政府,而其行使此等权力,须合乎后者之意趣也。"[2]鲍先生为我们指出了上下级政府之间权力的归属,同时也指出上级政府对下级政府权力的"掌管"与"监督"。一般认为,有权力者,必须要配备相应的制约或者监督机制,这样才能使得权力正常行使,而不至于偏离轨道。例如,美国的"三权分立",相互制约;英国的议会之上分权,以及相互牵制;大陆法系国家中科层式权力的规制等。

---

[1] 马怀德主编:《法治背景下的社会预警机制和应急管理体系研究》,法律出版社2010年版,第78页。

[2] 鲍明钤:《中国民治论》,商务印书馆2010年版,第208页。

第五章　依法治藏体系论：藏区应急治理法治体系

在藏区地方政府应急治理权力的行使过程中，要强调权力的监督机制，体现政府官员与人民群众的互动关系，其核心因素为以公共作用和信用体系。

其一，藏区地方政府应急治理过程中，首先要强调官员的公心意识、公仆角色和公共作用。作为藏区的一名公务员，要时刻想着怎样"为人民服务"，避免腐败行为以及为腐败寻租的每一个场景的诞生。应急权力的行使，就像改革一样，有时会产生剧痛，但剧痛之后才能看见彩虹。"由于改革涉及每一个政府官员的权力和权益，要把这样的政府改造成为专注于提供公共产品的服务型政府，就需要政府官员出于公心，割舍与公仆身份不符的权力。"[1]应急权力的行使者，应当具有公心意识、公仆角色认识；而且在处理应急治理事件时，更应当想到自己是代表国家、代表政府的，自己的行为具有公共作用，会成为群众讨论的对象，乃至成为评价党和政府的重要标尺。而"公众是关心自身利益以及自身所处的集团利益的公民。他们最了解自己的利益，他们有不同的、真实的价值偏好；同时，这些不同的利益和价值偏好，在整体的纬度上，恰好是构成'公共利益'和'公共价值'的基础"。[2]

其二，藏区应急权力的行使，需要支持性系统的建立。现代法治精神在藏区的贯彻，更需要权力的正当性、透明性，纠纷解决的公正性，社会生活的公平性，以及社会信用体系的构建。其中，信用，尤其是政府及其官员的信用，起着至关重要的作用：一方面体现为上述的法律权威缺失，习惯权威主导；另一方面，当地政府失信现象不时出现，导致当地社会信用体系尚未完全建立，群众与政府的关系尚未达到和谐的程度。人们对于当地政府能否保持信心，取决于它能否通过以下考验："（1）市场经济能否实现它对持续的经济增长、更高的生活水平、更充分的就业等的承诺；（2）能否保证社会公正；（3）能否保证民族特性得到维护；（4）能否在保护环境的同时给予发展中的国家和地区经济增长的同等机会。"[3]

---

[1]　吴敬琏："重新反思中国改革之得失"，载吴敬琏等：《影子里的中国——即将到来的社会危机与应对之策》，江苏文艺出版社2013年版，第2页。

[2]　Walter Gellhorn, "Public Partcipation in Administration Proceedings", *Yale Law Journal*, Vol. 81, 1972, pp. 359~360.

[3]　吴敬琏：《改革：我们正在过大关》，生活·读书·知新三联书店2004年版，第351页。

(六) 理顺应急权力与自治权的关系

对于藏区应急治理事件的处理,应急治理权力要受到自治权的制约,自治权是宪法、法律赋予自治机关管理本民族地区的行政权力。一般来说,本部分涉及自治机关的自治权主要是指民族地方根据自己的独特情况,在国家法律、法规、政策的指引下,对于与当地情况不一致的情形出现时,相应自治机关有权向上级提出申请,改变或者变通乃至停止相关命令、决议等,也可称之为"变通权"。对于群体性事件的处置,当地政府及有关部门可以充分行使应急权力,宪法和法律都明确赋予自治地方自治权和变通权,这表现为不同于一般地方政府的权力体系。但是,在权力运行的实践中,一些地方政府所享有的权力,民族自治地方却不享有;自治机关的自治权,非自治机关也享有。这就造成了国家权力配置的混乱。[1]

在四川藏区的调研显示,当地领导干部对于一般性的、事务性的权力行使较为充分,而关于官员升迁的人事权等却受到一定程度的限制。在应急权力中,最主要的"重大事件的决定权",有过半的需要"同上级或同级商量决定",占到访谈总数的53.1%;完全由上级决定,占到33.3%。领导干部自己具有较大决策权的是"向下属分配工作任务""安排下属的工作时间和进度""安排下属的工作程序和方法(包括工具和材料)"以及"监督和管理下属的工作执行情况",分别占到63.5%、71.9%、80.4%和67.7%。因此,藏区应急治理的权力,有着宪法和法律的明确规定,符合民族区域自治的制度要求。而且,在当地应急权力的行使中,一般都受到上级领导的领导和监督,形成一种前述的权力下沉态势,有利于应急管理事件处置中,直接领导人员能够及时控制局面、稳定秩序。

---

[1] 关于自主机关的"自治权",从国家权力配置的理论角度分析,任何地方国家机关的权力必定存在一个"坐标":在国家权力的网络中,它到底居于国家权力体系中的哪个位置,与其他国家机关之间存在何种权力关系。就民族区域自治制度语境下的"自治权"而言,同样涉及国家权力纵向配置和横向配置两种关系,纯粹从理论上看:前者实质是中央和民族自治地方国家机关的权力关系;而后者实质是民族自治地方与非民族自治地方的国家机关权力关系,以及民族自治地方国家权力机关(含自治机关)的"自治权"与非"自治权"关系。具体请参见沈寿文:"自治机关'自治权'与非'自治权'关系之解读",载《湖北民族学院学报》(哲学社会科学版)2013年第3期。

## 第三节　依法治藏应急治理的全民法治实践参与机制

如上所述，在藏区应急治理的过程中，涉及公民个人权利与国家公权力的协调，如公民应急失权的问题；应急权力的平衡论，已初步从国家（政府）主体权力实践运行的视角进行了一定的分析。本部分试图从个人、社会组织的视角，进一步分析藏区地方政府在应急治理过程中、公民在治理过程中的权利、义务、责任以及参与机制，怎样保障藏民权利而又不至于侵害到其根本利益；国家公权力与公民私权怎样保持协调，有哪些限度；其他组织对于藏区应急治理的参与机制，怎样充分发挥社会组织的优势与作用等。

### 一、藏区应急治理全民法治参与的实践与法理

（一）藏区应急治理过程中的全民参与法治实践

藏区的应急治理突发事件，是一种社会非正常的复杂现象，其涉及藏区社会生活的方方面面：主体可能既包括政府、行政机关、委托组织等，又包括社会组织、第三部门等；范围内容可能既涉及一般经济矛盾纠纷，又涉及政治利益、宗教利益、民族利益乃至国家利益等。因此，对于藏区的应急突发事件的治理，是一种全民参与法治实践。全民参与法治实践，主要是从依法治理的主体角度来说的，其具体涉及的主体包括：地方政府、执政党的领导、地方人大、司法机关、公民个人或者群体、社会组织、宗教组织、第三部门等。而在藏区的社会生活中，具有独特地位和作用的治理主体是藏民群众和宗教组织。

（二）藏区应急治理过程中公民的责任与参与

"法治不仅要求在成文法中明确规定在应急管理权行使中公民所享有的基本权利，并且为该基本权利的保障提供切实的救济机制。"[1]在藏区地方政府应急治理的过程中，根本的目标应该是对于藏民的权利保护，如宗教信仰自由权利。而从藏民的角度来说，参与藏区应急管理，是其主人翁地位的体现，

---

[1] 马怀德主编：《法治背景下的社会预警机制和应急管理体系研究》，法律出版社2010年版，第76页。

是一种公民主体的责任体现,更是民族国家认同的前提。藏民的主体地位应当受到重视,民族特征应当受到国家的认同,构建国家背景下的民族主义。"事实上,很多有关民族和国家的传统论著都认为,民族特征决定了国家现实——一个'民族'的身份是国家合法性及其相关实践的前提和基础。然而,很多有关这一问题的历史社会学研究都认为国家的地位高于民族地位,即民族主义是国家寻求其合法性过程的一个组成部分。"[1]

(三) 藏区应急治理过程中社会组织的参与

藏区的应急治理过程中,仅有政府的作用是不够的,政府应急权力的行使毕竟有适用范围和法律规范的约束,根植于藏民社会和民族心理的领域很难用行政管理、法律强制等加以规制。再加上藏区宗教组织以及其他社会组织的影响力和号召力,使得充分发挥其作用显得更加重要。必须注意的是,"应急管理中的社会和公民等所谓多元主体的参与和介入,必须要以国家为主导,即应当在国家法所确立的基本秩序下,充分调动各方面的力量。没有国家权威和国家法的主导作用,越多主体的参与将带来越多的混乱。"[2]

在市场经济巨大发展的今天,藏区的社会、经济等各个方面在突飞猛进,逐步从理念到制度上改变了政府的定位——由全能型政府向服务型政府的转变。"它是国家权力向社会回归、增强政府对公民的回应性以及还政于民的理论表达和实际需求的反映,其结果必然是公民社会或者民间组织的日益壮大及其第三部门的蓬勃兴起。"[3]在藏族社会中,宗教扮演着重要的角色。以藏传佛教为代表的民间信仰深刻地影响着藏民的生产生活。因此,作为第三部门之一的宗教组织在应急管理过程中会发挥重要的参与作用,对抚平受伤心灵、平息矛盾纠纷、促进社会和谐和发展具有重要意义。

在论述本部分内容时,有一点不得不提到,那就是在藏区特殊的社会政治背景下,也许当地政府考虑更多的是国家利益或者说是国家意识形态,基本的考量是担忧宗教组织等第三部门是否会"夺权",从而危害社会稳定与国

---

[1] [英] 戴维·坎贝尔:《塑造安全》,李中、刘海青译,吉林人民出版社2008年版,第13~14页。

[2] 马怀德主编:《法治背景下的社会预警机制和应急管理体系研究》,法律出版社2010年版,第81页。

[3] 翟秀红:《第三部门及其法律问题研究》,中国政法大学出版社2013年版,第2页。

家统一。作为群体意义上的宗教组织等第三部门,有着一定的本部门伦理和道德,如果不被外界分裂势力以及恐怖主义等影响,其还是会发挥重要、积极的社会作用的。"群体可以杀人放火,无恶不作,但是也能表现出极崇高的献身、牺牲和不计名利的举动,即孤立的个人根本做不到的极崇高的行为。"〔1〕因此,怎样使得宗教组织等第三部门发挥应有的积极作用,而去除其消极作用,是摆在当地政府以及国家面前的一道难题。

## 二、藏区应急治理全民法治参与的制度构建

(一)赋予藏民权利主体地位,是全民法治参与机制的前提

在藏区应急治理的过程中,首先要在民族识别基础上确认藏族的主体地位。"个人主动性被国家或者强大公司限制了,因此就有了一种巨大的危险,即这种状况会像在古罗马一样,产生出一种倦怠感和宿命论,而这对充满活力的生活是灾难性的。"〔2〕在藏区的国家权力日益增长期间,也必须依照宪法和法律保障藏民的自由与权利。

(二)提高藏民的权利参与意识,扩大权利和义务的认识范围

据调研资料显示,藏区少数民族的权利意识较为集中,仅对三、四项权利比较熟知,对其他的权利尤其是参与的权利了解较少。因此,在构建藏区全民法治参与机制的时候,更应当尊重藏民的权利意识,扩大其权利和义务的认识范围。尤其是参与意识,使得其真正能够"参与"到社会治理过程当中。当藏民被问到"您知道的作为国家公民的权利有哪些"时,知道或了解"选举权与被选举权"的为75.8%;知道或了解"宗教信仰自由权"的占90.9%;知道或了解"人身自由权"的占63.6%;知道或了解"受教育权"的占72.7%;其他方面的权利仅为3.0%。具体请参见下图5-3-1:您知道的作为国家公民的权利有哪些。

---

〔1〕[法]古斯塔夫·勒庞:《乌合之众——大众心理研究》,冯克利译,中央编译出版社2005年版,第39页。

〔2〕[英]伯特兰·罗素:《权威与个人》,储智勇译,商务印书馆2010年版,第31页。

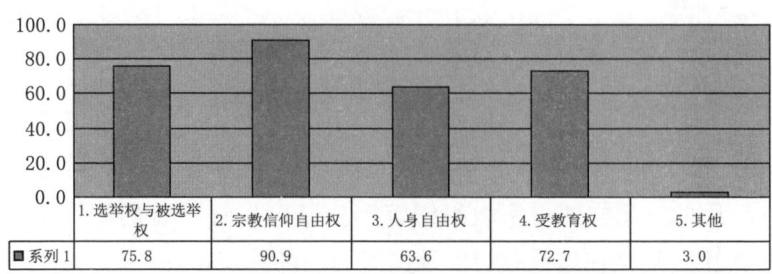

图 5-3-1　您知道的作为国家公民的权利有哪些　　单位:%

当问到"您知道的作为国家公民的义务有哪些"时,知道"维护国家统一和民族团结的义务"的藏民占到 81.8%;知道"维护国家安全、荣誉和利益的义务"的藏民占到 72.7%;知道"保卫祖国、抵抗侵略和依法服兵役的义务"的藏民为 60.6%;知道"依法纳税的义务"的藏民为 66.7%;知道其他义务的藏民仅为 3.0%。具体请参见下图5-3-2:您知道的作为国家公民的义务有哪些。

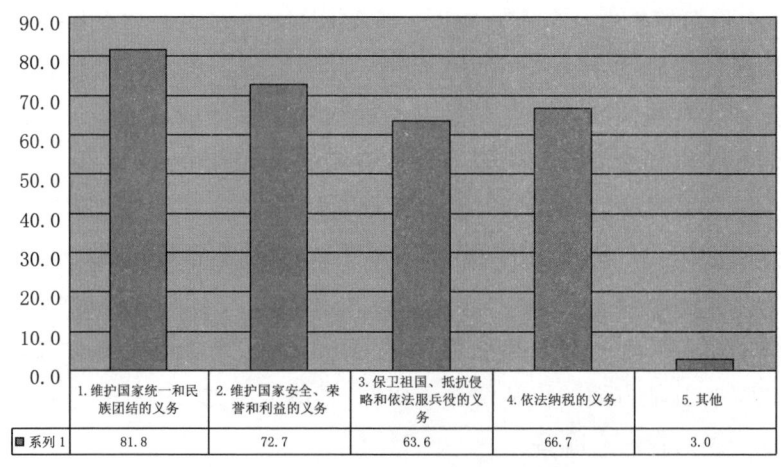

图 5-3-2　您知道的作为国家公民的义务有哪些　　单位:%

(三)重视藏民的宗教信仰和心理需求,规范藏民的参与行为

在藏区应急治理的全民参与法治实践中,应充分尊重藏民的宗教和心理,更加重视少数民族同胞的心理需求和权利观念培养。藏民信仰藏传佛教,藏族同胞热爱祖国,虔诚淳朴,都不愿意发生伤人害己的行为,因而除了少数

## 第五章 依法治藏体系论：藏区应急治理法治体系

反动和邪恶分子之外，对于藏民的主体诉求，尤其是合理的宗教心理信仰要求，国家和当地政府都应当予以考虑和思考，必要时可以通过政策等予以照顾和倾斜。"发达国家的大部分公民都不愿意容忍风险的存在，他们希望自己能被保护起来，永远免受灾难的袭击。虽然这是不可能实现的，但期望会影响政策；影响的结果有时是积极的，但更多时候会带来负面效果。"[1]在藏族聚居的藏区，当然也不例外。

调研资料显示，藏区的惠民政策贯彻得比较深入，绝大部分当地藏民都了解七到八项惠民政策。如，当问到"您了解的藏区惠民政策有哪些"时，有100%的群众都了解"低保""养老保险"；有93.9%的群众了解"医保"；有81.8%的群众知道"退耕还林"政策，等等。具体请参见下图5-3-3：您了解的藏区惠民政策有哪些。

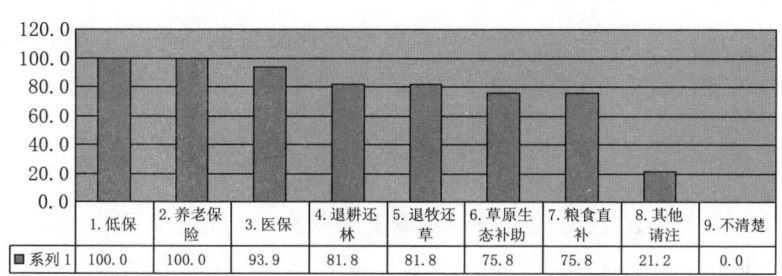

图5-3-3 您了解的藏区惠民政策有哪些　　单位：%

"民众与政策制定者在面对自然灾害风险时可能都没有做出正确的反应。许多个人行为和公共政策都产生了不良后果，个人行为如'搭便车'，公共政策如法令形式将保险降到风险临界水平以下来扩大保险的覆盖范围。"[2]在藏区，国家和当地政府对于公共政策实施较好，对于灾害风险等进行事前预防，对本地的群众进行帮扶和帮助。调研显示，国家和上级机关对本地的帮助和扶助幅度较大，绝大部分群众和当事人都"有所受益"或"受益较大"，分别

---

[1] [美]霍华德·昆鲁斯（Howard Kunreuther）、迈克尔·尤西姆（Michael Useem）等：《灾难的启示——建立有效的应急反应战略》，何云朝等译，中国人民大学出版社2011年版，第55页。

[2] [美]霍华德·昆鲁斯（Howard Kunreuther）、迈克尔·尤西姆（Michael Useem）等：《灾难的启示——建立有效的应急反应战略》，何云朝等译，中国人民大学出版社2011年版，第55页。

占到75.8%和15.2%。具体请参见下图5-3-4：国家和上级机关对本地的帮助和扶助您和您家庭是否受益。

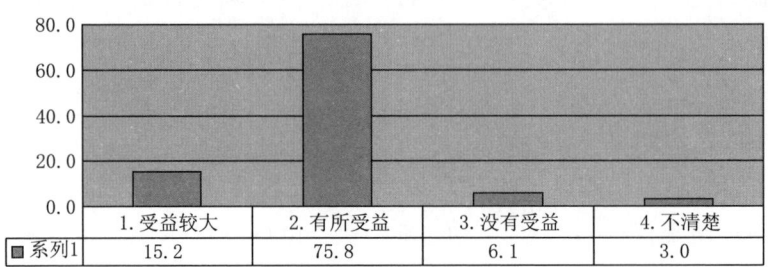

图5-3-4　国家和上级机关对本地的帮助和扶持您和您家庭是否受益　单位:%

　　进一步分析，法律经济学中的"利益最大化问题"以及"成本和收益的分析"是藏民以及决策者行动的主要目的。"合理的决策者要以相关信息为基础，面对不确定结果时，经济决策者会考虑各种可能结果发生的概率，最后选择最有可能使收益最大化的那个方案。""当我们面对引起某些自然灾害的复杂、系统性相互作用时，我们没有足够的参考信息。每个人面对风险的评估都是主观的，同时个人信仰、感觉、观念还会影响我们感知世界的结果和计算风险与收益的方式。政府的一项职责是保护公民安全，提供必要的社会公共福利。此外，政府还鼓励个人和企业协助有关部门共同降低灾害风险。"[1]

（四）合理规制宗教组织等第三部门的参与，可以起到事半功倍的效果

　　一般认为，私人利益的出现是一个人行为或者行动的动机，而作为群体意义上的第三部门，也许需要更加强大的动力。这种强大的动力也许就是破解这一难题的金钥匙。群体利益、首领智力、组织名誉、社会地位以及爱国主义等，都会影响到钥匙通往门口的路径。其中，国家利益、个人荣誉、家族传承等，可能对群体中的个人产生深刻的影响，而使得群体的角色和面目发生变化，以致能够化被动为主动，从而充分发挥其积极作用，达到事半功倍的效果。

　　"当作为'法形成'之担当者的所有其他团体全然消融于单一的国家强制

---

〔1〕　[美]霍华德·昆鲁斯（Howard Kunreuther）、迈克尔·尤西姆（Michael Useem）等：《灾难的启示——建立有效的应急反应战略》，何云朝等译，中国人民大学出版社2011年版，第56页。

机构里，且此一国家机构如今要求本身即为所有'正当的'法的来源时，此种状态会以法律为法利害关系者之利益——尤其是经济利益——而服务的形势，独特地表现出来。"[1]从法律经济学的角度来看，藏区社会组织以社会稳定作为利益价值诉求，直接作用于藏区纠纷的解决，对于信教的双方当事人体现为和谐效果和心理修复。在笔者的调研工作中，国家不仅对藏区的宗教信仰问题十分重视，而且也极为注重宗教信仰自由政策的贯彻落实。在被问到"您所在地方的群众信仰是否自由"时，有68.5%的当事人都认为"十分自由"；22.2%的认为"比较自由"；3.7%的人认为"一般"。具体请参见下图5-3-5。

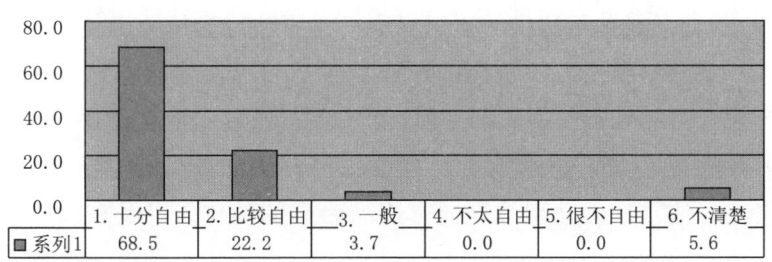

图5-3-5　您所在地方的群众信仰是否自由　　单位:%

在调查"您如果信奉藏传佛教具体信奉哪个教派"时，选项主要有四大教派，分别是格鲁、宁玛、萨迦和噶举，各自占的比例为34.7%、40.8%、4.1%和20.4%。具体请参见下图5-3-6。这体现了藏区藏民信教的特点，也充分体现了藏区宗教组织在应急治理过程中的重要参与价值。

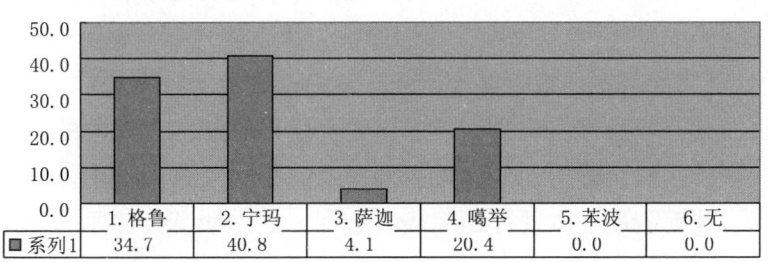

图5-3-6　您如果信奉藏传佛教具体信奉哪个教派　　单位:%

---

[1][德]马克思·韦伯：《法律社会学》，康乐、简惠美译，广西师范大学出版社2011年版，第32页。

## 第四节　依法治藏应急治理的程序法治机制

"中国基层司法，特别是在农村，变得更为重要了。由于包括立法和司法自身在内的多种社会原因，目前中国处于社会矛盾的多发期和凸显期，人们诉诸司法解决纠纷更多了；人们对司法的期待高了，但失落感也更多了。"〔1〕司法的运作，主要靠的是专业化的分工和良好有序的程序规制。通过程序来实现公平、正义和期待是法治的内在要求。在藏区应急治理过程中，当地政府也应当注重程序法治，通过规范的行政程序法来实现管理和治理。但是，在实践中，"分散在单行法中的程序规定一方面被行政机关虚化，另一方面相对人并未如学者和立法者所预想的那样积极主动行使之来保护自身利益。对于生活在现代法制状态中的人们来说，统一的行政程序法典的存在，无疑是立法者向其传输正当程序重要性的必要方式。"〔2〕因此，我们应当结合藏区突发事件的特点，注重从运动型治理向常规型治理的转化，以及在此基础上提出应对民族应急治理的程序过程，主要应涵盖监测预防与信息法律规制、应急治理与行政法律行为等。

### 一、藏区应急治理过程的程序法理

（一）藏区应急治理程序与信息法律规制

对于藏区突发事件的发生和发展，除了有效的地方政府社会治理行政权力行使外，还必须有配套的相关应急信息法律规制制度来加以保证。法治发达的英国，早在 2004 年就制定了《国内紧急状态法》（Civil Contingencies Act 2004）。该法明确规定，将应急管理突发事件的主体分为两大类：一类涉及政府部门以及其他职权行使机关，其主要的责任是对于应急处理的相关事项进行分析、解读，从而进行评估和进行处置。另一类是其他的主体，主要的作用是帮助、辅助前述主体进行处理或者治理，如一些参公性质的单位和具有

---

〔1〕 苏力：《送法下乡——中国基层司法制度研究》，北京大学出版社 2011 年版，新版序第 2 页。

〔2〕 王万华："论我国尽早制定行政程序法典的必要性与可行性"，载《中国法学》2005 年第 3 期。

一部分行政职权的机构等。"这类处置者有两项职责：一是与其他部门进行合作，二是信息共享。"[1]从中可以看出，英国的应急预案制度相当繁复，而且职责划分明确，强调事先监控和预防，要求多机构、多层级制定应急预案制度，对突发事件进行预防和监控。进一步，我们需要在应急管理中强调信息的一贯性、处置者的协调性和信息内容的详尽性等，并提出了以信息为基础的标准模板，具体见下表5-4-1。

表 5-4-1 应急预案的模板[2]

| 章 节 | 内 容 | 概 述 |
| --- | --- | --- |
| 一般信息 | 对应急预案进行简短的描述；预案的目的；对风险评估结果的引证。 | 为何需要这一预案？ |
| 危机管理、控制与合作 | 危机控制的安排；根据不同重要性列出的预案的主要因素；主要的应急队伍及其作用和义务；关键性的概念、原则和技术；主要设备、地点和通信信息。 | （1）预案如何发生作用？<br>（2）有哪些主体？（概括） |
| 预案的启动，包括预警和准备 | 预警的程序，应急准备的启动以及在上一章节中提到的应急队伍的启动；决定突发事件是否发生的程序。 | 何时启动预案？ |
| 应急响应 | 主要机构、部门以及官员所应采取的应急响应活动；主要官员的清单。 | 预案的哪些内容被哪些主体启动？ |
| 附则 | 联系方式；各种应对措施的清单；必要时写入有关风险评估的信息以及培训和演练计划。 | 有哪些主体？（详细信息） |

除英国之外，美国、加拿大等国家都对突发事件的预防和监控非常重视，对于风险的识别和评估也非常严谨。在这其中，信息是核心要素，而信息法律发挥着重要的规制作用。

（二）藏区应急处理与风险社会背景

目前，中国社会正发生着巨大的变化，各种思想、潮流、意识等都集聚在此，使得中国成为世界最具活力、当然也最为复杂的国家之一。对应于我

---

[1] 马怀德主编：《法治背景下的社会预警机制和应急管理体系研究》，法律出版社2010年版，第222页。

[2] 马怀德主编：《法治背景下的社会预警机制和应急管理体系研究》，法律出版社2010年版，第224页。

国藏区,也同时出现以上的局面,而且对于社会矛盾、社会风险,"人们对似乎不熟悉和很难控制的风险表示出了不相称的恐惧。一个新风险会比单纯的概率数字显示出来的风险得到人们的更多关注。人们对新风险的反应和对旧风险的反应存在着巨大的不一致,个人决策和法律也是如此,它们处理新风险要更为积极。""对于个人判断来说,这种不一致可能部分是由于人们习惯了现存的风险,而较少地被其发生的概率所困扰。但对个人和社会来说,对似乎是陌生的和难以控制的风险的不相称的恐惧会造成严重的问题。"[1]可以说,藏区社会目前也处在风险社会的过程中,以上的判断对于藏区风险以及突发事件的发生也有相当的说服力。

(三) 程序背景下的应急法律行为

对于藏区应急治理过程中的处理与恢复,地方政府及相关部门发挥着重要的作用,其行政法律治理和调处行为在一定程度上影响着事件的进程和处置。藏区地方政府的应急行政权力行使,体现了处置的应急性,但是不应当对其外延进行拉伸,否则虽然会缓解一定的矛盾与风险,但是也会给自身行政权的行使造成严重的后果。就拿行政协助行为来看,是基于权力行使主体的集中性,"集中好办事",但是权力可能就会出现差错,出现寻租现象。

为了避免以上的弊端,对行政法律行为进行规制,避免行政权的扩张,最好的法制手段就是程序理念和程序制度。就如同司法权一样,司法权有着司法审查制度的制约,用以避免出现司法能动主义的泛滥。"民主像政府其他形式一样也不可避免具有自身的特殊弱点,而且这些弱点可以通过在本质上属于共和的政权中加入某些非民主的因素进行抵消。这些因素之一就是司法审查,它建立的目的主要就是为了保护少数人的权利不受多数暴政的侵害。"[2]对应行政法律行为,抵消的重要制度即为行政程序法。

---

[1] [美] 凯斯·R. 孙斯坦:《风险与理性——安全、法律及环境》,师帅译,中国政法大学出版社2005年版,第63页。

[2] Eidelberg, *The Philosophy of the American Constitution*, New York: Free Press, 1968, 第1章。转引自 [美] 克里斯托弗·沃尔夫:《司法能动主义——自由的保障还是安全的威胁》(修订版),黄金荣译,中国政法大学出版社2004年版,第76页。

## 二、藏区应急治理法律程序的制度设计

（一）克服藏区地方政府信息能力缺陷，由压力型行政转变为服务型行政

在藏区地方政府治理过程中，"压力型行政"的形成，与行政主体的压力型立法与信息能力有关。藏区地方政府信息能力的缺陷，与社会政策压力形成一种张力关系，一定的社会政策考量会成为工具性的信息应用。而社会政策压力在一定程度上体现了国家和政党的一种社会威慑，与"一般预防理论"有类似之处。"法律见解分析学派所侧重的预防，乃属'一般预防理论'（die generalpraventiven Theorien）的议题，即刑罚对社会大众的威慑作用，即每一个有意犯罪者心理上事先受到的威吓。"[1]信息能力是一个现代政府应有的基本素质之一。而处于民族偏远地区的藏区地方政府，在现代知识体系以及全球化背景下，不由自主地因后发而形成能力缺陷。这种缺陷将导致"压力型行政"，其与"压力型立法"有异曲同工之妙。

压力型立法、压力型行政等都同主体的信息能力密切相关。在当前现代信息社会，如果信息能力不足，对于立法、行政乃至对于司法都将会是一场灾难。而且在强媒体的信息时代，法律也不可避免地会受到其影响。而相关主体信息能力的提高，是内外均衡发展、体制进化的重要出路。吴元元教授对于信息能力与压力型立法有着深刻而独到的见解，她认为："'传播时代'的来临可以是提升立法绩效、推动制度良性变迁的契机；如果立法者在媒体话语面前过于被动，以至于形成信息依赖，那么，立法过程应有的冷静、慎重将被大大消解，会在相当程度上影响制度设计的科学性。"[2]这种论断同样适用于藏区地方政府的应急行政过程。因此，藏区地方政府应当努力克服信息能力的缺陷，变压力型政府为服务型政府，实现政府职能与社会治理的综合统一。具体措施如下：其一，可以依靠国家支持、社会动员、全民参与等方式来提高自身信息能力；其二，加强自身信息网络建设；其三，提高自身服务水平和执政能力，与信息能力相得益彰；其四，树立服务型政府的目标，并加强基层组织建设，提高服务水平和信息收集能力等。

---

[1] 林立：《波斯纳与法律经济分析》，上海三联出版社2005年版，第389页。
[2] 吴元元："信息能力与压力型立法"，载《中国社会科学》2010年第1期。

（二）克服应急治理与程序规范的偏差，建立信息档案与移转程序制度

对于藏区突发事件的预警与评估来说，外界的信息、上级的压力和公众的呼声等往往会影响到地方政府的行政处理能力，会形成"压力型行政"，导致地方政府处理本意与效果的偏差。引发这一现象的重要原因在于我国突发事件的监测预防缺乏程序法治机制和理念，缺乏启动程序，评估、发布乃至通报系统不完善，不同阶段的程序标准不明确，体现为"压力型行政"而非"程序性行政""法治行政"。而在"压力型行政"中最重要的是信息的法律规制，这如同食品档案管理一样，"有助于在公权力主体与治理对象之间建立精准、稳定的信息联系"。在藏区地方政府治理应急事件过程中，相对完备的信息系统构建是重要的解决争端途径之一。在这其中，信息档案制度和信息移转制度是两个重要方面。信息档案制度使得藏区突发事件得以固定，有利于下一步的预测监管和系统治理；信息移转制度使得藏区突发事件的处理更具灵活性，表征着实践的样态，在一定程度上克服运动式"异化治理"的偏差与窘境。"也唯有如此，广大公众才能够在充分、及时、准确的信息指引下，以'用脚投票'实现自我保护和市场驱逐，在国家执法与社会惩罚联动合作的层面有效节省执法成本、提升执法绩效。"[1]

（三）明确藏区应急治理的信息权与信息授权，完善信息程序法律制度

从中国乃至藏区的传统社会中，我们一般认为行政法学领域与我国传统的"家族主义"密切相关。"中国的政教俱以伦常为本，所以政治与家族的关系密切无比，为政者以政治的力量来提倡伦常，奖励孝节，是人所熟知的。"[2]在家族主义的行政模式中，享有信息独权的家长，居于家庭管理或者行政管理的中心地位，主导利益享用机制。在这一过程中，信息扮演着重要的角色。此一原理也可以适用于藏区的应急治理过程中。通过前述对于藏区应急治理案例的分析，我们初步认识了中央政府在推动民族地区现代化转型过程中形成的中央—地方关系，理清了其中的利益关系问题。这也许是中央和地方在处理藏区应急治理事件中的核心价值考量因素之一。

---

[1] 吴元元：" 食品安全信用档案制度之建构——从信息经济学的角度切入"，载《法商研究》2013年第4期。

[2] 瞿同祖：《中国法律与中国社会》，商务印书馆2010年版，第99页。

除此之外，公民的信息权与政府的信息授权，也许在实践意义上同样扮演着重要的角色。归根结底，藏区地方政府的应急治理是一种行政权力的行使，而且是一种家长背景式的处理过程。因此，现代的法治理念的引入必不可少，其中，信息公开制度、信息执法以及信息异化救济机制等构成了国家对行政主体的授权机制。例如，信息的公开，应由享有信息优势的主体来发布，否则会产生信息理解偏差；信息执法，应由有权主体来执行，避免权力的正当性问题以及授权机制的缺失；信息的异化，可能会导致应急事件的二次爆发等。

（四）引入程序法治理念，对应急治理进行程序规制

为了避免藏区地方政府滥用行政应急权力，损害大众利益和权利，我们必须要引入程序法治理念，在应急管理过程中增加应急权力程序规制制度，从而使得依法行政真正落到实处。"当法律要求某种行为必须符合一定的程序时，程序就是对实体活动的约束，程序与实体同等重要，程序的不当必然导致实体结果的不公正，程序的违法同样会导致行为的最终违法。"[1]比如，前述历史上藏区发生的凤全事件，由于凤全并未遵守程序规定，在尚未妥议之时，便迫不及待地严饬土司、堪布，大寺喇嘛各归部落，另建小寺散住梵修，声言要限定巴塘丁林寺僧侣人数。直接打压宗教势力，从而激起寺庙僧侣的强烈反对，导致了矛盾的进一步激化，引发了更大规模的群体性暴力事件。任何权力的行使，必须有相应的方式、方法、步骤等对其进行规制，否则就会导致权力滥用，最终损害公民权益。因此，在藏区突发事件的应急治理过程中，必须引入程序法治理念，用程序法治的思维来规范藏区地方政府的应急治理行为。

## 第五节　小结：依法治藏需要构建一种综合社会治理系统

以上是笔者对藏区地方政府应急治理法治化的论述，包括应急权力的法律约束机制、应急治理全民法治参与机制和应急治理程序法治机制。本章从实践法理和制度设计这两个方面，提出了具体的理论支撑和有一定操作意义

---

〔1〕　马怀德："行政程序法的价值及立法意义"，载《政法论坛》2004年第4期。

的制度办法。具体的理论包括：权力的控权论、权力的平衡论、权力的监督论以及应急权力与自治权；全民法治参与实践与理论、公民责任及其参与以及社会组织的参与；应急治理程序与信息法律规制、应急治理与风险社会背景以及应急行政行为的程序法法律意义等。

制度的具体设计包括：明确应急权力的范围，充分调动有权主体的积极性；促使应急权力下沉，明确基层政府及其派出机构的责任和角色；平衡应急权力与公民权利，发挥教育和宣传的作用；明确应急自由裁量权的范围，防止其负面效应；明确应急权力的监督机制，体现政府与人民群众良好互动关系；理顺应急权力与自治权的关系。赋予藏民权利主体地位，是全民法治参与机制的前提；提高藏民的权利参与意识，扩大权利和义务的认识范围；重视藏民的宗教信仰和心理需求，规范藏民的参与行为；合理规制宗教组织等第三部门的参与等，可以起到事半功倍的效果。克服藏区地方政府信息能力缺陷，由压力型行政转变为服务型行政；克服应急治理与程序规范的偏差，建立信息档案与移转程序制度；明确藏区应急治理的信息权与信息授权，完善信息程序法律制度；引入程序法治理念，对应急治理进行程序规制。最终，从一般意义上构建了一种适用于藏区的社会治理系统。

"一个社会控制体系被界定为由一些在规范意义上恰当的人类行为规则构成。这些规则通过制裁执行，施行这些规则本身也受一些规则的支配。"[1]其中，人类行为规则需要法律进行调整，需要权力进行制裁和执行，而规则在一定程度上又是法律的一种体现。这种社会控制体系是一种权力—治理体系，其以藏区地方政府为主体，以公民和社会组织为参与者，以应急权力为核心，以程序法治保驾护航，通过制裁得以实现，通过法律规则进行支配。因此，笔者把这种社会控制系统称为藏区的"综合社会治理系统"，以突出在藏区的应急治理过程中，权力控制价值、隐性位阶、失权效用、功能界限以及它们之间的相互协调运作和状态等。

其一，社会控制背景下的权力体系。我国藏区的社会管理目标预设，一般为国家权力的控制与社会的稳定。因此，探讨藏区的权力运行机制等方面

---

[1] [美]罗伯特·C. 埃里克森：《无需法律的秩序——邻人如何解决纠纷》，苏力译，中国政法大学出版社2003年版，第150页。

的问题，不能不与社会控制相联系。一个较为完善全面的社会控制体系是由众多的因素组成的。美国学者埃里克森为我们清楚地划分了社会控制体系的诸多要素，以及控制者、规则、制裁和结合体系的不同要求（见下表5-5-1）。

表 5-5-1  一个社会控制全面体系的诸多因素[1]

| 序号 | 控制者 | 规则 | 制裁 | 结合体系 |
| --- | --- | --- | --- | --- |
| 1 | 第一方控制 行动者 | 个人伦理 | 自我制裁 | 自我控制 |
| 2 | 第二方控制 根据合约的行动者 | 合约 | 个人自助 | 受诺者执行的合约 |
| 3 | 第三方控制 社会力量 | 规范 | 替代自助 | 非正式控制 |
|   | 组织 | 组织规则 | 组织执法 | 组织控制 |
|   | **政府** | **法律** | **国家执法** | **法律制度** |

在第三方控制中，作为控制者的政府，其规则为法律，制裁的方式为国家执法，而结合的体系为法律制度。其实，在政府的控制中，还有一个核心要素，即我们所强调的权力。在藏区应急治理过程中，当然少不了地方政府应急权力的行使与控制。因此，本表可以更加明确地指出政府在一定意义上就代表了"权力"，而"权力"又必须由国家法律明确规定或者授权，它是一种代表国家的公行为，是一种国家执法；而且权力的行使也必须与国家法律、藏区地方自治法律相适应；同时在程度上也应当列明，该种控制类型是最具强制性与稳定性的。

其二，依法治藏系统中的权利。党的十九大强调，坚持党对一切工作的领导。党政军民学，东西南北中，党是领导一切的。在依法治藏的实践中，我们必经增强政治意识、大局意识、核心意识、看齐意识，自觉维护党中央权威和集中统一领导，自觉在思想上、政治上、行动上同党中央保持高度一

---

[1] ［美］罗伯特·C.埃里克森:《无需法律的秩序——邻人如何解决纠纷》，苏力译，中国政法大学出版社2003年版，第159页。

致，进一步强化党的领导，充分发挥党员的模范带头作用，充分发挥党组织动员、宣传教育的强大作用和社会影响力。藏区应急治理的权力一般为应急权力行政权，它不同于立法权和司法权。如前所述，藏区应急治理突发事件的特性，决定了只有当地行政机关才有此项权能和职责。在藏区应急治理的处理过程中，行政机关之权力是一种明示权力，或者说是一种显性权力，充分地代表了国家意志，具有高度集权的特点，而且体现了应急权力系统的"纵切面"。

在藏区应急治理过程中，一般主体为当地的行政机关，而涉及重大的、与政治相关的突发事件，还有一个非常重要的主体，即军队以及武警部队。军队在我国突发事件的处置过程中起着重要的作用，如在抗洪抢险中的军队、武警，在地震救灾中的军队应急机制等。在一般轻度意义上的突发事件，军队都发挥着关键作用，更不用说危及社会公共安全的藏区应急管理事件。因此，在处理突发事件过程中，行政机关的应急权力与军队的军权，犹如一个人的两条腿，缺一不可。军权，在战争和动员的重度紧急状态中，其重要性和主导性毋庸置疑。在和平时期，发生社会安全事件和特别重大的自然灾害，或其他综合性并发危机等，尤其需要军队来配合行政紧急权实现应急。

其三，依法治藏系统中的应急权力。"紧急权是在紧急状态下，由有权国家机关及其代表人行使的采取紧急对抗措施为主要内容的国家权力。紧急失权主要是在紧急状态下，国家或政府为采取紧急对抗措施行使紧急权的需要，中止宪法和法律规定的一部分或全部公民的权利和自由。"[1]一般来说，应急失权体现了国家公权力与公民私权的博弈过程，伴随着国家行政权的保障底线与公民权利的克减。

由于藏区应急治理事件一般多为社会公共安全事件，其涉及的国家应急权力的体系会发生变化，权利与义务的结构会发生变异。在藏区国家意识及社会稳定与安全的首要价值需求下，公民的权利限制或者界限由应急行政权来进行制度性安排。一般核心和基本的权利内容，如生命权、信仰自由权、人格尊严权等会被完全保全；而选举权与被选举权、私有财产权、人身自由

---

[1] 莫纪宏、徐高：《紧急状态法学》，中国人民公安大学出版社1992年版，第212~214页。

第五章　依法治藏体系论：藏区应急治理法治体系

权、参与权等会被法律予以限制或折损。其事由一般为国家的紧急状态或者当地社会秩序之稳定需要。因此，在发生紧急状态的时候，公民的权利会受到一定的限制，这就表现为权利对于权力的"配合"和"容忍"，是一种失权状态。因失权状态是一种非正常的状态，更需要良好的平衡技巧与牵制手段，更需要作为"最终控制"的法治精神。

其四，依法治藏系统的协调。藏区应急权力的行使，在另一方面体现了国家在"权力网络"中的治理机制。"国家政权尽管做出种种努力，其对乡村权力的争夺并未取得真正成功，宗族尽管合法性受到影响，但依然对乡村社会发挥着'正式治理者'角色的功能。"[1]这是一种国家治理机制的偏差。为了避免政府所面临的治理偏差，可以从风险社会的视角来进行分析。在风险概率较大的应急治理过程中，尤其是在轻度、一部分非涉政治国家利益的突发事件中，可以通过目标的选取、方法的运用等手段进行规避，实现应急权力功能界限和替代方案。"政府尝试降低风险所运用的方法，和政府进行目标选择同等重要。""我主张在降低风险的法律导向上大力调整，即从政府命令转向四种替代方案：（1）信息公开；（2）经济激励；（3）减少风险合同；和（4）自由市场的环境决定论。"[2]

---

[1] 肖唐镖：《宗族政治——村治权力网络的分析》，商务印书馆2010年版，第270页。
[2] [美]凯斯·R.孙斯坦：《风险与社会——安全、法律及环境》，师帅译，中国政法大学出版社2005年版，第317页。

## 代结语
# 藏区治理的现代化推进与依法治藏实践

### 一、康定创新基层治理的探索

党的十九大强调,要"加强社会治理制度建设,完善党委领导、政府负责、社会协同、公众参与法治保障的社会治理体制,提高社会治理社会化、智能化、专业化水平"。这是新时代藏区维护社会稳定、促进社会和谐的正确指导,也是藏区深化群众工作、改善基层治理的根本遵循。康定市率先行动,先行先试,初步探索出"政府指导下的社区主体参与"的藏区基层治理创新之路,对于提升政府治理能力和社区自我发展能力具有重大意义及深远影响。康定县"政府指导下的社区主体参与"的基层治理模式,主要以社区为基础,以群众为主体,运用参与式方法,瞄准群众需求,通过采取多方参与和社区能力建设等途径,实现政府管理和社区管理有机衔接,促进社区全面可持续发展。具体来看,有以下五个方面:

一是坚持政府指导。就是在推动基层社区治理中,改变政府单一的、自上而下的管理模式,政府不再对基层公共事务"大包大揽",而是负责指导和引导社区群众独立自主处理社区各项公共事务。政府将资源的决策权、使用权和控制权交给群众,由群众来决定如何使用、如何实施、如何管理、如何监督、如何共享。政府与群众进行平等和谐的交流沟通,注意倾听和掌握群众内心诉求,按照群众意愿对社区事务逐一排序,明确要做什么、谁来做、怎么做,把所有要开展的行动都列出时间进度,一项项推动,一件件落实。

政府放权不是放手，而是为群众行使权力提供充分的行政、法律和政策支持。行政支持就是动员行政力量，为群众决策的事情提供行政保障，比如力挺群众选举的结果。法律支持就是为群众决策提供法律保障，比如对违反村规民约且有违法行为的，用法律手段进行严肃处理。政策支持就是通过政策落实群众的自主管理权、资源控制权，并及时检查放权政策落实情况。

二是加快角色转变。就是在实现政府与基层群众良性互动中，加快"两个转变"。在政府层面，把该放的权力放掉，把该管的事务管好，凡是社会能办到的都交给社会。政府的主要职能是经济调节、市场监管、社会管理和公共服务，前两者是政府权力主要发挥的领域，后两者需要政府由全面统管向社区自主管理转变，组织社会力量参与社会管理，改善和提供更好的社区公共服务。在群众层面，充分调动群众的主观能动性和参与积极性，让群众由被动接受到主动参与，由担任配角到牵头抓总，由行政命令到自发组织，获得心理、精神上的满足，获得经济利益上的最大化，在参与中、付出中、受益中转变观念，切实增强认同感、责任感、使命感和荣誉感。

三是发挥社区群众的主体作用。就是坚持从群众的角度了解问题、思考问题和解决问题，把项目的设计、方案的制定、结果的控制建立在群众认可的基础上，让群众有更多的知情权、表达权、管理权和决定权。在公正方面，由社区公选有能力、有威信、值得信任的群众组成管理小组，代表社区群众管理公共事务，实施国家民生项目，确保群众充分行使管理社区权力，真正实现当家作主。在公平方面，对确定社区治理的切入点、组织实施项目、制定完善村规民约等规章制度，都由群众一起商量、集体决策、共同行动，充分尊重群众的决定，切实满足群众的需求。在公开方面，实行社区重大决策、重大事务、项目实施及财务管理让群众全过程参与和监督，推动社区管理公开化和民主化。

四是运用参与式方法。就是更多地强调群众参与和合作沟通，注重培养群众个人能力、公共意识和社区归属感。具体方法如下：第一，科学规划。广泛收集群众意见，详细列出可能项目清单，研究分析社区的优势条件、存在的问题困难、解决的方法措施，科学合理规划社区今后开展的项目活动。第二，找准切入点。根据基层社区不同的地域特点、文化特性和生产生活条件,在充分征求群众意见建议的基础上,从群众最迫切、最希望解决的问题入手,找准工作的切入点和突破口,有力有序有效地推动项目活动落实落地。第三,组织实施。调动群众积极性,激发群众内生动力,搭建多方参与的交流与对话平台,推动受益群众在知情、表达、决策三个关键环节的有效参与,提升群众自我管理、自我服务、自我发展和自我监督能力水平。第四,调查评估。从群众最为关心的工作效果和关键环节出发,对所有项目活动都进行参与式评估,全面了解掌握群众是否感兴趣、是否感到满意、是否接受认可的信息,及时梳理总结成效和经验,开展学习交流和分享,促进社区能力提升和逐步成长,为下阶段各项工作做好准备。第五,完善制度。围绕资源管理、共用设施管理和社区公共事务管理等涉及群众日常生产生活的重要方面,制订完善村规民约及社区自主管理制度。对于民族地区特别是藏区来讲,更多注重草场、集体林、村组道、集中供水工程、灌溉引水、环境卫生及矛盾纠纷协调解决等社区管理事务。

五是强化社区能力建设。就是推动社区群众在边学边干、边干边学中培养思考力、决策力、协调力和执行力,最重要的思路是"授人以渔"。具体包括以下几个方面:第一,培养思考力。鼓励和培养社区群众独立自主的认知能力、思考能力和判断能力,自己对自己负责,自己做自己的事情,让自己成为真正的行为主体。第二,培养决策力。注重引导群众自主决策,把群众应该掌握的决策权落到实处,进一步实现共建共管共享社区。第三,培养协调力。建立对外沟通协调和寻求帮助的机制,采取政府采购社会组织服务的模式,积极争取外部有效支持。第四,培养执行力。通过听取诉求、梳理问题、政策引导、情绪疏导、解决重大问题等有效途径,推动社区群众在实践中增强能力素质,在具体工作中增长本领才干,着力提升基层社区自我管理、自我服务、自我发展能力水平。

## 二、英国城市规划和建设经验对康定现代化建设之借鉴

"古炉城茶马重镇东进西出锅庄兴旺驼铃声声响天下,今康定川藏走廊南来北往百姓安泰情歌曲曲传宇寰"。这副对联既展示了康定辉煌的历史,又昭示着康定美好的明天。如何重塑康定的历史,如何再造康定的辉煌,让这座

城市的每一个角落都充满历史感，让这座城市的每一位居民都充满尊严感，是摆在我们面前的重要课题。三年来，在省的党委政府的重视和关怀下，我们紧紧围绕建设"世界历史文化名城"这一历史定位和长远目标，做了一系列推进城市规划和建设的工作。去年12月，笔者有幸赴英国参加了四川省"城镇规划建设与民族文化特色风貌塑造"专题培训，开阔了眼界，受到了启发。现结合康定城市规划和建设的工作实践，对城市规划和建设工作进行思考。

（一）康定城市规划与建设的实践

一是坚持"规划先行、科学规划"。我们始终高度重视规划工作，把2012年确定为"城乡规划年"，不惜花重金、请高手、聘专家制定康定的重要规划。截至目前，已完成或基本完成城乡规划28个，其中不乏有前瞻性和创新性的工作。例如，《全域康定规划》运用卫星遥感、地理信息系统等技术，全面掌握资源现状，在对比分析的基础上，制定了"精明发展"和"精明保护"两大战略，确定了"四化联动"的发展路径，以量化方式对各乡镇职能、任务进行安排布置，从宏观的角度引导全域康定科学发展。《新都桥综合规划》开展了大量社会学调查，充分尊重原住居民的心理文化感应，从文化重构、生态再造、产城融合的角度打造四川进藏第一重镇。《木雅风景道规划》立足景观分区和村庄布局，以边坡治理、湿地打造和综合服务站建设为重点，推动交通道路向景观、经济、生态、文化和民生通道转变，并获得了交通运输部第一期1500万元的立项支持。《康定城市记忆规划》在对历史建筑、社会名流、诗词歌赋、照片文献、重大事件和民间传说等史料进行系统整理的基础上，对复兴康定的系列文化景观项目进行了安排布局。截至目前，康定县点线面结合的规划体系基本覆盖全县，规划引领发展的作用已经凸显。

二是强化执行，加快规划落地。我们把2013年确定为"城乡建设年"，确定了"统一规划、分步实施、拆迁先行"的工作思路。对拟拆迁的地块，先进行数理分析，为拆迁的经济可行性提供决策依据，再根据现实条件和重要程度，确定城市建设的启动区。我们始终把和谐拆迁、阳光拆迁、依法拆迁放在首位，组织精兵强将赴巴中、南充等地学习考察，并结合康定的实际制定拆迁方案。经过一年多艰苦细致的工作，全年共计拆迁面积91 292.5平方米，涉及单位 26 个，居民 460 户，兑现拆迁资金 18 169.8 万元。城市建设方面，我们在还原康定老建筑"原真风貌"的基础上，对新市后街进行了风貌改造，一种当地取材、汉藏融合、亦中亦西、多风并存的"康定风"呈现在广大市民面前；灌顶雪泉、香德尼玛等特色文化旅游和民生项目拔地而起；百姓期盼多年的姑咱后山公路、新都桥主街等道路工程顺利完工；跑马山隧道、折多河湿地公园、国道 318 沿线改造等工程也开工在即。

回顾两年来城市规划和建设工作，在建设世界历史文化名城的征程中，我们不敢有丝毫懈怠，尽心尽责、倾情倾智，付出了艰辛努力。尽管我们取得了一定的成绩，但由于知识结构、人生阅历和美学眼光迥异，使规划建设项目仁者见仁，智者见智，海纳百川，有容乃大，对于这些意见和批评，我们都虚心接受、耐心解释，并将其作为下一轮规划的经验，化作下一次建设的动力，仅希望我们的规划建设工作对得起康定的百姓，经得住历史的检验。

（二）赴英国学习考察的心得

我们赴英国学习，听课、研讨、考察交叉进行，案例教学和现场指导紧密相扣，可谓收获颇丰。我不仅听取了"未来城市的设计、规划和管理创新""建筑保护原则和实践""庞德白理生态城城镇规划管理"和"民族文化遗产保护经济学"等前沿内容，还有幸与世界顶级规划师、建筑师一起研讨"以文化遗产为特色的城镇发展""与当地文化相结合的现代建筑设计理念"等课题。此外，还参观了牛津大学历史文化古城及改扩建项目、丘吉尔庄园、庞德白理生态城、伦敦历史文化街区与古建筑、诺维奇巴斯古城、剑桥大学、斯塔德福德（莎士比亚故乡）、温莎古城堡等，努力学习和体会英国城市所秉承的保护、传承和可持续发展理念。该理念具体包括以下几个方面：

一是高度重视历史文化遗产的保护。早在 1880 年，英国就开始通过法律手段来保护历史文化建筑，并委托专门机构制定保护措施，对其进行保护认证定级。政府还通过发行彩票，设立信托和基金会等方式为保护募集资金，使遗产保护的法律、政策、资金和管理切实到位。百年来，英国在任何时期都没有削弱对历史文化遗产的珍视，一座座古城、古镇、古村庄、古建筑都得以完整保护。在英国，无论城镇大小，处处可见文物古迹，处处都是旅游胜地。当前，英国的旅游业和高端服务业在国家经济结构中所占比重较大，国家经济已成功实现转型,这很大程度上得益于对历史文化建筑和遗产的保护。

二是规划编制工作既科学又严肃。英国注重城镇体系建设,着力发展城市群。除伦敦有 600 万人外,其他城市的人口多在几万到几十万之间。科学的交通体系、合理的产业布局把各市(镇)有机联系在一起。英国注重城乡一体,城乡之间的基础和公益设施差异不大,这使得许多人都乐意居住在小城镇,基本形成均衡协调的发展格局,这既有利于控制城市规模,又有利于保护古建筑。伦敦的规模几十年几乎没有变化,牛津大学古城几近完整保存。英国的城市规划编制工作科学严肃,一般都要历时几年,规划师需要花大量时间跟市民交流沟通,跟利益相关者谈判协调,还需和政府一起研究政策和资金,这些步骤和过程使得规划的落地性很强,规划一旦完成,就意味着基本达成共识,很少变动。

三是城市和建筑设计强调以人为本、环境协调、功能配套。1616 年伦敦曾遭大火,400 多公顷建筑化为灰烬,后来达成共识,只建砖石房屋,同时每隔 500 米修扩建广场、公园,200 多年间共建了 430 个公园广场。这些公园广场既是公共休闲空间,又是紧急避险场所,充分体现了以人为本的理念。牛津大学 38 个学院都有上百年的古建筑和古树木,几百年来,保持建筑不变,风貌不变。任何新建建筑,都有着严格的方案比选和设计过程。像基督圣体学院,就利用残墙和一小片空地,采用现代的建筑材料和技术,建设了一个和环境完全相融,又有效拓展了功能的学术报告厅。此外,英国的城市不过分强调办公、商业和居住的所谓集中功能区,有效减少"卧城"等城市病。这些都是强调环境协调、功能配套的结果。

(三)英国城市规划建设经验对康定的借鉴应用

英国保留了大量的历史和乡土建筑,每个城市、每个乡村都有味道、有特色,让人印象深刻、流连忘返。透过现象看本质,其成功之道在于:规划和设计充分尊重科学和历史,努力兼顾理想与现实。反思两年来康定的城市规划和建设工作,我们认为,其发展方略是正确的,值得进一步坚持;但在操作方法和手段上还需要进一步调整和优化。

一要高度重视对历史和乡土建筑的保护。虽然我们没有像英国那样对现有建筑进行分类定级，但对那些能反映一定历史时期特点的建筑的改造，我们慎之又慎。例如，在新市后街风貌改造时，县里对清真寺有"拆除重建"和"保留修缮"两种意见。当时前者曾一度占据上风，甚至连建筑方案都设计出来了，后来经过反复论证，我们最终选择了后者，现在看来，这一决策完全正确。尽管清真寺建设年代并不久远，但其特色鲜明、尺度适宜，其大门外的商铺较完整地保留了老康定味道，在一定程度上满足了文化遗产的"真实性"和"完整性"标准。另外，金刚寺—南无寺片区规划提出了对特色乡土建筑的保护思路，用改扩建的方式，打造典型民居示范户，以点带面推进整个片区的风貌重现和功能提升。值得强调和重视的是，对建筑的保护应该持"历史眼光"，英国也是这样，他们对修建于1986年的现代建筑也进行登录保护。当然，不是所有的建筑，保护应该具有选择性。

二要始终坚持以人为本，科学规划。以人为本，就是要以满足老百姓的基本需求为工作的出发点和落脚点。在城市规划过程中，至少要关注老百姓的吃住行、娱乐、安全等基本需求。《康定开放空间规划》基于对地震断裂带的认识，规划了26个广场、绿地等开放空间（兼作紧急避难场），通过"停车过滤器"和节点打造，从精神塑造和功能提升的角度，着力打造一个宜居宜游宜商、生态安全的溜溜城。科学规划，就是要尊重自然，使建筑与环境协调统一；就是要尊重历史，注重百姓的心理文化感应；就是要尊重规律，使设计、施工、经济和发展规律协同作用，确保项目的可持续性。例如，在公主桥片区改造时，开发商很快拿出了一个建筑体量大、密度高，卫藏特色鲜明的方案。但我们认为这个方案毫无康定地域特色，与周边环境极不协调，本着对历史对康定负责的态度对其进行了否定。我们还通过大量史料对康定城市历史文化记忆进行了重构，逐步将康定的城市规划和建设引导到尊重历史事实、尊重百姓认知上来。此外，康定的规划和设计必须体现地域特色，注重形式和功能，强调精神塑造，决不能简单地照搬复古，这样才更有生命力。

三要以最大限度的耐心和恒心加强沟通。首先要加强全社会对规划基本概念和基本原理的学习。许多问题的出现，很大程度上都是因学习理解不到位造成的。比如，"侵占红线"应以建筑物的垂直投影为准，而非以建筑物的底线为准。由于一些同志对这个基本原理不清楚，从而导致康定许多建筑的基底墙体并未占压红线，但其空中外挑部分的投影却漫过了红线，这不仅严重违章，同时让城市立面十分难看。再比如，有的人误认为"限高"就是全部修建两到三层的房屋，这种认识不仅在经济上行不通，而且无法承载康定超过一般大城市近3倍的人口密度。实际上，限高是指严格管控城市的纵向生长的空间，降低城市的整体高度。在具体操作上，要按照《控制性详细规划》的要求，在景观敏感地段，应该严格限制高度；反过来，为了集约利用土地，某些地段可以适度拔高。这样，城市的天际线也更加丰富，与山区的自然环境更加协调。其次，要不断强化交流沟通。在国外，规划实际上是一个政府、居民、开发商与其他利益相关者交流沟通、利益平衡的过程。而我们往往变成了单一的长官意志或开发商独立行为，这不利于形成合力。康定未来的城市规划建设，必须不断加强与各种利益相关者的沟通和协调。技术上行之有效，经济上兼顾各方，美学上体现地域特色和文化内涵的规划方案最终必然能够得到大家的认可。

四是不断加强制度和能力建设，确保规划实用长效。当前，规划已成为各地各部门向上争取项目、资金，指导发展的重要依据。各种冠以规划之名的项目越来越多，但落地越来越差。去年，我们清理了全县近百个规划，发现有的规划互相"打架"，有的规划交叉重叠，有的规划完成了却不执行。这就需要从制度层面加强设计，抓好规划之间、部门之间的统筹协调。例如，农办、住建部门都在编制新村规划，如不统筹协调，就会造成工作重复，资金浪费。如果发挥各部门的专业优势，农办牵头的规划偏重产业引导，住建牵头的规划偏重村庄建设，二者沟通协调，再以国土部门的土地利用规划做支撑，就是一个专业性、操作性都很强的综合规划，分开来又可以独立争取项目。再比如，住建部门牵头对康定的城市家具进行了专门设计，但市政部门却不知晓，定做了一批毫无特色的座椅安装，这就造成了规划和执行两个层面的脱节，这些都是教训。针对这些问题，尽管已经制定了《康定县规划编制和管理暂行办法》，努力用制度来规范规划的编制、管理和执行工作，但现在看来内容和深度都有待于进一步修订完善。为了确保规划落地，还必须加强效能建设。首先要破除急功近利的思想，形成"规划编制要尊重科学和历史，要兼顾理想与现实"的风气；其次，要强化干部的责任意识、专业技术和应变能力的培养，确保科学规划、严格执法；最后，要强化环境监管，让广大市民都积极参与到城市管理工作上来，最大限度地杜绝城市规划和建设过程中的违法乱纪的行为。

### 三、藏区特色新型城镇化建设的路径探索

**（一）引言**

藏区是世界范围内最具特色的自然与人文区域之一，对维护世界生态安全、应对气候变化、保护世界民族与文化多样性具有重要的意义。2010年五省藏区户籍人口约1044万人，常住人口1066.47万人，其面积占了全国的23.6%，但常住人口仅占全国的0.82%，是全国人口分布最稀疏的地理区域。藏区城镇在区域政治、经济、社会、文化中发挥了重要的作用，但由于长期交通闭塞、市场发育晚、商品意识淡、人口密度低等因素的共同作用，藏区城镇化进程一直处于较为落后的状态。特别是在公共服务、民生改善、基础设施、产业发展等领域欠账较大，表现为人口流动性差，产业化程度低，普遍存在规模小、分布散、质量低等特征，难以发挥城镇的聚集优势和带动作用。

城镇化是社会经济发展的自然规律，是人口向城镇流动和集中的过程。随着藏区交通条件、经济发展和观念的转变，藏区城镇化对藏区而言意味着从封闭、贫穷、落后向更加开放、富裕、文明的现代城镇社会转化。这种转变是一个复杂的过程，包括生产方式、生活方式、价值观念的改变和民族文化的嬗变与重塑等。

在国家推进新型城镇化的宏观战略思想指导下，藏区城镇化为藏区缩小城乡差距、区域差距，实现跨越发展提供了绝好的机会。在推进藏区新型城镇化的过程中，应坚持"以人为本"的新型城镇化内涵，分析当前及未来藏区发展存在的问题、机遇与挑战，明确藏区新型城镇化过程中应该承担的使命，制定藏区特色的城镇化发展路径。笔者从对藏区新型城镇化面临的特殊问题入手，分别从推进藏区特色新型城镇化的产业支撑、城镇体系、城乡规划建设、生态保护与文化保护传承、社会管理体制机制等六个方面提出了具

体推进新型城镇化的建议，以初步探讨藏区推进新型城镇化的路径。

(二) 藏区新型城镇化独特性分析

第一，缺乏带动城镇化发展的产业支撑。海拔、地形、气候等自然条件是制约藏区城镇发展的基础因素，而藏区产业长期以来落后粗放的经济是困扰藏区发展的首要问题，也是推动藏区新型城镇化必须要解决的问题。内地城镇化基本模式是投资拉动型的城镇化，以工业化和市场化为核心，依赖土地财政和房地产业带动城镇化，而在藏区，这条路基本行不通。首先，藏区在国家宏观空间格局中是禁止开发区，生态环境保护要求高，宏观政策不鼓励发展大工业。其次，藏区在土地、劳动力、市场环境等方面均没有优势，对城镇化带动作用较强的第三产业发展滞后，而矿产和水电等第二产业虽然对GDP有一定贡献，但对解决本地就业和推进城镇化的正向带动作用有限，反而库区矿区移民对社会管理造成了一定压力，成为不稳定因素。最后，藏区房地产市场需求不高，城镇本地公职人员和低收入群体基本通过自购房、政府周转房和保障性住房解决住房问题，外地游客和经商人员由于流动性高、增值空间小等原因购房意愿不高，而广大农村藏族居民享受的优惠政策远远多于城镇居民，且由于语言和知识水平受限，在城镇难以就业，进城意愿不强。

在这些因素的共同作用下，藏区经济发展缓慢，藏民收入水平低，各项基础设施和社会事业欠账较大。为有效改善藏区社会经济水平，多年以来中央主要依靠国家财政对藏区核心城市、重点城镇和部分新农村采用"自上而下"的投入机制，虽然有些成效，但并不能解决藏区整体民生与稳定的问题，对推进城镇化的作用非常有限。因此，立足藏区经济发展特点，在"自上而下"的帮扶型政策基础上，如何找到推进藏区城镇化的驱动力，建立能够带动本地就业、富民和促进社会经济整体发展的产业支撑，是探索藏区特色新型城镇化的当务之急。

第二，城镇体系不完善，服务功能差。虽然藏区人口密度低、人口总量小，但为满足靠天吃饭的高原地区农牧业生产方式，藏民居住分散，而城镇缺乏具有人口集聚能力的产业，规模很小，因此普遍出现城镇体系不完善、层级不足的现象。其中，县城一支独大，作为全县政治、经济、文化中心，是政府部门和企事业单位的聚集地，也是外来游客和投资经商的核心区域，城市服务功能较为完善，对全县具有明显的辐射作用。其他乡镇基本处于城镇发育的初级阶段，规模很小，财力薄弱，资金投入明显滞后于城镇发展需求，从而导致基础设施薄弱，服务功能不完善，城镇功能不配套，缺乏产业支撑，就业空间和容量有限，对周边农村辐射带动能力也较弱。城镇间的纵向联系局限于行政隶属关系，横向联系十分薄弱。

这种各项服务功能均集聚在县城、其他小城镇发育严重滞后的城镇体系在藏区社会经济发展和维护社会稳定方面非常不利。首先，藏区地域宽广，交通不便，居民出行能力有限，亟须培育一批具有综合服务功能的小城镇，就近为藏民提供各项社会服务，覆盖社会管理，满足农村居民的各项生活、生产要求，就近享受国家政策。其次，小城镇和各乡镇功能不完善，会带来诸多社会问题，如教育、医疗等公共服务水平不高，不仅难以有效提高人口素质，也会增加当地居民的不公平感，造成社会不稳定因素。最后，由于乡镇人口聚集能力差，广大藏区居民大部分仍居住在交通不便、环境恶劣的高山地区，生活质量很低。政府为解决全部农牧民进行的交通、饮水、垃圾处理、用电、通讯等基础设施建设，不仅投入高，工程难度大，使用效率不高，而且由于气候和地质灾害影响，后期维护成本也很大，因此难以全覆盖，对藏区居民生活条件改善作用非常有限。

第三，城镇发展空间受限，城镇化质量不高。藏区虽地域广阔，但地处青藏高原，海拔、气候、地形等因素导致环境人口容量极其有限，部分地区甚至不具备人类生存的基本条件，首先表现为可建设用地异常紧缺。如四川甘孜州55%的县城位于峡谷地带，其中雅江、德格、得荣、白玉、新龙、泸定的县城面积分别为0.48、0.57、0.63、0.8、0.82、0.97平方公里，已处于饱和开发状况，难以承载更多人口和产业。其余48%的县城地处高海拔地区，气温、氧气含量等导致宜居性较差，发展潜力不大。藏区城镇不仅地域狭小，而且聚集了政治、经济、社会、文化、军事、生活等功能，导致建设用地异常紧张。建筑密度、高度很高，道路交通不畅，基础设施滞后，必要的公园绿地、紧急避难场所和生命线通道缺乏，导致藏区城镇交通拥堵、景观脏乱差等现象时有发生，城镇质量不高。

代结语　藏区治理的现代化推进与依法治藏实践

第四，自然生态与文化资源丰富，需要严格保护。一方面，藏区作为世界第三极，地理位置独特，是我国长江、黄河等河流的重要水源涵养区，发挥着重要的生物多样性保护、水源涵养功能，对维护全国生态安全都具有举足轻重的作用。另一方面，藏区海拔高、地质构造复杂、地质灾害频繁，生态脆弱且恢复能力差。藏区长期以来较为封闭，尚未受到现代化冲击，仍保留着原生态的文化和生产生活方式。藏区有着浓厚的宗教传统，独特的生活方式、精神信仰，在服饰、建筑、歌舞、戏曲等方面独树一帜，藏民心灵纯洁，被誉为世界上最后一块净土，世界人心中的香格里拉。

在全球化、工业化快速发展的背景下，藏区生态环境和文化保护也面临着重要的问题。在生态环境保护方面，一方面，大规模的水电开发、矿业开采加工、旅游开发建设等活动均对自然生态环境产生了较大影响。另一方面，由于本地居民增收途径有限，为了维持基本生存和生活，超载放牧、开垦土地、破坏森林草场、挖沙采石采矿、挖掘冬虫夏草等活动也对生态环境造成一定威胁。在文化保护与发扬方面，随着全球化、现代化的各种信息资源进入藏区，势必对藏族传统文化造成冲击，使其在生产生活方式、建筑、服装、语言等方面产生较大变化，导致藏文化的流失。因此，保护藏区生态环境，保护和发扬藏族传统文化，不仅仅关系到藏区自身发展方向与路径，对全国、亚洲甚至全球社会经济都具有重要的影响。在推进藏区城镇化过程中，如何保护生态环境、尊重和保留独特的藏族文化是必须要解决的问题。

第五，社会管理难度大，稳定与民生问题突出。受历史、自然、文化、地域条件等原因的影响，藏区社会面临的一些特殊问题，对推进新型城镇化过程中的社会管理影响很大。首先，高度分散的人口格局增加了社会管理的难度。藏区人口密度远低于全国其他地区，即使是同一个村民小组，所辖的地域范围也非常广，且地处高山峡谷地区，交通不便。其次，藏民居民受教育水平普遍较低，文盲率远远高于全国其他地区，受教育人群绝大部分为小学文化水平，缺乏进入城镇就业和生活必备的知识和技能。再次，贫困现象严重，城乡收入差距较大。藏区人均GDP、农民人均纯收入等指标远低于中东部地区，并且本地的城乡收入差距也非常明显，远大于全国平均水平。最后，藏区中心城镇的流动人口逐年增加，这部分群体多从事低端服务业，他们文化程度低、社会保障低、居住条件差，合法权益得不到有效保护，给社会治安管理带来一定压力。

此外，在藏区，寺庙不仅是宗教传习场所，也承担着文化教育、医疗服务、矛盾化解等综合功能，对社会经济发展、藏区群众的生产生活具有很大的影响。在政府的社会管理和社会服务功能仍待完善的情况下，很多传统的宗教习惯仍然对居民产生影响，如藏民多围绕寺庙定居，一个寺庙往往固定服务几个村庄。在这种精神追求和藏族传统文化的影响下，藏区形成了以寺庙为中心的聚落模式。如果部分寺庙和僧侣受到西藏流亡势力影响，蛊惑藏民信徒进行打砸抢和自焚等活动，会严重影响藏区社会的和谐稳定和民族团结，也直接影响着藏传佛教本身在当代社会正常有序地发展。因此，在藏区推进新型城镇化过程中，一方面，要保留和保护藏族独特文化，同时也应通过增加各项公共服务的质量和水平，增强广大藏民对国家的认同；另一方面，藏族通过寺庙聚集的独特形式，应和新型城镇化相结合，共同促进人口的相对集聚。

（三）藏区新型城镇化的使命与路径探讨

1. 藏区新型城镇化的使命。受青藏高原自然地理环境、交通条件以及传统生活生产方式等因素制约，藏区城镇发展起步较晚，其城镇化进程较内地而言将更加漫长，发展路径也不能照搬其它地区的既有路径与经验，必须充分考虑藏区的生态环境、历史人文、社会经济的特征，充分协调经济、民生、社会、生态等多方面的关系。藏区的新型城镇化必须要承担以下使命：①探索解决藏区城镇化发展动力不足的问题，提高藏区的经济水平；②解决藏区公共服务不健全、服务水平低的问题，完善城镇体系；③提升城镇规划建设水平，建设高品质藏区特色城镇和乡村；④保护藏区独特的生态与文化，实现藏区的生态文明和文化传承；⑤创新人口土地资金等配套政策，培育内生动力，科学有序推进城镇化。

2. 藏区特色新型城镇化出路。

（1）以旅游业为龙头，以新型城镇化为支撑，构建藏区现代产业体系。藏区旅游资源丰富，雪山、森林、城镇、村落、河流、湖泊、寺庙、民居、公路、街道等都可以将成为景观景点，歌舞、手工艺、农产品、摄影、文学、服饰都是重要的旅游产品。旅游业既可以富民，又可以带动农业、牧业、服务业等相关产业的发展。在国家政策支持下，藏区的旅游基础条件得到了极大的改善，长期困扰藏区旅游业发展的交通、通信等问题逐步得到了缓解，旅游业增速快，后发优势显现，藏区旅游的"黄金时期"即将到来。

藏区的新型城镇化应和旅游业发展高度融合，通过保护藏文化、提升城镇和村庄整体品质、形象来促进旅游业的发展，同时通过旅游发展带动城镇化，实现旅游与城镇化发展的良性互动。在产业方面，要围绕旅游业调整农牧业结构，延长旅游产业链，努力培育符合藏民知识技能、受到藏民文化认同的产业体系，如发展藏区观光农牧业和乡村旅游，开发珍稀药草、野生菌类等天然绿色食品药品，开发藏区文化饰品、手工艺、唐卡等旅游产品，推进文化演艺、户外体育、会议会展、藏医药养生等相关产业。建立本地居民为主的多方参与模式，通过藏族文学、艺术、医学、工程、技术等多方面的弘扬与传承，逐步解除藏区寺院对藏区"人、智、物"等多重资源的垄断。通过全域旅游，实现旅游景区全域联动、旅游产品全域优化、旅游线路全域统筹、旅游品牌全域整合、旅游市场全域营销的理念，建成大旅游产业体系，带动经济和城镇发展。

（2）结合生态移民与牧民定居等政策，完善藏区特色城镇体系。为解决居住在高山和半高山地区的藏民的交通不便、医疗教育等公共服务缺乏的问题，国家通过推行生态移民政策，鼓励和要求当地居民从不适合人类生存，又需实施生态保护与修复的区域搬迁，移居到较适合居住的河谷地区。但由于藏区土地有限，高山和半高山居民生产资料和土地都在山上，搬迁下山之后无法解决就业等经济问题，搬迁难度大，后续问题较多。同时为改善游牧藏民的生产生活条件，藏区制定了牧民定居计划，通过集中建设定居点，解决牧民生产生活需求。但这两种政策均由于没有改变原有的生产方式，收效甚微。

新型城镇化为藏区实施生态移民、牧民定居等政策提供了较好的机会。通过高品质的小城镇和村庄规划建设，紧密结合生态移民、旅游发展、生态文化保护等需求，按照大分散、小聚合的发展原则，通过镇村体系调整、空间规划布局，引导小城镇走特色化、集约化、精品化的发展道路，建设藏区特色风情小镇，打造国际高原生态旅游特色名片。建立"中心城市—中心镇—

一般乡镇—中心村"四级镇村体系,提高社会公共服务的覆盖度和服务水平。面广大的农村地区在基本保留自然村的基础上,结合新农村建设,建设美丽藏寨,形成以高原特色农牧业和特色旅游为带动,与城市差异化互补的特色村落发展路径。通过前瞻性地为本地及搬迁来的居民解决好就业、医疗、教育、住房等问题,既可以促进生态移民、牧民定居等政策的顺利实施,提高本地居民的生活水平,也可以保护生态环境,减少政府公共投资,整体提升藏区社会经济水平。

(3) 按照低碳生态城市理念,建设高品质的高原特色生态城镇。针对中心城市普遍存在的空间紧张、基础设施不完善等问题,藏区城镇规划建设应前瞻性地利用国际先进的低碳生态城镇的建设技术,跨越式高品质推进城镇建设。在城镇空间发展方面,应因地制宜,采用"多组团、群落式"的空间结构,城镇融于山川峡谷中,山中有城,城在山中,山城相应,人与自然和谐发展。绝不能不顾自然和用地条件,盲目搞大规模集中式城镇建设。针对分散式布局带来的基础设施低效和浪费问题,可以通过设施的生态化、微循环等生态技术和措施来综合解决。在交通方面,组团间应建立快速绿色交通体系,通过快速公交和绿道网络串联各组团,城区内部交通应控制私家车的数量,局部地区可建设立体车库,形成以步行、自行车、公交车为主的绿色交通体系。

针对大部分乡镇和农村地区缺乏生活污水、垃圾处理设施,可采用微降解思路,通过分户式、联户式的办法治理生活污水,采用生态处理模式控制污染。通过通堆肥、分拣回收可利用资源等手段,减少生活垃圾外运处理数量,实现农村生活垃圾资源化利用。推广建设生态卫生厕所,实现村庄内无露天粪坑和简陋厕所,新建住宅卫生厕所达100%。在重点旅游乡镇建设星级生态厕所,解决环境污染问题。采用微能源利用技术,通过太阳能发电、太阳能供热技术,解决居民取暖、照明、用电需求。藏式建筑可采用被动式太阳能采暖等乡土绿色建筑技术,制定木雅建筑节能改造技术方案,建设满足节能、节水、节地、节材、环保的乡土绿色建筑,提升室内环境质量。

(4) 构建生态与文化保护体系,以发展促保护。藏区的生态环境保护和藏族文化保护与传承是藏区城镇化进程的前提与根本。不注重生态与文化保护的藏区城镇化必然是失败的，会对藏区造成不可挽回的损失。藏区最大的吸引力不仅在于它有神奇秀美的自然风光，更在于其厚重独特的藏族文化底蕴。藏区的每一段历史、每一种风俗、每一座建筑、每一个传说、一山一湖、一草一木都是藏区生态与文化的代表，其独特的建筑、装饰、手工艺品和服饰、歌舞、藏戏、说唱艺术等均体现了藏族人民独特的审美情趣和创造力，是藏族文化特有的风格和魅力。藏族的自然与人文具有高度的统一与关联性，自然可以成为文化，而文化则来源于自然。

在生态环境保护方面，要率先划定全域的生态保护红线、永久农田保留红线和城镇增长边界，并通过法律手段使之固化。在具体划定过程中，要充分结合藏区特有的自然与人文的关系，构建生态安全格局。生态安全格局的构建，第一要规避不适宜开发建设的陡坡地区，保证开发建设活动的地质安全；第二要构建连续的水系统安全格局，恢复湿地和河流系统的"生命力"，提高水生态系统在水源涵养、防洪蓄洪、维持水资源平衡等方面的生态功能；第三要构建生物多样性保护安全格局，保护野生珍稀动植物及其野外栖息地与生态廊道；第四要构建遗产保护与游憩安全格局，实现对藏族特色遗产的整体保护；第五要构建景观视觉保护安全格局，保护视觉景观质量和视觉体验过程。特别是具有重要文化遗产保护和景观价值的区域，要避免无序建设对景观的破坏，将其划入相应的保护范围之内。在生态安全格局基础上，制定综合协调的空间管制分区。

在文化遗产保护方面，城镇和乡村整体景观风貌要切实保护自然生态环境、历史遗存和地域文化，努力彰显藏族特色。通过对城乡景观风貌的梳理，划定景观风貌保护分区，在建筑设计和项目落实的过程中，严格按照风貌分区进行规划和建设，突出藏区城市文化特色。对古建筑、古墓葬、古遗址等物质文化遗产的保护，要从抢救性保护向预防性保护转变，加强基本建设中的考古发掘和文物抢救工作。对具有独特民族风格和民俗特征的村落要进行文化名村（镇）建设。对非物质文化遗产要制定项目分类保护标准以及保护规划，落实科学保护措施，实行非物质文化遗产的动态保护，发挥文化遗产的内在价值。对民族民俗艺术实施就地分区保护，落实区域本土生活习俗的恢复，培育特色文化保护村落和文化遗产活态保护地。

(5) 通过特殊的配套政策，保障藏区新型城镇化有序推进。由于藏族居民进城意愿、知识文化水平等多方因素制约，藏区在新型城镇化过程中，应该通过居住证制度等管理办法来助推新型城镇化。可探讨进入城镇的农牧民，允许其继续保留在农村的土地使用权、林地使用权、草地使用权等权利，继续享受退耕还林、退牧还草等优惠政策，使群众在保有土地收益的前提下，就地就近享受城镇文明和现代公共服务。

在财政制度方面，应加大藏区专项财政转移支付力度，特别是加大对青海、四川、甘肃等藏区的支持，有效减轻地方政府所承担的城镇化基础设施和公共服务配套压力，促使县城及小城镇尽快成长为推进新型城镇化发展的重要空间载体和基础依托。在开发方式方面，要在强调开放性、市场化的同时，给予藏民充分的调整准备时间与政策倾斜，如提供必要的基础教育、土地、金融与就业培训等方面的支撑，允许兼业型居民自由选择，不强制转换土地性质，提供平等的公共服务和社会保障，实现城镇发展的公众满意度最大化。创新城镇建设模式与参与机制，通过政府精心设计、藏民主导掌控、利益合理共享的独特城镇化方式，充分调动本地和外来从业人员的积极性，同时积极引入民间资本和力量，激发城镇建设活力，实现藏区城镇的可持续有序发展。

（四）进一步讨论

藏区新型城镇化是促进藏区经济发展与产业升级的重要抓手，是提升藏区居民生活生产条件、实现藏区的四化同步，体现生态文明理念和凸显藏文化传承的城镇化。藏区的新型城镇化是各种政策的纽带与载体，对综合解决藏区跨越发展、长治久安面临的问题具有关键作用，是牵动社会经济发展与生态文化保护工作的牛鼻子。藏区推进新型城镇化过程任重道远，应充分把握"以人为本"的新型城镇化内涵，在充分认识藏区的特殊问题基础上，创新性地在产业发展、城镇建设、生态与文化保护、管理制度体制创新等方面不断探索，科学有序、因地制宜地推进。

## 四、依法治藏需要对政府治理与群众自治的有机衔接进行理论思考

习近平总书记指出："推进国家治理体系和治理能力现代化，必须适应国

家现代化总进程,提高党科学执政、民主执政、依法执政水平,提高国家机构履职能力,提高人民群众依法管理国家事务、经济社会文化事务、自身事务的能力。"这是在依法治藏的背景下,从改善政府管理、推动群众参与两个层面指出了我国国家治理体系和治理能力现代化今后改革的方向。为此,需要重构政府与社会关系,合理界定政府管理与群众自治的边界,实现政府管理与群众自治的良性互动和有机衔接。然而,政府管理如何改善,群众自治如何强化,必须要有明确的思路和必要的路径选择。

一是明晰政府管理与群众自治的边界。按照社会公共事务和公共产品的特性来对政府管理与群众自治的边界进行划分,实行分类放权。第一类:较大的、宏观的,只能由政府主导才能有效实施和落实的公共事务,属于政府管理的内容;第二类:只涉及某个行政单元群众的公共事务,面对的是多样化、个性化的群众需求,属于群众自主管理的内容;第三类:需要政府和群众共同管理的公共事务,指导群众进行自主管理,实行政府和社会共管共治。这种分类治理、有机衔接的社会治理框架,有利于实现群众主体参与和改善政府治理。随着群众自我管理能力的不断提升,基层治理将会是一个群众自主管理的事务越来越多,政府主导的事务逐渐减少的过程。

二是做好分类放权和群众自治的对接。充分放权是群众自治和参与共建共治的前提,只有充分放权,才能激发群众的主人翁意识,调动其参与社会公共事务管理的积极性。但是放权必须讲究策略,避免出现"一放就乱、一乱就收、一收就死"的怪圈。放权要遵循以下几个原则:首先要瞄准受益主体。政府的权力和资源只能够传递给政策的受益群体、受影响的社会人群,而不是放权给另外的行政机构、事业单位或者中间过渡部门。只有这样,才能保证国家的优惠政策能够真正惠及政策的目标群体,从实践层面把党的群众路线落到实处。其次要循序渐进。放权是一个过程,不能一刀切。一方面要根据管理内容和群众管理能力适度放权;另一方面要注意有一个行政权力逐渐弱化的过程,当群众能够有效开展自主管理时,行政权力应该逐渐隐退。国家的民生项目,除大中型项目外,资金控制权、物资采购权、工程实施权、社区管理权等,都应该充分放权,推动群众进行自治管理,或者参与共管共治。另外,即便是大型国家工程,也可以吸收社会力量开展社会监督,改善社会治理。

三是引导和推动群众做好自主管理。首先,观念上要有正确的认识。推动群众自主管理的目的是建立群众共建共管共享的和谐社区,而不能片面地理解成通过群众自主管理来甩包袱。必须引导和指导群众建立正确做事的习惯,包括建立公正、公平、公开、透明的做事风格,树立帮助困难群众的社会风气,积极协调和化解群众矛盾,改善干群关系等,最终实现可持续发展与和谐社区管理。其次,注重群众自主管理的能力建设。没有能力基础的群众自主管理是难以长期持续的,而群众自主管理能力是在边干边学的过程中逐渐形成的。一方面,要积极创造条件,为群众提高自主管理能力创造机会和提供合适的外部帮助。另一方面,要用宽容的心态,陪伴群众成长,既不能拔苗助长,也不能放之不管。最后,注重群众自治管理的制度建设。在很多时候,基于村规民约进行的社区自主管理,往往比正规正式的规章制度更管用。通过群众的广泛参与,由群众共同讨论制定出自己认可的管理制度,为群众自治提供制度保障。在建立社区管理制度的过程中,群众逐渐学会运用权力,集体决策,在达成共识的基础上采取共同行动,建设、管理和享受和谐的社区生活。

四是强化政府监管和支持服务。有效的群众自主管理和群众参与共建共治,离不开有效的政府支持和监管。过去是政府主导、政府做事、政府管理,今后应该是政府指导、群众做事、政府监管。这就需要转变工作观念和思路,改变工作方法。按照服务型政府的要求,政府治理理念从"全能政府"向"有限政府"转变;从领导者向支持者、帮助者转变;从注重政绩考核向注重群众满意度转变;从只注重硬件建设向更注重群众自主管理机制转变;从送工程下乡向催生群众内生动力、进行自主管理转变。在工作方法上,应强调分类授权和强化政府监管并重,积极搭建利益相关者共同管理的平台。推动多方参与,在达成共识的基础上开展合作行动,提供及时有效的帮助与支持。一方面,拿出政府资源建立激励机制;另一方面,通过采购社会组织的服务、组织业务部门技术人员为群众自主管理提供支持和保障。

## 五、依法治藏需要方法论

**（一）基本理念**

1. 任何时候，都要把党和国家的方针政策放在头脑里，把藏区老百姓的具体利益放在心上，这是我们处理任何难事百战不殆的根本原因。很多人之所以失败，就是因为忘记了党的宗旨，忽视了老百姓的利益。老百姓的利益往往比较具体、比较细小，容易被忽视，而事实证明，与民争利，得不偿失。

2. 把上面的政策搞清楚，把老百姓的需要弄明白，然后在两者之间找准结合点，这是做好一切工作的关键所在。做任何事情（例如藏区治理）前，首先要问自己，我们的目标客户是谁（上级党委政府领导和下面的老百姓）；其次是了解目标客户的需求是什么（领导的需求是什么，政策是什么，老百姓的诉求是什么）；再次要问自己我们可以提供什么样的价值贡献（我们有哪些资源可以调配）；最后是我们的策略是什么，而所谓策略，就是如何赢的方法（这当中就是依法治藏的突破口和结合点）。

**（二）具体方法**

1. 做任何事情前，首先要策划。策划很重要，所谓策划就是围绕目标和基本工作指向，思考并确定总的原则、基本思路、主要目标任务和实现途径。

2. 根据策划来制定依法治藏的方案。例如，依法治藏的工作方案制定好以后，报领导审批；方案审批以后，由分管领导牵头制定具体的实施方案，报主要领导备案。

3. 方案包括两个方面：一是报领导审批的工作方案，内容主要包括依法治藏的总任务、阶段性目标任务、基本原则、基本思路和实现途径等。二是实施方案。依法治藏的实施方案要落实五个"定"，即定岗、定人、定任务、定标准和定检查任务。

# 主要参考文献

## 一、中文论文类

1. 何显明："市场化进程中的地方政府角色及其行为逻辑"，载《浙江大学学报（人文社会科学版）》2007年第11期。
2. 钟伟军："地方政府在社会治理中的'不出事'逻辑——一个分析框架"，载《浙江社会科学》2011年第9期。
3. 周黎安："中国地方官员的晋升锦标赛模式研究"，载《经济研究》2007年第7期。
4. 周飞舟："锦标赛体制"，载《社会学研究》2009年第3期。
5. 杨善华、苏红："从'代理型政权经营者'到'谋利型政权经营者'"，载《社会学研究》2002年第1期。
6. 丁煌、定明捷："'上有政策、下有对策'——案例分析与博弈启示"，载《武汉大学学报》2004年第11期。
7. 周雪光、练宏："政府内部上下级部门间谈判的一种分析模型——以环境政策实施为例"载《中国社会科学》2011年第5期。
8. 孙立平、郭于华："'软硬兼施'：正式权利非正式运作的过程分析——华北B镇收粮的个案分析"，载《清华社会学评论》，社会科学文献出版社2000年版。
9. 周雪光："基层政府间的'共谋现象'：一个政府行为的制度逻辑"，载《社会学研究》2008年第6期。
10. 周雪光、练宏："中国政府的治理模式：一个'控制权'理论"，载《社会学研究》2012年第5期。
11. 艾云："上下级政府间'考核检查'与'应对'过程的组织学分析"，载《社会》2011

年第 3 期。
12. 周雪光:"运动型治理机制:中国国家治理的制度逻辑再思考",载《开放时代》2012 年第 9 期。
13. 陈合权:"社会突发事件与政府应急管理——兼论中国政府危机管理体系的构建",载《西南民族大学学报》2005 年第 12 期。
14. 钟开斌:"回顾与前瞻:中国应急管理体系建设",载《政治学研究》2009 年第 1 期。
15. 贺银凤:"中国应急管理体系建设历程及完善思路",载《河北学刊》2010 年第 5 期。
16. 高小平:"中国特色应急管理体系建设的成就和发展",载《中国行政管理》2008 年第 11 期。
17. 高小平:"综合化:政府应急管理体制改革的方向",载《行政论坛》2007 年第 2 期。
18. 陈安、上官艳秋、倪慧荟:"现代应急管理体制设计研究",载《中国行政管理》2008 年第 8 期。
19. 陈玲:"浅析转型时期我国的突发事件应急管理体系建设",载《商业经济》2009 年第 12 期。
20. 刘尚亮、沈惠璋等:"我国突发事件应急管理体系构建研究",载《科技管理研究》2010 年第 19 期。
21. 曹正汉、周杰:"社会风险与地方分权——中国食品安全监管实行地方分级管理的原因",载《社会学研究》2013 年第 1 期。
22. 曹正汉:"中国上下分治的治理体制及其稳定机制",载《社会学研究》2011 年第 1 期。
23. 苏明、刘彦博:"我国加强公共突发事件应急管理保障机制研究",载《经济与管理研究》2008 年第 4 期。
24. 张欢:"突发公共事件下的中央和地方府际关系审视",载《清华大学学报(哲学社会科学版)》2006 年第 4 期。
25. 曹现强、赵宁:"危机管理中多元参与主体的权责机制分析",载《中国行政管理》2004 年第 7 期。
26. 钟开斌:"国家应急管理体系建设战略转变:以制度建设为中心",载《经济体制改革》2006 年第 5 期。
27. 张欢:"突发公共事件下的中央和地方府际关系审视",载《清华大学学报(哲学社会科学版)》2006 年第 4 期。
28. 何颖:"西部民族地区民族宗教群体性突发事件研究",载《青海社会科学》2010 年第 6 期。

29. 贺萍：“宗教影响新疆社会稳定的路径与范式——以伊犁地区为例”，载《实事求是》2011年第1期。

30. 杨安华、张伟、梁宏志：“民族地区社会结构变化与应急能力建设”，载《西南民族大学学报》2010年第6期。

31. 石路：“论民族地区突发公共事件的预警与防范机制”，载《贵州民族研究》2007年第1期。

32. 王萃萃、刘宏杰：“论边疆民族地区应急管理机制建设的特殊性”，载《兵团教育学院学报》2010年第5期。

33. 张建江：“论少数民族地区应急法制建设——以新疆为例”，载《新疆大学学报》2006年第4期。

34. 刘国军：“民族地区地方政府应急管理机制的构建与完善”，载《新疆社科论坛》2009年第5期。

35. 黄伟：“历代中央政府治藏方略的演变传承”，载《国家行政学院学报》2012年第4期。

36. 连成国：“走向依法治藏的民族区域自治——中国共产党民族立法政策的西藏实践”，载《西藏研究》2014年第5期。

37. 杜永彬：“关于推进藏区治理体系和治理能力现代化的思考"，载《中国藏学》2015年第3期。

38. 曾燕：“西藏社会现代化转型与依法治藏的理性思考”，载《西藏大学学报（社会科学版）》2015年第2期。

39. 张培中：“为全面推进依法治藏提供有力司法保障”，载《人民检察》2015年第4期。

40. 星全成：“班禅系统在西藏地方与中央政府早期接触中的作用”，载《青海民族大学学报（社会科学版）》2011年第1期。

41. 星全成：“章嘉活佛系统在清朝治理蒙藏地区中的作用”，载《青海民族大学学报（社会科学版）》2007年第3期。

42. 杜永彬：“藏传佛教世俗化倾向的反思”，载《战略与管理》1999年第4期。

43. 温强：“'西藏问题'与肯尼迪政府对华遏制孤立政策考察”，载《中国边疆史地研究》2006年第2期。

44. 张曦：“中国近代史上的外交概念——外蒙及西藏问题中的'主权'与'宗主权'”，载《中央民族大学学报（哲学社会科学版）》2013年第1期。

45. 李晔、王仲春：“美国的西藏政策与'西藏问题'的由来”，载《美国研究》1999年第2期。

46. 朱晓明:"认清达赖集团本质,推进反分裂斗争",载中国藏学研究中心编:《透视"3·14"——中国藏学研究中心学者深度分析拉萨"3·14"暴力事件》,中国藏学出版社2008年版。

47. 星全成:"元明清中央政府治藏失误及其对藏区社会的影响",载《青海民族研究》2010年第4期。

48. 李延恺:"从文化交流看藏汉关系",载《青海民族学院学报(社会科学版)》1987年第4期。

49. 星全成:"清朝治理蒙藏方略对后世的启示",载《青海民族学院学报(社会科学版)》2008年第3期。

50. 星全成:"清朝治理蒙藏方略之得失",载《青海社会科学》2007年第4期。

51. 张曦:"试析清廷对廓尔喀首次入侵西藏原因认识的过程",载《西藏研究》2015年第1期。

52. 段鑫:"晚清与民国政府治康策略及其得失比较",载《西南边疆民族研究》2014年第14辑。

53. 石硕、邹立波:"汉藏互动与文化交融:清代至民国时期巴塘关帝庙内涵之变迁",载《西南民族大学学报(人文社会科学版)》2011年第6期。

54. 刘国武:"袁世凯政府对藏政策初探",载《安徽史学》2002年第3期。

55. 朱昭华:"论袁世凯政府对西藏危机的因应",载《西藏研究》2012年第6期。

56. 车志慧:"1946年制宪国大与国民政府对西藏的政策",载《甘肃社会科学》2014年第5期。

57. 星全成:"民国时期中央政府的反分裂斗争述略",载《青藏高原论坛》2014年第1期。

58. 星全成:"民国时期西藏与周边构怨及中央政府的调停",载《西北民族大学学报(哲学社会科学版)》2014年第3期。

59. 凌立、曾义:"藏区文化差异与和谐社会构建——以康巴藏区及甘孜藏族自治州为例",载《中央民族大学学报(哲学社会科学版)》2012年第5期。

60. 黄微、周良艳:"藏族群众行使参与权对创新藏区社会治理模式的作用和启示——以甘孜藏族自治州丹巴县几起事例为据",载《民族学刊》2015年第4期。

61. 刘俊哲:"四川藏区宣传教育与社会稳定研究",载《民族学刊》2012年第9期。

62. 周学东、魏莲芳:"四川藏区治安管理工作现状、问题及对策",载《四川警察学院学报》2015年第1期。

63. 段毅君:"甘孜州南部经济圈发展战略研究",载《四川民族学院学报》2011年

1 期。

64. 汤火箭、谭博文："财政制度改革对中央与地方权力结构的影响——以财权和事权为视角"，载《宏观经济研究》2012 年第 9 期。

65. 彭文斌："边疆化、建省政治与民国时期康区精英分子的主体性建构"，载《青海民族研究》2013 年第 4 期。

66. 熊英："论财政分权法制化"，载《国家行政学院学报》2007 年第 2 期。

67. 江必新、郑传坤、王学辉："先地方后中央：中国行政程序立法的一种思路——兼论《重庆市行政程序暂行条例》（试拟稿）的问题"，载《现代法学》2003 年第 2 期。

68. 孔凡河、梁星："群体性事件中的政府对策探微"，载《上海党史与党建》2012 年第 8 期。

69. 黄双令："政府管制与公共利益维护问题初探"，载《广西社会科学》2009 年增刊。

70. 王小龙："中国地方政府治理结构改革：一种财政视角的分析"，载《人文杂志》2004 年第 3 期。

71. 陈俊："创新社会管理法制化的几点思考"，载《上海师范大学学报（哲学社会科学版）》2012 年第 6 期。

72. 于新循、付贤禹："从自律走向他律：我国政府信用的法制化探径"，载《社会科学研究》2011 年第 2 期。

73. 李长健、陈志科、蒋诗媛："论群众利益诉求的法制化"，载《山东警察学院学报》2009 年第 1 期。

74. 周玉渊："地区治理的法制化——以欧盟和东盟制宪为例"，载《世界经济与政治》2009 年第 3 期。

75. 杨占国："关于推进我国政治文明建设的几点思考"，载《中国特色社会主义研究》2007 年第 5 期。

76. 李泽洲："建构危机时期的政府治理机制——谈政府如何应对突发性公共事件及其危机"，载《中国行政管理》2003 年第 6 期。

77. 冉敏、李爱萍、王学莲："中国政府绩效评估法制化——立法宗旨和立法原则研究"，载《青海社会科学》2012 年第 3 期。

78. 王小彬："论毛泽东关于西藏工作的基本思想"，载《湖北行政学院学报》2002 年第 1 期。

79. 李荟芹："论毛泽东对成功实现西藏民主改革的重大历史贡献"，载《西藏民族学院学报（哲学社会科学版）》2015 年第 2 期。

80. 王小彬："西藏新民主主义社会论——关于西藏稳定发展时期的几个问题"，载《西藏研究》2002 年第 3 期。

81. 杜永彬：“中央第三代领导核心的治藏方略”，载《中国藏学》2004 年第 4 期。
82. 彭文斌：“近年来西方对中国边疆与西南土司的研究”，载《青海民族研究》2014 年第 2 期。
83. 李晔、王仲春：“美国的西藏政策与'西藏问题'的由来”，载《美国研究》1999 年第 2 期。
84. 李晔：“美国策动'藏独问题'国际化的历史考察（1951～1968）”，载《东北师大学报（哲学社会科学版）》2008 年第 5 期。
85. 王金强：“二战后美国对西藏政策的调整——从约翰逊到尼克松”，载《美国研究》2011 年第 1 期。
86. 连成国：“走向依法治藏的民族区域自治——中国共产党民族立法政策的西藏实践”，载《西藏研究》2014 年第 5 期。
87. 张林、刘斌：“西藏地方人民代表大会制度与'依法治藏'方略的实施”，载《西藏民族学院学报（哲学社会科学版）》2015 年第 1 期。
88. 曾燕：“西藏社会现代化转型与依法治藏的理性思考”，载《西藏大学学报（社会科学版）》2015 年第 2 期。
89. 江必新：“国家治理现代化背景下的权力管理新思维”，载《中国法律评论》2014 年第 4 期。
90. ［美］博登海默：“法律与其他社会控制力量的差别”，潘汉典译，载《中国法律评论》2014 年第 4 期。
91. 任剑涛：“反腐的不同进路与法治的整合功能”，载《中国法律评论》2014 年第 4 期。
92. 嘎松美郎：“谈坚持依法治藏问题——以加强冬虫夏草资源管理为例”，载《理论视野》2015 年第 1 期。
93. 王锡锌：“以信息公开作为治理改革的最佳支点”，载《中国法律评论》2015 年第 2 期。
94. 沈岿：“走向应责胜任的法治政府”，载《中国法律评论》2015 年第 2 期。
95. 冉瑞燕：“论少数民族习惯法对政府行政行为的影响”，载《中南民族大学学报（人文社会科学版）》2006 年第 4 期。
96. 南杰·隆英强：“论法文化视域下藏族传统法律文化在中国传统法律文化中的价值与地位”，载《当代法学》2010 年第 2 期。
97. 黄微、周良艳：“藏族群众行使参与权对创新藏区社会治理模式的作用和启示——以甘孜藏族自治州丹巴县几起事例为据”，载《民族学刊》2015 年第 4 期。

98. 许章润：“公民模式的后民族主义国家命题”，载《中国法律评论》2015年第2期。
99. 钱弘道：“从权力规律看权力制衡”，载《中国法律评论》2014年第4期。
100. 苏永生：“国家刑事制定法对少数民族刑事习惯法的渗透与整合——以藏族'赔命价'习惯法为视角"，载《法学研究》2007年第6期。
101. 沈寿文：“自治机关'自治权'与非'自治权'关系之解读”，载《湖北民族学院学报（哲学社会科学版）》2013年第3期。
102. 王亚妮、姚俊开：“论刑事法律在西藏的变通实施”，载《政法论丛》2008年第5期。
103. 黄微：“藏族农民享有政治权利的微观实证研究——以四川省甘孜藏族自治州丹巴县巴底乡沈洛村为例”，载《民族学刊》2012年第11期。
104. 苏永生：“中国藏区刑事和解问题研究——以青海藏区为中心的调查分析”，载《法制与社会发展》2011年第6期。
105. 唐皇凤：“常态社会与运动式治理——中国社会治安治理中的'严打'政策研究"，载《开放时代》2007年第3期。
106. 周学东、魏莲芳：“四川藏区治安管理工作现状、问题及对策”，载《四川警察学院学报》2015年第1期。
107. 周世中、周守俊：“藏族习惯法司法适用的方式和程序研究——以四川省甘孜州地区的藏族习惯法为例”，载《现代法学》2012年第6期。
108. 周欣宇：“论藏族习惯法的宗教哲学基础”，载《内蒙古社会科学（汉文版）》2009年第1期。
109. 杨敏：“群体性事件之政府答卷”，载《决策》2009年第1期。
110. 于建嵘："当前我国群体性事件的主要类型及其基本特征"，载《中国政法大学学报》2009年第6期。
111. 应星："'气场'与群体性事件的发生机制——两个个案的比较"，载《社会学研究》2009年第6期。
112. 缪文升："论群体事件替代性解纷机制的完善"，载《法学杂志》2010年第7期。
113. 吴亮："政治学视野下的民族群体性事件及治理机制"，载《民族研究》2010年第4期。
114. 廖小东、宋丹："民族地区突发性群体事件的根源及对策研究"，载《长沙大学学报》2009年第4期
115. 佴澎："边疆民族地区群体性事件处置机制研究"，载《云南行政学院学报》2011年第4期。
116. 容志、陈奇星："'稳定政治'：中国维稳困境的政治学思考"，载《政治学研究》

2011 年第 5 期。

117. 唐皇凤:"中国式维稳困境与超越",载《武汉大学学报》2012 年第 9 期。
118. 于建嵘:"当前压力维稳的困境与出路——再论中国社会的刚性稳定",载《探索与争鸣》2012 年第 9 期。
119. 于建嵘:"当前我国群体性事件的主要类型及其基本特征",载《中国政法大学学报》2009 年第 6 期。
120. 于建嵘:"从刚性稳定到韧性稳定——关于中国社会秩序的一个分析框架",载《学习与探索》2009 年第 5 期。
121. 陈俊:"创新社会管理法制化的几点思考",载《上海师范大学学报(哲学社会科学版)》2012 年第 6 期。
122. 许章润:"公民模式的后民族主义国家命题",载《中国法律评论》2015 年第 2 期。
123. 王若磊:"基于人权发展观的指标体系:理论基础与指标建构",载《中国法律评论》2015 年第 2 期。
124. 宋华琳:"构建政府部门协调的行政法理",载《中国法律评论》2015 年第 2 期。
125. 牛治富:"文化及'3.14'事件背后的文化冲突及其实质(二)",载《西藏发展论坛》2009 年第 2 期。
126. 温强:"'西藏问题'与肯尼迪政府对华遏制孤立政策考察",载《中国边疆史地研究》2006 年第 2 期。
127. 赵志:"对'3.14 事件'以来'西藏问题'的回顾与反思",载《阴山学刊》2009 年第 2 期。
128. 周志琴:"简论对外传播与国家形象——兼论某些西方媒体对拉萨'3·14'事件的报道",载《西藏研究》2010 年第 3 期。
129. 李永红:"从拉萨事件报道看西方媒体的'客观公正'",载《东南传播》2008 年第 5 期。
130. 薛文献、颜园园:"侦破拉萨'3·14'纵火杀人案",载《瞭望》2008 年第 14 期。
131. 欧阳炜:"重大事件报道的快速透明有利于塑造国家形象——以'3·14 拉萨事件'和'5·12 汶川大地震'为例",载《新闻知识》2009 年第 5 期。
132. 吴元元:"信息能力与压力型立法",载《中国社会科学》2010 年第 1 期。
133. 吴元元:"食品安全信用档案制度之建构——从信息经济学的角度切入",载《法商研究》2013 年第 4 期。
134. 尼顿:"党的领导是依法治藏的根本保证",载《西藏发展论坛》2015 年第 1 期。
135. 西藏日报:"拉萨市'3·14'打砸抢烧严重暴力犯罪事件真相",载《中国刑事警察》2008 年第 2 期。

136. 薛文献:"血与火、生与死的考验——新华社记者亲历拉萨'3·14'事件",载《中国记者》2008 年第 4 期。

## 二、中文论著类

1. [美] 詹姆斯·R. 汤森、布兰特利·沃马克:《中国政治》,顾速、董方译,江苏人民出版社 1995 年版。
2. [美] 罗伯特·希斯:《危机管理》,王成等译,中信出版社 2004 年版。
3. [美] 理查德·波斯纳:《并非自杀契约——国家紧急状态时期的宪法》,苏力译,北京大学出版社 2010 年版。
4. [美] 理查德·A. 波斯纳:《正义\司法的经济学》,苏力译,中国政法大学出版社 2002 年版。
5. [美] 凯斯·R. 孙斯坦:《风险与社会——安全、法律及环境》,师帅译,中国政法大学出版社 2005 年版。
6. [美] 理查德·B. 斯图尔特:《美国行政法的重构》,沈岿译,商务印书馆 2002 年版。
7. [美] 克里斯托弗·沃尔夫:《司法能动主义——自由的保障还是安全的威胁》(修订版),黄金荣译,中国政法大学出版社 2004 年版。
8. [美] 霍华德·昆鲁斯、迈克尔·尤西姆等:《灾难的启示——建立有效的应急反应战略》,何云朝等译,中国人民大学出版社 2011 年版。
9. [英] 伯特兰·罗素:《权威与个人》,储智勇译,商务印书馆 2010 年版。
10. [英] 戴维·坎贝尔:《塑造安全》,李中、刘海青译,吉林人民出版社 2008 年版。
11. [法] 古斯塔夫·勒庞:《乌合之众——大众心理研究》,冯克利译,中央编译出版社 2005 年版。
12. [德] 马克思·韦伯:《法律社会学》,康乐、简惠美译,广西师范大学出版社 2011 年版。
13. 苏力:《送法下乡——中国基层司法制度研究》,北京大学出版社 2011 年版。
14. 莫利拉、李燕凌:《公共危机管理——农村社会突发事件预警、应急与责任机制研究》,人民出版社 2007 年版。
15. 马怀德主编:《法治背景下的社会预警机制和应急管理体系研究》,法律出版社 2010 年版。
16. 王宏伟:《重大突发事件应急机制研究》,中国人民大学出版社 2010 年版。

17. 邓锐龄：《元明两代中央与西藏地方的关系》，中国藏学出版社1989年版。

18. 吴丰培、曾国庆：《清朝驻藏大臣制度的建立与沿革》，中国藏学出版社1989年版。

19. 祝启源、喜饶尼玛：《中华民国时期中央政府与西藏地方的关系》，中国藏学出版社1991年版。

20. 中国藏学研究中心、中国第二历史档案馆编：《民国治藏行政法规》，五洲传播出版社1999年版。

21. 王小彬：《中国共产党西藏政策的历史考察》，中国藏学研究中心当代研究所（中国共产党西藏政策研究丛书）2004年版。

22. 薛澜、张强、钟开斌：《危机管理：转型期中国面临的挑战》，清华大学出版社2003年版。

23. 李安宅：《藏族宗教史之实地研究》，上海人民出版社2005年版。

24. 汪晖：《东西之间的"西藏问题"（外二篇）》，生活·读书·知新三联书店2011年版。

25. 徐晓光：《藏族法制史研究》，法律出版社2001年版。

26. 费孝通：《乡土中国》，人民出版社2008年版。

27. 西藏社会历史调查资料丛刊编辑组编：《藏族社会历史调查》（五），民族出版社2009年版，第47页。

28. 北京大学社会学人类学研究所、中国藏学研究中心主编：《西藏社会发展研究》，中国藏学出版社1997年版。

29. 赵心愚、秦和平、王川编：《康区藏族社会珍稀资料辑要》（上），巴蜀书社2006年版。

30. 周黎安：《转型中的地方政府——官员激励与治理》，格致出版社、上海人民出版社2008年版。

31. 王旭坤：《紧急不避法治——政府如何应对突发事件》，法律出版社2009年版。

32. 李鸣：《新中国民族法制史论》，九州出版社2010年版。

33. 张静：《基层政权——乡村制度诸问题》，浙江人民出版社2000年版。

34. 童星等：《中国应急管理：理论、实践、政策》，社会科学文献出版社2012年版。

35. 陆幸福：《迈向法治主义》，法律出版社2014年版。

36. 中国藏学研究中心编：《透视"3·14"——中国藏学研究中心学者深度分析拉萨"3·14"暴力事件》，中国藏学出版社2008年版。

37. 余凌云：《行政法讲义》，清华大学出版社2010年版。

38. 鲍明钤：《中国民治论》，商务印书馆2010年版。

39. 吴敬琏、郑永年、[美]亨利·基辛格等：《影子里的中国——即将到来的社会危机与应对之策》，江苏文艺出版社 2013 年版。

40. 吴敬琏：《改革：我们正在过大关》，生活·读书·知新三联书店 2004 年版。
41. 林立：《波斯纳与法律经济分析》，上海三联出版社 2005 年版。
42. 瞿同祖：《中国法律与中国社会》，商务印书馆 2010 年版。

## 三、报纸类

1. 都红岩等："高扬法治旗帜 落实依法治藏——认知学习贯彻党的十八大四中全会精神"，载《西藏日报（汉）》2015 年 1 月 6 日，第 1 版。
2. 侯亮亮、扎西："中国共产党治藏方略的内涵、发展和形成"，载《中国民族报》2015 年 9 月 11 日，第 7 版。
3. 石磊、肖涛："深入学习贯彻习近平总书记系列重要讲话精神 全面推进依法治藏 为发展稳定提供法治保障"，载《西藏日报（汉）》2015 年 6 月 25 日，第 1 版。
4. "统一思想 用依法治藏统领发展稳定全局"，载《西藏日报（汉）》2015 年 1 月 4 日，第 1 版。
5. "依法治藏富民兴藏长期建藏 加快西藏全面建成小康社会步伐"，载《人民日报》2015 年 8 月 26 日，第 1 版。
6. 刘波："依法治藏的探索与思考"，载《法制日报》2014 年 12 月 17 日，第 2 版。
7. 段毅君："'稳藏必先安康'政策的由来"，载《学习时报》2011 年 2 月 28 日，第 11 版。
8. 段毅君："探索特色鲜明的新型城镇化之路"，载《人民日报》2014 年 5 月 5 日，第 16 版。
9. 尼顿："党的领导是依法治藏的根本保证"，载《西藏日报（汉）》2015 年 1 月 3 日，第 3 版。
10. "习近平在中央第六次西藏工作座谈会上强调 依法治藏富民兴藏长期建藏 加快西藏全面建成小康社会步伐"，载《人民日报》2015 年 8 月 26 日，第 1 版。
11. 李文健："依法治藏应注重'三个效果'"，载《西藏日报（汉）》2015 年 1 月 20 日，第 2 版。
12. 张弘："'3·14'事件完全是严重暴力犯罪事件"，载《人民公安报》2008 年 3 月 25 日，第 1 版。
13. 石国胜："拉萨'3·14'事件中两起纵火案告破"，载《人民日报》2008 年 3 月 25 日，第 4 版。

14. 李世安：" 假 ' 自由 ' ' 人权 ' 之名, 行分裂主义之实——评达赖集团策划的严重侵犯人权的拉萨 ' 3·14 ' 打砸抢烧暴力事件", 载《人民日报》2008 年 3 月 29 日, 第 4 版。

15. 高玉洁：" 万众一心众志成城 打一场反对分裂维护稳定的人民战争", 载《西藏日报》2008 年 3 月 19 日, 第 1 版。

16. 颜园园、逯寒清：" 拉萨 ' 3·14 ' 事件：已有 365 嫌犯自首", 载《新华每日电讯》2008 年 4 月 19 日, 第 2 版。

17. 高玉洁：" 一定要深刻认识拉萨 ' 3·14 ' 事件性质 努力成为爱国爱教、护国利民的好僧尼", 载《西藏日报》2008 年 4 月 19 日, 第 1 版。

18. 靳海波等：" 不断开创依法治藏新局面——论在西藏协调推进 ' 四个全面 ' 之三", 载《西藏日报（汉）》2015 年 4 月 4 日, 第 3 版。

## 四、外文类

1. Olivier Blanchard and Andrei Shleifer, "Federalism with and without Political Centralization：China vs. Russia", *NBER Working Paper*, 2000, No. 7616.

2. Kai-Yuen Tsui and Youqiang Wang, "Decentralization with Political Trump：Vertical Control, Local Accountability and Regional Disparities in China", *China Economic Review*, 2008, 19（1）.

3. Xu Chenggang, "The Fundamental Institutions of China s Reforms and Development", *Journal of Economic Literature*, 2011, vol. 49.

4. Jean C. O, "Fiscal Reform and the Economic Foundations of Local State Corporatism in China", *World Politics*, 1992, 45（1）.

5. Andrew G. Walder, "Local Governments as Industrial Firms：An Organizational Analysis of China's Transitional Economy", *The American Journal of Sociology*, 1995, 101（2）.

6. Michael L. Walter, *Buddhism and Empire—The Political and Religious Culture of Early Tibet*, Leiden, The Netherlands, Koninklijke Brill NY, 2009.

7. Geoffrey Samuel, *Civilized shamans：Buddhism in Tibetan society*, Washington：SMITHSONIAN INSTITUTION PRESS, 1993.

8. David. Bonner：*Emergency Powers in Peacetime*, London：Sweet & Maxwell Press, 1985.

9. Cf. H. W. R. Wade & C. F. Forsyth, *Administrative Law*, Clarendon Press, 1994.

10. Walter Gellhorn, "Public Partcipation in Administration Proceedings", *Yale Law Journal*, vol. 81, 1972.

11. Eidelberg, *The Philosophy of the American Constitution*, New York：Free Press, 1968.

# 后　记

　　我的家乡乐山,古称嘉州,这座古老的山城,依山傍水,矗立在平静的岷江河畔。嘉州人杰地灵,英才辈出,家国情怀,代代相传。我生在嘉州,长在嘉州,长期生活工作在藏区,实乡哺育我,藏区锤炼我,雪域高原的经历和一腔报国的热血,催生我为国分忧的动力和激情。

　　本书是以我的博士论文为基础修改完成的。本书的成就,是我自工作以来持续思考的结果。被称为"生命禁区"的海拔4200多米的甘孜州石渠县、藏民族英雄格尔萨尔的家乡阿须草原、闻名天下的稻城县、莲花宝地道孚县、跑马溜溜的康定县、川甘青交界的阿坎县、红军经过的若尔盖草原、雄壮美丽的贡嘎山、滔滔河水的雅鲁江、金沙江、大渡河畔……都曾是我工作战斗的地方。在那里,我收集了大量的实证资料、调研数据和访谈对话,为本书的写作打下了坚实的基础。

　　本书的写作主要是在工作之余完成的。回想近三年的辛苦写作和近一年的修改、补充和完善,不禁感慨万千。一个理论概念的发掘,一个学术名词的争议,一句法学谚语的考证,一段文字论述的检验,一章主体内容的协调等等,都耗费了笔者巨大的心智和努力。

　　报效国家也许不仅仅是脚踏实地做具体工作,理论素养以及学术升华也甚为重要！如果将自己在藏区工作的点点滴滴,通过专门学术的训练、加工和提升,形成有益于藏区法治发展的具体经验,以造福淳朴、善良的藏区同胞,贡献于藏区的长治久安,此乃一生之幸。

　　在本书的写作过程中,得到许多领导、老师、师兄、师姐、同学、朋友

# 后 记

等的帮助和支持。首先，我要感谢我的导师高晋康教授！高老师渊博的知识和无限的创造力，是我终身学习的榜样！高老师不离不弃，我才有机会继续学习深造，这是我的荣幸。本书的完成，是在高老师关心、支持和帮助的结果。在此，我要向高老师表达深深的谢意！

我还要感谢法学院的吴元元教授。吴老师深厚的学术功力和严谨的治学态度，学生钦佩之至！本书的完成，也和吴老师的关心和指导分不开。吴老师充满智慧的修改建议，使得本书增色不少。谢谢您的热情帮助和指导！我还要感谢法学院的马俊驹教授、鲁篱教授、吴越教授、辜明安教授、刘文教授、汤火箭教授、谈李荣教授、李毅副教授、四川民族学院的蒋超教授等、知名学者、摄影家郭昌平和师弟杨继文博士。没有你们的支持和帮助，也就没有本书的成就！

在此要特别感谢陈功先生。感谢陈先生20多年的言传身教和关心帮助。感谢您在百忙之中不辞辛劳，慷慨赐序。

还要感谢四川大学杨明洪教授，您的倾情帮助使得本书的修改和出版更加顺达！

还有一份难以言表的情感！那就是对于家人的感恩！在本书的写作过程中，父母始终鼓励和鞭策，给我以强大的精神力量。妻子承担了所有家务琐事，使得我有了一个良好的工作、学习和写作环境。感谢弟弟毅强长期伴随左右，关心体贴，加油鼓劲。还有我亲爱的女儿妞妞和金戈，你们是爸爸克服困难，努力写作的精神支柱。没有亲人们的支持，本书是难以完成的。本书是献给你们的礼物！

本书的完成，也许不是结束，恰是开始！

段毅君

初稿于2014年6月

修改稿于2017年1月

定稿于2018年1月